———— 不知历史者，无以图未来 ————

中国古代历史名人

# 从乞丐到皇帝
# 朱元璋

寒江独钓◎著

中国铁道出版社有限公司
CHINA RAILWAY PUBLISHING HOUSE CO., LTD.

图书在版编目（CIP）数据

从乞丐到皇帝：朱元璋 / 寒江独钓著 . — 北京：
中国铁道出版社，2017.4 （2022.1重印）
ISBN 978-7-113-22572-8

Ⅰ . ①从… Ⅱ . ①寒… Ⅲ . ①朱元璋（1328-1398）-
传记 Ⅳ . ① K827=48

中国版本图书馆 CIP 数据核字（2016）第 291749 号

书　　名：从乞丐到皇帝：朱元璋

作　　者：寒江独钓　著

责任编辑：殷 睿　刘建玮　　　　电　　话：(010) 51873038

装帧设计：天下装帧设计　　　　　电子信箱：liujw0827@163.com

责任印制：赵星辰

出版发行：中国铁道出版社有限公司（北京市西城区右安门西街8号 邮编100054）

印　　刷：永清县晔盛亚胶印有限公司

版　　次：2017年4月第1版　2022年1月第2次印刷

开　　本：710mm×1000mm　1/16　印张：13.75　插页：1　字数：224 千

书　　号：ISBN 978-7-113-22572-8

定　　价：43.00元

一个少年，在颗粒无收的大旱之年靠要饭活了下来，从瘟疫肆虐的尸骸之乡咬紧牙关走了出来，他一次次地庆幸自己大难不死，坚信自己必有后福。

一个青年，从吃万家饭的圆滑和尚到参加农民起义抱得美人归的乘龙快婿，从拥兵一方的乱世英豪到权倾天下的开国皇帝，完成这伟大逆袭的就是明太祖朱元璋。

这个一贫如洗、靠乞讨为生的农家子弟，尽管生存维艰，却依靠着自己的努力和决心，凭着高超的政治手腕和识人用人的伯乐慧眼一步步改变着自己的命运，成就了由朱重八到朱元璋、从乞丐到皇帝的伟大转变。

朱元璋缔造了汉人历史上最后一个封建王朝——明朝。他凭借杰出的军事、政治才能，依靠高超的公关技巧以及无敌的脸厚心黑，他从军队最底层起步，历经十多年的厮杀，汇聚起一支强大的武装力量，麾下将士如云，谋士如雨，最后横扫群雄，登上九五至尊的皇帝宝座。他的经历，在我国历代开国帝王中独一无二，充满了传奇色彩。

18岁，朱元璋饥肠辘辘，在快要饿死的时候，被迫去了寺庙做和尚，又被迫云游四海，靠化缘为生，结识了许多英豪，成为明教的边缘人士。

25岁，朱元璋毅然参加红巾军，投靠了起义军头目郭子兴；在信奉明王转世的红巾军士兵里，朱元璋找到了自身价值，他的才华异常出众，很快在军队中站稳脚跟。

27岁，因功高震主，遭郭子兴猜忌，朱元璋果断交出全部兵权，静观其变，伺机而动。

28岁，郭子兴病死，朱元璋乘机上位；在攻打集庆时，巧设毒计清除郭天叙和张天佑，独揽郭子兴部队的大权，成为一代枭雄；制定"高筑墙、广积粮、缓称王"的战略，将众多实力远远强于自己的对手逐一歼灭。

41岁，朱元璋称帝，此后独掌中国30年，他推翻了元朝统治，与民休养生息，推行众多改革政策，让百姓安居乐业，创造了一个太平盛世，史称"洪武之治"。

出于巩固皇权的目的，朱元璋数次血洗朝廷重臣，杀功臣李善长、蓝玉、傅友德等人，大搞检校和锦衣卫特务组织，将文武百官完全笼罩在自己不可挑战的权威之下。

本书通过筛选相关史料，精心构建出一幅波澜壮阔的朱元璋奋斗史。您将全面了解朱元璋无权、谋权、夺权、掌权、集权的人生！在一幅幅充满传奇色彩的历史画卷中，您将看到朱元璋如何从社会底层一步步走向集权统治的。

# 朱元璋生平大事记

元顺帝天历元年（1328年）九月十八，朱元璋出生。

元顺帝至元六年（1340年），朱元璋随父亲朱五四搬至太平乡孤庄村。

至正五年到至正七年（1344年~1347年）朱元璋云游四方，靠乞讨为生。

至正八年到至正十二年（1348年~1352年）朱元璋在皇觉寺潜心修行。

至正十二年（1352年）闰三月，朱元璋加入郭子兴领导的红巾军；同年娶郭子兴义女马秀英为妻。

至正十三年（1353年）六月中旬，朱元璋辞别郭子兴，带领24名兄弟到定远发展。

至正十四年春（1354年），朱元璋率领训练有素的四万大军南下占领滁州；同年李善长前来投靠，成为朱元璋的得力助手。

至正十四年秋（1354年），侄子朱文正、二姐夫李贞和外甥李文忠投靠朱元璋。

至正十五年（1355年）正月底，朱元璋进驻和州。

至正十五年（1355年）二月，"小明王"韩林儿在亳州自立为皇帝，建国为"宋"，年号"龙凤"；郭子兴接受龙凤政权册封。

至正十五年（1355年）三月，郭子兴病死；四月初，龙凤政权封郭天叙为都元帅，张天佑为右副元帅，朱元璋为左副元帅，军中文告都用龙凤年号。

至正十五年（1355年）五月，巢湖水军廖永安、俞通海等相助朱元璋；六月，朱元璋率水陆大军攻占采石矶，后吞并巢湖水军。九月，郭天叙、张天佑二帅攻集庆皆战死，朱元璋尽有郭子兴军队，成为乱世英豪。

至正十六年（1356年）三月，朱元璋攻取集庆，改名应天，又遣徐达攻取镇江；六月，邓愈克广德；七月，龙凤政权立江南行中书省、江南行枢密院，朱元璋为行省平章，后又升为行省左丞相。

至正十七年（1357年），朱元璋接连占领长兴、常州、宁国、江阴、常熟、徽州、池州、扬州等地。

至正十八年（1358年）春，朱元璋以康茂才为营田使，实施屯田；十二月，占婺州。

至正十九年（1359年）上半年，朱元璋大军进驻缙云、诸暨；九月，常遇春克衢州；十一月，胡大海克处州；同年，朱元璋在宁越府立郡学，刘基加入朱元璋集团。

至正二十年（1360年）五月，朱元璋担任仪同三司江南等处行中书省左丞相；同月，陈友谅犯应天，朱元璋大败陈友谅，遂复太平；此后两年间朱元璋与陈友谅、张士诚连年交战，并占领南康、建昌、饶州、蕲州、黄州、广济等处，继下抚州、洪都、瑞州、吉安、临江等地，实力日益增强。

至正二十三年（1363年）三月，朱元璋不顾群臣反对，执意率军搭救小明王韩林儿，被封为吴国公；四月，陈友谅大举攻洪都，朱元璋撤军回援，与陈友谅大战于鄱阳湖并最终取得胜利，陈友谅中流箭而死；其子陈理奔回武昌，朱元璋亲往围之。

至正二十四年（1364年）元旦，朱元璋被百官推举为"吴王"，建百官司属，仍以龙凤纪年，以"皇帝圣旨，吴王令旨"的名义发布命令，史称朱元璋为"西吴"；同年二月，陈理受降，陈氏政权灭亡，朱元璋尽得其地。

至正二十五年（1365年），朱元璋大军进攻江北、淮东张士诚之地，先取泰州、高邮，继而取得淮安、濠州、宿州、徐州等地。

至正二十六年（1366年），朱元璋占据湖州、杭州，进围平江；同年底，韩林儿被廖永忠害死，朱元璋不再以龙凤纪年。

至正二十七年（1367 年），朱元璋宣布为吴元年；九月间，朱元璋与张士诚展开决战，张士诚兵败被杀。

至正二十七年（1367 年）十月二十一日，朱元璋派徐达、常遇春攻占山东；派朱亮祖、汤和、廖永忠合围方国珍，十二月底，方国珍降。

洪武元年（1368 年）正月初四，朱元璋在应天称帝，国号为明，改用"洪武"纪年。

洪武元年（1368 年）八月二日，徐达从齐化门攻入元大都，宣告了元朝统治的结束。

洪武三年（1370 年）八月，朱元璋杀中书省左丞相杨宪。

洪武三年（1370 年）十一月初，朱元璋大封有功之臣。

洪武四年（1371 年）正月，朱元璋大军出兵四川，攻打夏国，十月夏亡。

洪武五年（1372 年）正月，朱元璋命徐达为征房大将军，李文忠为左副将军，冯胜为右副将军，各率五万人马，向东、西、北三路出兵扫荡漠北。

洪武八年（1375 年）四月十六，朱元璋最欣赏的谋臣刘基病死。

洪武十三年（1380 年），左丞相胡惟庸以擅权被诛，连坐其党，诛连死者三万多人；同年，朱元璋废中书省及丞相等官，提高六部官秩，改大都督府为中左右前后五军都督府。

洪武十四年（1381 年），朱元璋命傅友德、沐英、蓝玉征云南，傅友德败元兵于白石江，遂下曲靖，元梁王自杀，云南平。

洪武十五年（1382 年）马皇后卒；空印案发，株连死者数万余。

洪武十八年（1385 年）二月二十八日，朱元璋查出郭桓等人贪污官粮，大兴诛连，史称"坐盗官粮案"，又称"郭桓贪污案"。

洪武二十年（1387 年），朱元璋派 20 万大军进攻东北纳哈出，东北归顺。

洪武二十三年（1390 年），晋王朱棡、燕王朱棣率师征北元，颍国公傅友德等皆从其节制；同年李善长因谋反罪被杀，牵连死者甚众，朱元璋作《昭示奸党录》，布告天下。

洪武二十五年（1392 年）四月，太子朱标去世，朱元璋立朱标之子朱允炆为皇太孙。

洪武二十六年（1393 年）二月，凉国公蓝玉被杀，功臣死者甚众。

洪武二十七年（1394 年）十一月，朱元璋杀宋国公冯胜。

洪武二十八年（1395 年）二月，朱元璋杀颖国公傅友德。

洪武三十一年（1398 年）闰五月初十日，朱元璋驾崩，朱允炆继位。

# 书中涉及主要官职注释

藩　王：介于地方长官与帝王之间的统治者，本书中专指朱元璋的儿子们。

太　师：辅弼国君之臣，历代多有设置，与太傅、太保合称三公，多为大官的加衔，无实际的职权。

太子太师、太子太傅、太子太保：辅佐太子的人，正一品，太子太师地位最高，是虚爵，无实际职权。"师"是传授其知识的，"傅"是监督其行动的，"保"是照管其身体的，即分别是负责君主智育、德育、体育的人。

中书省左右丞相：中书省左右丞相是皇帝下面的最高行政官员，是辅佐皇帝总理百政的官员；其中左丞相（相当于现在的国务院总理）权力大于右丞相（相当于国务院第一副总理）。

中书省参政：左丞相的助理，相当于国务院总理助理。

中书省都事：为左、右丞的辅助人员，处理尚书省日常事务，正七品。

平章政事：元中书省、行中书省置平章政事，参与商议国家大事的官职，明初亦置之，后又废弃，相当于参谋人员。

户部尚书：六部中户部的最高级长官，正二品，相当于现在的财政部部长。

户部侍郎：户部的副长官，正三品，大约相当于现在的财政部副部长。

工部尚书：六部中工部的最高级长官，正二品，相当于现在的建设部部长。

工部侍郎：工部的副长官，正三品，相当于现在的建设部副部长。

兵部尚书：六部中兵部的最高级长官，正二品，相当于现在的军委副主席、国防部长、总参谋长和总后勤部长的总称。

兵部侍郎：兵部副长官，相当于现在的国防部副部长、副总参谋长和总后勤副部长的总称。

御史大夫：负责监察朝中文武官员的官职；御史大夫下设两丞，一称御史丞，一称御史中丞，负责察举、监督官员。

枢密使：掌军国机务、兵防、边备、戎马之政令，主管军事机密事务、边地防务等。朱元璋后废止，改设大都督府统军。

万夫长：铁木真称汗时的军队编制，相当于现在的少将级，最早是军队职衔，指挥的士兵数量万人以上，其下有千夫长、百夫长、十夫长等。

镇　抚：掌理某部军匠的镇抚司（所）的长官。

都指挥使：地方上的军事指挥官。

掌书记：掌管一路军政、民政机关的机要秘书。

营田使：掌管屯田诸事宜的官职。

布政使：官品为从二品，掌管一省的民政、田赋、户籍。

按察使：主管一省的司法和检察机关，职位相当于现在的省政法委书记。

参　政：派管粮储、屯田、驿传、水利、抚民等事，负责文书往来，检校、典勘理卷宗，理问典刑名，从三品，基本相当于现在的省级粮食局长、农业局长、民政局长之类的。

知　府：州府的最高行政长官，地位高于知州。

知　州：州的行政长官，地位低于知府。

州同知：地方各州的副职，无定员，从六品，与州判分掌督粮、捕盗、海防、水利诸事。

知　县：县的行政长官。

县　丞：县长的助手，主要职责是文书、仓库等的管理。

主　簿：文官，典领文书、办理事务，大概相当于现在的县秘书长。

Contents

目录

# 第一章　苦涩青春

出身贫贱、出生时因为腹胀不能吃奶，朱元璋几乎饿死。饥饿和受压迫的感觉贯穿朱元璋的整个童年。偏偏他少年时又遭遇旱灾、蝗灾、瘟疫、饥荒，他的亲人接连死去，侥幸存活下来的朱元璋无以为靠，彷徨无助……

## 世代贫苦

元至正四年（1344 年）夏，黄河决口改道，河南、山东许多地区遭受水灾，元朝统治者漠然视之，不进行赈灾，反倒任由灾荒肆虐。不知道受什么异常的天气因素影响，黄河流域水患连连，淮河流域却异常干旱。此时，淮河流域土地裂开拳头大的口子，放眼望去一片死寂景象。热风吹过，枯黄的树干哑哑作响，沙尘弥漫在低空，到处一片灰蒙蒙的样子。

这是一个空前干旱的夏季。淮河流域内的支流浏阳河早已断流，宽敞的河道上满是鹅卵石和枯树枝。濠州钟离周边方圆百里大大小小的数百个湖泊因为失去了河水的补充，几近干涸，人们走进湖泊的时候，最深处的积水连他们的大腿都没不过了。

严重的旱情从去年夏季就已经开始了，去年整整一年都没有降雨，那个时候人们还能不断地打井灌溉、挖渠引水、浇灌庄稼，总算在秋末收获了一点点的粮食，去掉被迫上交给地主和蒙古人的，家家仅剩下过冬的口粮。整个冬天，人们都是喝着稀得可以看见人影的粥挺过来的。

和他们糟糕的心情极为相似的是，整个冬天一场雪都没下。开了春，种子虽然播下了，可是依旧没有雨水，人们只好到就近的湖泊里担水灌溉，可是河水越来越少，最后竟然断流，眼看着湖泊过不了多久也会干涸。入夏后，天气急剧升温，太阳每天都炙烤着大地，连湖泊里的水也蒸发殆尽了。旱情越来越重，最后种苗都干死在地里，空前的旱灾笼罩着濠州钟离大地。

濠州钟离一带近百座村子一片哀鸿，他们从立春之后就彻底没了粮食，家里能变卖的东西都拿去换粮食了。最后，实在没有可卖的东西了，饥饿的百姓便把目光投向身边一切可以入口的"食物"上，田野里的野菜被饥饿的村民挖干净了，树皮也被剥下来吃掉了，水里的鱼虾蟹等都被抓光了，飞禽走兽也被捕捉得看不见踪迹了。饥饿的痛感折磨着每一个人，那一张张嘴就是一个个期待进食的生命，等着食物的补充。幸好，16岁的朱重八所在的太平乡孤庄村的深井里还有一点水，这也是全村人最后的希望了。

朱重八，也就是后来的朱元璋。朱元璋，字国瑞，后人也有称他朱国瑞的，重八是他的小名。取这样的名字不是因为朱家人没有文化，而是因为在元朝，老百姓如果不是文化人或者做官的就不允许有名字，只能以父母年龄相加或者出生的日期命名。当时许多百姓人家的名字都很有特点。朱重八的高祖名叫朱百六，他的曾祖名叫朱四九，朱重八祖父名叫朱初一，他的父亲叫朱五四。

朱五四是个老实本分人，辛苦忙碌一辈子，就像四处流浪的吉卜赛人一样，为了寻求一方乐土，为了给儿孙们挣得一份家业，他搬了一辈子家。初居灵壁县（安徽宿州辖区），后迁虹县（安徽泗县）；到50岁时又迁到濠州钟离东乡（如今是安徽凤阳），朱元璋就出生在这里。

关于朱元璋的祖辈、父辈，《明史》只有廖廖几句："先世家沛，徙句容，再徙泗州。父世珍，始徙濠州之钟离。生四子，太祖其季也。"这句话只讲了朱元璋家庭搬迁的过程以及他在兄弟中的排行，完全没有涉及他的祖辈、父辈的有关事迹，几乎是回避了朱元璋祖先的身世。也许这是一种隐晦，对于家庭出身不高的朱元璋实在没办法吹捧。

与此形成鲜明对比的是，《明史》对朱元璋母亲的家族却作了详细的介绍，《明史·外戚陈公传》中就记载了朱元璋外公的许多英雄事迹。朱元璋的外祖父姓陈，早年曾经在南宋末年抗元名将张世杰麾下从军，并且参与了南宋与元朝铁骑最后的殊死一战——广东新会县的崖山之战。崖山大战，以南宋陆秀夫仗剑令自己的妻子儿女跳下大海，随后背负6岁的南宋末代小皇帝蹈海而死，就此宣告南宋帝国的正式覆灭。朱元璋的外祖父陈老先生在激战中被打落海中，在一团混乱下居然传奇般地被人救上岸，并历尽千辛万苦逃回了老家，此后，避居乡间，靠巫术、卖卜、看风水为生，一口气活到了99岁才谢世。朱元璋的母亲是陈家的二姑娘，据说此女自幼开朗大方，深得其父喜爱。于是，饱经沧桑的老先生教她读书识字，给她讲述历史掌故和各地风土人情。长大后，陈二娘能歌善舞，在乡间迎春赛会与社戏上常大受欢迎。说来说去，就是想表达朱元璋的母族不仅是一个光荣的革命家庭，还是一个书香门第，是大户人家。

略过皇帝朱元璋家族的身世却对外戚大肆渲染，这在二十四史中是绝无仅有的。陈公的事迹虽然详尽，但其抗元的光辉业绩难以证实，或许他只是宋元之战中的一个小兵，甚至是逃兵，不过渲染他的英雄事迹可以为后来朱元璋反元找到历史渊源，使其看上去根红苗正，似有迎合之嫌。这一方面简单隐没，一方面却又渲染迎合，形成强烈反差，不禁让人对朱元璋的出身浮想联翩。难道他的祖辈、父辈有什么难言之隐吗？也许事实就是朱元璋的祖辈十分贫穷，到了他的父辈这一代略有好转，但依旧是贫苦农民，家庭出身不高贵，实在没法贴金了。

## 舍身佛祖

元天历元年（1328年）九月十八日，对朱家的后人来说是个值得顶礼膜拜、焚香祈福的日子，未来的大明朝开国皇帝朱元璋出生了。如同历史上许多伟人出生时的"异象"被其后人或者"有心人"精心包装过一样，朱元璋的出生也被戴上了神秘奇异的光环。这些奇异之事都是朱元璋出生40年后才被世人广为流传的，虽然有些荒诞，不过对于那个时代的人来说，这些描述都是做皇帝的人必须具备的"标配"。

据《明史》记载：朱元璋"母陈氏，方娠，梦神授药一丸，置掌中有光，吞之寤，口有余香。及产，红光满室。自是，夜数有光起。邻里望见，惊以为火，辄奔救，至则无有"。大概意思是说：朱元璋出生前，其母梦见神仙授药，然后便产子；孩子诞生时屋内红光满地，邻居们误以为着火，纷纷来救，却看到朱家并无失火。这段描述会让老百姓认为朱元璋是神仙下凡，增添朱家的神秘感和高贵感。此外，朱元璋出生地还有个传说：朱元璋出生后，被抱到河里洗浴，从远处漂来一块红罗幛为他裹身。

类似这样离奇的事情很多，当朱元璋称帝建立大明的时候，他的同乡们方才觉得当年朱元璋出生的这个九月十八日竟然那样地不平凡，他生年那年恰好是龙年，故乡中老人纷纷跳出来大说"真龙天子"降生时的种种神奇与灵异，添油加醋一番，后世文人也不惜笔墨，将种种所谓的"祥兆"记录下来。传来传去，朱元璋就被神化了。

当时朱五四的哥哥朱五一已有四个儿子，分别叫重一、重二、重三、重五；他自己也有三个儿子，分别叫重四、重六和重七。朱元璋排行第八，又在"重"字辈上，故取名"重八"。发达以后，朱元璋多次更换雅名，最后才选定了"元璋"这个名字。

这些传闻都是后人的追述，当时的事实远没有如此美好。也许是先天营养不良的缘故，朱元璋刚出生就体弱多病，三四天了仍不会吸乳，肚子发胀，日夜不停地哭，眼看着就要饿死了。朱五四急得团团转，虽四处求医也不见好。这天夜里，他做了一个梦，梦见孩子快不行了，于是抱着孩子去庙里求佛祖搭救。不知为何，庙里的和尚都找不到，只好又把孩子抱了回来。这时忽然发现自家房檐下就坐着一位老和尚，朱五四忙上前求助，那和尚给朱元璋摸了摸脉，思索了一会说："不要急，回去后给孩子揉揉肚子，到半夜子时，孩子会吃奶能屙屎就好了。"正当他连声道谢时，和尚却起身离去。朱五四按照老和尚说的去做，半夜时分，朱元璋果然屙屎放屁，肚子瘪了下去，不一会儿躺在母亲怀里开始吃奶，几天后肚胀基本痊愈。朱五四感念佛祖慈悲，就到附近的皇觉寺里许了愿，给朱元璋舍了身，也就是长大后去做和尚以报答佛祖的恩情。

活下来的朱元璋并未给朱五四一家带来什么好运，因为又多了一张吃饭的嘴，反倒是忧愁多于欢乐。朱五四除了耕种地主家的田地换取粮食之外，还会做豆腐的小手艺，凭借辛苦，总算把几个孩子都拉扯大。此时，朱元璋已有两个姐姐和三个哥哥，两个姐姐先后出嫁，大哥也已娶妻成家，二哥和三哥因家贫无力娶妻，只好给人家做了上门女婿。朱五四一直想着朱元璋要舍到附近的寺里当和尚这事，但因妻子疼爱小儿子而极力反对，最终未能实行。后来朱元璋的大哥又生下两个侄儿，俨然是七口之家。全家也依旧是吃了上顿没下顿，勉强度日，一个个都营养不良。

朱元璋的幼年是在一间由草、木头和黄泥搭建的屋子里度过的，也许是身子骨强健，他无病无灾地活着。穷人的孩子好养活，虽然吃的是世界上最粗劣的饭食，也没有耽误他日后长成一副魁梧的身材，只不过他的容貌丑了点：脑袋很长，下巴宽大，脸型还呈现出月牙形。

《明史》是这样含蓄地记录朱元璋的长相的：姿貌雄杰，奇骨贯顶；志意廓然，人莫能测。所谓"姿貌雄杰"是指躯干魁伟；所谓"奇骨贯顶"是指头盖上高高隆起一块怪骨，宛如一座小山丘，加上粗黑的眉毛，大而发亮的眼睛，倒着实透着几分威严与沉着。从他传世画像中，可见其方面黑黑，下巴比上颚长出一寸多，高颧骨，大鼻子，大耳朵，很另类，换句时髦的话说——正宗的猪腰子脸，不知是其真实写照还是有人刻意抹黑。幼年的朱元璋因为长相奇异经常受到嘲笑，在常人看来也许并不敢恭维，这反倒让他显得与众不同。在众多小孩子队里，朱元璋总是那样的与众不同。

一两岁起，朱元璋就开始跟着务农的父母、兄嫂在田地里酣睡、玩耍，年岁稍稍大了一点还要为田主家放羊换取点微薄的粮食收入。小时候的朱元璋就是一个让大人不省心的孩子，他桀骜不驯，鬼主意很多，是公认的"捣蛋王"和孩子王，身边有一群和他年龄相仿的孩童听命于他，这些孩童经常四处作恶，引起大人们的责骂和痛打。每当这个时候，指使其他孩童搞恶作剧的朱元璋就会得到父亲更多的打骂。

好在朱元璋的母亲陈二娘是一个有学识、有头脑的人，她对朱元璋的童年教育是很成功的。从朱元璋后来的行事可以看出，他和他的父亲完全不是一个风格。

朱元璋非常有主意，行动力很强。据说这个未来的皇帝最爱玩的游戏是"做皇帝"。虽然大家都光着脚，一身蓝布短衣全是窟窿补丁，破烂不堪，朱元璋却会把棕树叶子撕成丝丝，扎在嘴上作胡须，找一块车辐板顶在头上算是平天冠，土堆上一坐，让孩子一行行、一排排，毕恭毕敬，整整齐齐三跪九叩头，同声喊"万岁"。时光飞逝，朱元璋在乡野里胡闹玩耍着就长大了。

朱元璋童年教育的另一个很重要的途径就是听四邻八乡游串的说书先生讲书和听戏子唱戏了。在这些朴素的历史文化中，他知道了"皇帝是天下最大的官"，知道了朝廷之上有"忠臣""奸臣"之分，知道了"宋太祖一条哨棒打下四百八十座军州"的壮举。这些来自艺人的评书演义和民间戏曲，是传统文化中粗糙的底层文化产品，却是开启朱元璋人生智慧的精神基石，初步奠定了他稚嫩的人生观和价值观。在最底层的乡土社会里，不仅仅有淳朴的人情和田园风光，也有愚昧、野蛮和对权力的盲目顺从。就在能吃饱肚子、活的像田主那样潇洒的人生目标中，底层文化的侠义精神全方位地渗透进朱元璋的身心。而随着命运神奇的改变，登上皇位的朱元璋不可避免地把他性格中同情贫民的文化因子更为广泛深刻地传播到整个国家和民族精神里面。终其一生，大明王朝的开国皇帝朱元璋的一举一动都受着农民思维方式的牢牢制约，带着穷苦孩子翻身做主人的生命印记。

## 世代为奴

元顺帝至元三年（1337 年），朱元璋十岁了。这一年，父亲朱五四因被田主夺佃，失去了养家糊口的土地。没有了粮食收入，家人就要饿肚子，他被迫将家迁到钟离县西乡，继续租地耕种，但因新租种的土地贫瘠，难以灌溉，辛苦一年也剩不下多少粮食。为此，朱五四总是唉声叹气，希望能找到更好的落脚之地。

元顺帝至元六年（1340年），在一个穷哥们的帮助下，朱五四终于寻到了一个山清水秀的好去处，他携全家迁到了太平乡孤庄村，为一个叫刘德的地主做佃户。拖家带口的朱五四带着妻儿老小来了，他们要粮没粮，要种子没种子，要牛没牛，甚至连间栖身的破房子也是借来居住的，一切都仰赖田主刘德开恩才能生存下来。

田主的势力很大，许多有势力的地主甚至可以私设刑堂，对佃户任意拷打凌虐，即使折磨致死，也无需偿命，只处以杖刑，并赔点儿烧埋银了，便可了事。有的地方，田主杀人犯法，也强迫佃户替他抵命。佃户承租土地，除了交纳沉重的地租，还要承担许多其他的义务。男人为主人种地，女人为主人做杂活，孩子就要为主人砍柴放牛，甚至红白喜事也要去听候指派，有时甚至要穿上孝衣充孝子哭灵，可以说是社会最底层的人了。

朱五四基本放弃了人的尊严，放弃了所有的权利，他的身份其实和没有人身自由的奴仆差不多了，完全沦为刘德家的家奴，他的孩子们似乎也注定要世代为奴了。

这仅仅是田主刘德对朱五四的剥削，在朱五四的头上，还有更强的势力存在，那就是元朝统治者。元朝建立后，为了彰显尊贵，元朝统治者把国人按照其加入大家庭的先后顺序分为四等：

第一等：蒙古人，他们地位最高，拥有一切特权。

第二等：色目人，主要指西域人，是最早被蒙古征服的，如钦察、唐兀、畏兀儿、回回等；另外，蒙古高原周边的一些较早归附的部族，也属于色目人。

第三等：汉人，指淮河以北原金国境内的汉、契丹、女真等族以及较早被蒙古征服的汉人，四川、云南（大理）人，东北的高丽人也算为汉人。

第四等：南人，指最后被蒙古艰难征服的原南宋境内各族（淮河以南不含四川、云南地区的人）。他们社会地位最低，生活最穷苦，受到多重压迫和歧视。

元朝时的四等人制度是不折不扣的种族隔离制度，汉人、南人在蒙古人的屠刀下过的是牛马不如的生活。元朝统治者为了防止汉族人造反，禁止汉人、南人习武和拥有金属刀具，特别规定了十户人家共用一把菜刀，而且这把菜刀平时必须放在当地的某位管理他们的蒙古人家里，只有这位蒙古人同意，汉族人才能拿走菜刀切菜，生火开灶。这还不算，这十户人家的财产和女人，管理他们的蒙古人可以随意取用，也可以随意杀戮，据说连汉人新婚女子的初夜也是蒙古人的。因此，民族矛盾和社会矛盾十分尖锐。朱元璋及其家人就属于第四等人，因此遭受的苦难更加深重。朱五四不仅要向刘德交田租，还要向官府交官粮，承担各种摊派以及苛捐杂税。

## 胆大包天

童年和少年时期的经历对人一生的影响无处不在，无时不有，就像弗洛伊德所说，是藏在潜意识里的，已经深入骨髓。当朱元璋走向成人时，他的处世哲学、他的行为模式都会把他归类于某一个类型的人格。朱元璋童年过得并不快乐，一直忍受着饥饿的折磨，直到青年时代仍经常不能填饱肚子，这段忍饥挨饿的经历对他一生产生了重要影响。在以后的岁月里，满足口腹之欲成为他行为的巨大驱动力。当他做了皇帝不再为食物发愁时，就把这种对食物的欲望转变为对权力的偏执和无限占有，他废除丞相制度，将国家权力集于一身，最后孤独地死去。

刘德是个苛刻凶狠的地主，他做梦也想不到自己佃农家的小娃会成为皇帝，对待朱元璋一家人就像对待豢养的狗。庄稼还没熟，他就在地里转来转去，盘算着怎么从佃农那里多掠夺走一些。到了分成的时候，他一点不念佃农付出的辛苦，名义上他只应拿四成，但往往靠着在秤上做的手脚能拿到六成或七成。偶而年景不好，佃户们交不上租，他就放高利贷，到了第二年加倍收回来。

朱五四家忙碌一年，也只是混了个饿不死，几年下来反倒欠下刘德不少稻谷。这时的朱元璋已经十四五岁了，虽然有父母对小儿的偏爱，但他依旧填不饱肚子。母亲曾让朱元璋到私塾里去读书，以便将来能有所成就，可是仅过了四个月，家里实在交不起私塾的钱，只好叫他退学，再去给主人刘德放牛。朱元璋的求学路就此终结，在他本人看来，这辈子似乎只能给田主放牛了。

刘德刻薄成性，经常不给牧童早饭吃。为主人放牛还要天天忍饥挨饿，朱元璋对刘德的刻薄充满了愤恨之情，经常在私下里咒骂。有一天，饿得前胸贴后背的朱元璋发了狂，口腹之欲克服了理智，终于猛烈地爆发出来，使他奋不顾身得去满足这种欲望。这就是朱元璋"吃牛"事件的发生，也是他"流民习气"的初露端倪。

事情是这样的：有一天，朱元璋与周德兴、汤和、徐达等小伙伴们一起在山上为各自的主人放牛放羊，实在饿得厉害，众人纷纷出主意，一定要弄点儿吃的。说了半天，都是空谈，随着一个个意见被否决，众人都低下了头，不再作声。

朱元璋一直没有说话，他对刘德的恨已经难以用语言描述，他死死盯着一头小牛犊流着口水——吃牛肉。当朱元璋做出这个决定时，相信他的小伙伴们都惊呆了。

朱元璋胆大包天，指挥小伙伴抓牛犊。有领头的人在，众人都不怕事了，只要此时填饱肚子就满足了。中国农民是世界上最能隐忍的人，但也是心底最干净的人，他们不争不抢，没有主动性，但是如果有人带领他们，给他们指明方向，中国农民就会成为一支不可战胜的力量。

此事有朱元璋牵头，饥饿的小伙伴们都有了惊人的胆量。很快，徐达、周德兴和汤和等人围上来，把小牛犊抬到隐蔽处。周德兴抄起砍柴斧，当头就是一斧子，几下就把牛犊劈杀，然后众人七手八脚就把牛皮剥了，然后拾些干柴枯枝，就地用火折子生起火烤牛肉吃。

牛血滴落在火堆里，不一会牛肉飘香，小伙伴们等不及肉熟透，个个狼吞虎咽地吃起来。这头小牛犊少说也有百八十斤，剔去牛头、骨头、下水和牛皮，每一个孩子至少吃了七八斤肉。不要怀疑那个时代中

第一章 苦涩青春

国人的饭量，那个时代的人身体素质远远超过我们当代人，食量大很正常，也许这顿牛肉是这些孩子们自出生以来吃的第一顿饱饭，而且还是肉食。

不一会，一头小牛犊就只剩牛头、牛骨、牛皮和牛尾巴了。饱餐后，众人有说有笑，忽然有人说起：少了一头牛，回去如何向主人解释呢？大家面面相觑，个别胆小的甚至吓得大哭起来。朱元璋想了一会，让大家将牛皮和牛骨埋好，用土盖上地上的血迹，抹去吃肉的痕迹，然后让汤和等人将牛头放在山的另一面，将牛尾巴塞在山这面的一条石头缝里。

太阳下山，众人赶着牛往回走，一个个都心惊胆战。一见刘德，朱元璋就说："一头小牛犊钻到山里去了，夹到石头缝里，怎么拉也拉不出来了。"

刘德不相信，让朱元璋带他去山里看：牛尾巴果然挤在石头缝里，但用手一拉，牛尾巴就掉了出来，石头缝里根本没有牛犊。去前山一看，牛头也是夹在石头缝里。刘德气不打一处来，这套把戏岂能骗过他。朱元璋当时就被狠狠打了一顿，丢了放牛的饭碗。当然了，这头小牛的损失要算在他的父亲朱五四身上了。

虽然挨了打，受了苦，还丢了饭碗，朱元璋敢于承担责任的行为却也深深地得到了孩子们的认可和信任。从此，朱元璋在小伙伴们中间树立了极大的威望，大家都心甘情愿地将他当做"带头大哥"，在这时候形成了与他的臣属关系。从某种意义上说，日后为朱元璋成就霸业，冲锋陷阵的许多将领就是他的这些小伙伴们，汤和、徐达、周德兴等都追随他成为明王朝的开国元勋。

不过，这件事无论怎么说都有些令人震惊，尤其是在元朝那样一个超强化控制、令人绝望的环境里，佃农与田主又处于那么一种表面顺服、内心憎恨的关系，佃农的儿子竟敢置家庭的利益不顾，胆大妄为执意劈杀田主的小牛，满足自己一时的口腹之欲，这事倘若单单从孩子们感到饥饿的角度来解释，恐怕难以令人信服。在这位率众偷吃小牛的朱元璋身上一定存在着更深刻的欲望，那就是征服和毁灭欲，还有一股置之死地而后生的果敢，当他抑制不住自己内心中的野兽时，这种与生俱来的强烈欲望就汇成了奔涌的岩浆，他指挥他的小弟们劈杀田主的小牛并吃掉了它，只是内心这股征服和毁灭欲望的喷发而已。

失去了放牛工作的朱元璋只好在附近到处打短工，家里的生活依旧艰难。

## 孤苦无依

时光飞逝，不料想淮河流域遭受了特大天灾，百年不遇的旱灾悄然出现，田地龟裂，庄稼颗粒无收，从那时起，朱元璋开始经历人世间最痛苦的悲哀和折磨。

家乡连续两年大旱，太阳晒得地裂叶枯，遍地焦黄。百姓们用树皮草根还填不饱肚子，官府却连连上门催税，把百姓从山里偷种的几颗杂粮，也搜括得干干净净。百姓的肚皮饿得干瘪，可一车一车的粮食却把衙门里的粮库装满了。

这一次的旱情一直得不到缓解，对于元政府来说，他们并不真正关心汉人疾苦，但表面文章还是要做的。元顺帝下诏赈灾，赈灾物品总算下拨到受灾的行省（元代地方行政单位）。按惯例，地方长官们会留下一点自用，之后是州、县截留一部分，一层一层盘剥下来，到老百姓手中就剩谷壳了。但是，地方上的各级官员们却上书向皇帝表示感谢，说些感谢天恩的话，并把皇帝和历史上的尧舜禹汤比较一下，元顺帝看到了报告，深感自己做了大好事，便继续歌舞升平。

可是，淮河两岸饥民依旧"咽糠粃，咽树皮，咽草束、豆萁"，即便这样，大多数人最终仍难免饿死。为了活命，众多家庭纷纷卖妻鬻女，以求渡过难关，故而各地广泛流传"添粮不敌减口"，卖一口，救十口。

为了缓解家中的压力，朱元璋走上了讨饭的路，他经常在外乞讨，要到干粮就放在褡裢（一种搭在肩膀上的中间开口而两端装东西的口袋）里，要到稀粥就一口喝掉。要饭的途中，他经常看到有饿殍躺在沟渠里，很多地方草根树皮皆尽，乃以人为粮，有些人便置妇女幼孩在街头叫卖，谓之"菜人"。屠者买去，如屠羊豕，然后卖人肉。"或僵而置之路隅，或委而掷之沟壑，鸥鸟啄之，狼犬饲之，而饥民亦且操刀执筐以随其后，携归烹饪，视为故常。"

朱元璋深有体会，人到了挨饿又无粮食的时候，臭皮囊就起了决定性作用。在饥饿的驱使下，人的意识完全让位于臭皮囊，失掉任何理性，只有一个愿望，就是"吃"。这是人极特殊的本能，一个没有意识的本能，完全退化到了野兽的状态。

很多时候，朱元璋如同行尸走肉一般，在路上挪动。过了些时日，他看到有蝗虫飞过。蝗虫是一种喜欢温暖干燥的昆虫，干旱的环境对它们繁殖、生长发育和存活有许多益处。在干旱年份，河、湖水面缩小，低洼地裸露，也为蝗虫提供了更多适合产卵的场所。另一方面，干旱环境生长的植物含水量较低，蝗虫以此为食，生长较快，而且生殖力较高。相反，多雨和阴湿环境对蝗虫的繁衍有许多不利影响。蝗灾往往和严重旱灾相伴而生，朱元璋完全没有意识到，"旱极而蝗""久旱必有蝗"这一古训的正确性。没几天，蝗虫遍地四起，它们在黄褐色的生满了荒草枯树的大地上哼哼不停。当蝗虫渐渐远去，只留下一片狼藉……

饥荒中，只要可以进口的东西，饥民都不会放过，朱元璋也不例外，他开始吃蝗虫。蝗虫消化系统里有一股绿色的水，这是它们吃草后消化过程中的产物，非常苦，很难咽，但是饥饿使他不顾一切。

蝗灾过后，又闹了瘟疫。很多村子里的人接二连三地病倒，有如秋风落叶，病一起就挺不住，开头只觉得浑身无力，接着就是上吐下泻，不到一昼夜就断了气。起初大家还不怎么理会，到了一个村子里一天死去了几十人，家家死人，天天死人的时候，村民才着了慌，都慌忙逃命，连家里的病人都顾不得了。不过几天，许多村子便闹得人烟寥落，一片落寞凄凉的景象。

朱元璋无法继续要饭，只好回到自己家，发现他的父亲已经不行了。家里没钱，请不得郎中，买不来药，医不得病，只急得母亲和大哥痛哭。天未亮，他的父亲就死了。家徒四壁，没有一贯钞，没有一钱银，买不了棺木，更谈不上坟地。朱元璋哀求田主刘德看在父亲为他多年耕种的分上，施舍一块埋骨之地，谁知刘田主不但不理会，反而"呼叱昂昂"。好在天无绝人之路，同村人刘继祖不忍心，慷慨舍了一方野地给朱五四用作坟地。

朱元璋和大哥千恩万谢，感激不尽，但是父亲的衣衾棺木还是没有着落。实在没有办法，他们只好用草席将朱五四一卷，又拿了几件破烂衣服放在里面作为陪葬品，抬到坟地草草埋葬，且安亡灵。35年后，朱元璋写皇陵碑时，还觉得对不住父亲，他很伤心，回忆到"殡无棺椁，被休恶裳，浮掩三尺，奠何肴浆！"

朱元璋还在悲伤中，他的大哥和母亲也相继病倒了。三天后，他的母亲、大哥先后死去，"魂悠悠而觅父母无有，志落魄而泱佯"，这是后来做了皇帝的朱元璋怀念父母时说的话。大哥死了，大嫂带着她的儿子回了娘家。他的三哥做了上门女婿，他的大姐嫁给同村的王七一，因为瘟疫三哥家和大姐家已满门死绝；二姐嫁给盱眙县一个叫李贞的男人，也在这场瘟疫中病死，李贞带着他的儿子保儿逃荒，不知去向。实际上，朱元璋的二姐夫李贞家比较富有，因为瘟疫流行，不得已逃命而去。好在二哥幸存下来，不过他的家人也都死了。最后，朱家一家老小只剩下二哥重六和朱元璋了。

埋葬父母、兄长和其他亲人后，朱元璋的际遇却并没有得到什么改观，依然穷困潦倒。好在二哥回来了，哥俩无处投靠，只好去寻求外祖父的帮助。外祖父那边日子过得不错，但是他瞧不起朱五四，自然也看不上朱元璋哥俩，并不在乎他俩的死活。兄弟俩满怀希望而去，丧魂落魄地回来，在这个大荒大灾之年，外祖父对这两个外孙子也没有了亲情。

朱元璋和二哥一筹莫展，都想不出一条活路来。这时候，同村的周德兴、汤和、徐达等儿时的好友都已逃生去了。朱元璋不肯拖累二哥，就开始了继续讨饭的生活。16岁的朱元璋开始在淮河流域四处游荡，也许是他的体质特殊，免疫力强，在疫区穿行了两个月，竟然没被传染，反而靠着机灵劲儿，总是能找到赖以活命的食物，顽强地活了下来。

　　朱元璋目睹了人世间最痛苦的折磨。天灾就不提了，人祸更是猛烈。地主和官府不仅不救灾，反而催逼又急，穷苦人家衣食无着，为了活命只得采食野草树皮、观音土，最终还是难免一死。可是官府里的人却依然吃得好，穿得好，还有酒肉享用。这一切，朱元璋都看在眼里，他痛恨这个不公平的社会，但是毫无办法。

# 第二章　舍身寺庙

为了一口活命饭，栖身于寺庙的朱元璋不得不云游四海，靠乞讨为生。三年的讨饭生活让他大开眼界，提高了处事技巧，对元末社会的现状也有了自己的评断标准。时逢乱世，民间起义风起云涌，一封朋友的来信让他再次陷入生死危机……

## 乞讨为生

至正四年秋（1344 年）的某一天，在灾荒连连，饿殍遍野的大地上讨饭的朱元璋很难再讨到食物，他只好回到村子里，只想一死了之。邻居汪老娘看着朱元璋可怜，提醒他当年五四公曾在皇觉寺许了愿，允诺日后让他侍奉佛祖，如今年景不好，不如出家当和尚去，一来还了愿，二来总比饿死强。

朱元璋本也不想饿死，无奈之下，只好听从命运的安排。汪老娘和他的儿子汪文替朱元璋预备了香烛，又准备了一点礼物，央告了皇觉寺里的住持。寺院有许多良田，挖地垦荒、扫地施肥也都需要劳力，多一个徒弟强过雇个长工，得力又省事。朱元璋正当年轻，有的是力气，正好派上用场，住持便收留了他。

九月里的一天，朱元璋剃了光头，穿了一件师父赏的破衲衣，当起了小沙弥。

皇觉寺座落孤庄村西南角，规模不大。元朝的寺庙受到政府的保护，享有许多特权：寺庙不仅有田产，可以收田租，还可以通过给村里人念经消灾、做佛事超度亡灵挣赏钱。很多庙里的和尚来历都很复杂，有诚心诚意吃斋念佛祈盼可以得道升天的，但这类人并不多；有的是做了坏事躲进佛门以求得良心安逸的；还有是杀人放火犯了法，为逃避官法的惩处而临时抱抱佛脚的；更多的则是穷苦人的孩子，为了活命而不得已做和尚的。

皇觉寺里的和尚也不例外，除了住持和几个高僧之外，其余的和尚几乎不念经，也不拜佛，甚至连佛祖金身也不擦，这些苦活累活自然而然的由刚进庙的新人来完成。朱元璋每天都做杂役，扫地、上香、打钟击鼓、烧饭洗衣，做完这些事情，还要扛着锄头去地里耕种。

此时因为天灾，皇觉寺已经衰落，香火并不兴盛。大红朱漆业已剥落，殿瓦院墙满是荒草，菩萨金刚蒙受尘垢。朱元璋也并不是一心向佛，这样的日子只是使他不再饿肚子，虽然吃不饱，但总比在外要饭过得安逸。

朱元璋没有受戒，不能算作真和尚，不过他聪明好学，人又勤快，做事有分寸，很受和尚们的"喜爱"，都把他当作奴仆使唤。每天，朱元璋都得低声下气陪着笑脸，就连打水煮饭的长工也对他颐指气使。这样一来，朱元璋除了做和尚的徒弟，还要兼作长老的小厮和长工的打杂。事情多，闲气也就多，天长日久，朱元璋憋了一肚子火气，时刻想发作，却又不得不隐忍，毕竟活命要紧。

这段当和尚的经历也被后来的大明朝臣子们加以美化和神化，渲染朱元璋的非凡来历。有这样一个传说：朱元璋在扫地的时候嫌伸出来的佛像脚碍事，就随口说了句"缩回去"，不料那佛像的脚第二天真的"缩"回去了。还有一次，朱元璋发现老鼠偷吃香烛，觉得那个伽蓝佛什么都不管，一时想要恶作剧，就偷偷拿笔写了"发去三千里"五个字帖在佛像后面。结果当天晚上所有和尚都做了一个梦，梦见那个佛与他们道别，说是当世主遣发他去往三千里以外。第二天，和尚们去查看伽蓝佛，看到了那行字，找到朱元璋。朱元璋就说，"我和他开个玩笑，那现在赦免他吧，不用流放了。"结果晚上大家又梦到佛回来了，说不用走了，向他们道谢。另外，朱元璋在寺庙里的房间经常会远远地发出红色的光芒，还有云游的红衣道士说过这庙里将出不凡之人，在庙外施礼膜拜。

种种关于朱元璋的传说，有官方的，也有民间口口相传的，都表明他绝非一个普通的小和尚，年少时的一切都是上天对他的考验和磨练。当然了，这些都是传说，都是虚构的，但是对于登上皇位的朱元璋来说，这是必须得有的事儿，以表明自己是真命天子。

寺里的生活并不平静。没过多久，庙里的存粮就见底了，田地里的庄稼根本收不上什么粮食来，饥荒同样威胁到寺庙，和尚们也填不饱肚子了。这一年灾情实在太大，田地干枯，皇觉寺收不上粮食来就和佃户吵架，恫吓着要把他们送官，可还是收不到租。几百年来衣食无忧的古寺第一次闹起饥荒，住持遣散了所有的杂役，又命寺庙里的其他和尚都出门云游化缘。不到 10 天，除了住持，全都各奔前程去了。朱元璋入寺才 50 天，也没能幸免，他是最后一个被打发走的。虽然做不得佛事念不得佛经，朱元璋也只有学着和尚们的样子，在冬天到来之前，一箬帽一木鱼一瓦钵一个空瘪瘪的包袱，拜谢住持后，他硬着头皮"云游四方"去了。

"游方"是佛门中言，实际上用尘世之语就是"叫化"，见大户人家伸手要钱要米要饭吃，也叫"化缘"。富贵人家虽说往往有些为富不仁的，但是他们却最希望菩萨保佑他们长命百岁，尽享福寿，保佑儿孙满堂，永保家业万年长青，保佑他们死后不入地狱不上刀山不下油锅，所以一般总乐于给和尚们一些施舍。当然也有吝啬的富贵人家，看见和尚化缘就闭门不出。朱元璋以前常年讨饭，自然有应对的办法：隔老远就将木鱼敲得整天价响，让左邻右舍都听见，不由得主人不出来，一把米几文钱是绝对少不了的。

朱元璋边走边乞讨，靠善良人的施舍勉强维持生命，历尽艰辛，漂泊无依。在其后的三年时间里，他走过了许多地方，从濠州向南到了合肥，然后折向西进入河南，到了固始、光州、息州、罗山、信阳，又往北走到汝州、陈州等地，东经鹿邑、亳州到颍州，走遍了淮西、豫南的山山水水。游来游去，朱元璋尽拣最富庶的地方，穿城越村，对着大富人家软化硬讨，走遍淮西一带的名都大邑，不经意间还熟悉了各地风土人情，对于每一地的山川草木都了如指掌。长期地跋山涉水，经常地风餐露宿，朱元璋也时常遭受富人的白眼，这一切锻炼了他的体魄，磨练了他的意志和厚脸皮，养成了他坚韧不拔的性格特征和勤勉躬亲的做事风格。在游方的生活中，朱元璋只能走路，没有顺风车可搭，是名副其实的苦行僧。

## 初识明教

云游讨饭的时候，朱元璋开阔了视野，丰富了见识，认识了很多豪杰，实际上他们也是讨饭者，并且很多讨饭者都是宗教徒。有些人在讨饭的间歇里，不停地祷告，他们向自己信奉的光明王国的统治者——明父以及大明尊祈求救助。

他们信奉的这个教派最初名为"摩尼教"，又作"牟尼教"，发源于古代波斯萨珊王朝，摩尼教在唐朝传入了中国。唐武宗会昌五年（845年）灭佛时，摩尼教亦遭严重打击，转而成为秘密宗教，并吸收道教及民间信仰，从而改称"明教"。

明教因相信黑暗就要过去，光明即将来临，故敢于造反，屡有反朝廷之举。自北宋末年起，浙江、江西、安徽等地，皆曾发生明教造反之事。上一次大范围的造反是由北宋末年方腊召集的，他利用明教聚众百万，攻占六州五十二县，包括今浙江省全境和安徽、江苏南部、江西东北部的广大地区。方腊自称"圣公"，年号"永乐"，设置官吏将帅，建立自己的政权。后来，方腊在朝廷大军和水泊梁山宋江军队的联合绞杀下失败，方腊父子等39名首领被俘，最后在汴梁英勇就义。方腊虽然死去，但是明教的影响力更加大了。

明教的大肆发展必然有它的土壤，元朝统治者残暴统治激起了百姓的不满，许多人为了寻得下一世的解脱，都加入了明教。虽然元朝统治者禁止民间宗教信仰，但是作为生命力异常顽强的明教来说，依然在极其隐秘地壮大着实力。

在互相交流讨饭心得的时候，朱元璋逐渐了解到，明教将一切社会现象归纳为善与恶，善为光明，恶为黑暗，而光明必会战胜黑暗，人类若依宗教之真理与神之志向，终必走向光明、极乐之世界；而元始以来明暗相交，恶魔恒于暗界，纷扰不息，致今之世界依然善恶混淆，故人当努力向善，以造成光明世界。

当时社会上流行白莲教、明教、弥勒教，它们的共同点是对现实不满，宣扬"弥勒下生，明王出世"拯救世人。没多久，就开始出现一些"有头脑"的人利用这个思想煽动人民起事，韩山童就是其中最早宣传"明王出世"的人之 。

韩山童是白莲教世家，其祖先因"妖言惑众"受到过处理（其先世以白莲会烧香纳众，谪徙永年）。韩山童继承祖业，到处传教并拥有一大批粉丝。《明史·列传十》载："元末，林儿父山童鼓妖言，谓'天下当大乱，弥勒佛下生'。河南、江、淮间愚民多信之。"

白莲教的教义和明教有很多相似之处，白莲教在传教时，与明教、弥勒教互相渗透。这几个教都宣传"弥勒佛下生"，韩山童则大力宣传"明王出世"。他们力图使苦难的民众相信，一旦弥勒佛下生、明王出世了，就迎来了光明的极乐世界。弥勒教也不甘示弱，也在发展壮大，后来纵横两湖的红巾军领袖徐寿辉、彭莹玉就是弥勒教的代表人物，其教义和明教也大体类似。基本可以说，三教教义有众多共同点，元末大暴动与此三教均密切相关。

朱元璋在淮西游方的几年中，正值彭莹玉在这一带秘密活动四处传布弥勒佛下凡的时候。彭莹玉也是游方和尚，和朱元璋一样的装扮。我们无从考证这几年中，朱元璋与彭莹玉是否有过接触，以及在何种程度上受其影响。但是可以肯定的是，朱元璋接受了弥勒教的一些思想，但是他后来却加入了实力更加雄厚、影响力更大的明教。朱元璋相信当黑暗笼罩大地的时候，伟大的弥勒佛一定会降世的。朱元璋云游化缘的这些地方正是三个教派兴旺的地区，教徒遍地都是，朱元璋不可避免会受到"明王转世"的影响，成为明教的边缘友好人士，得到一些恩惠。如果没有明教徒的接济，朱元璋难以在三年的时间里到处就食。接受了宗

第二章 舍身寺庙

教新思想之后的朱元璋，对于世事形势有了自己的独到理解，后来他皈依明教也是顺应时潮。也许朱元璋这个时候已经加入了明教也未可知，不过没有确切的证据。

三年的乞讨生活，朱元璋更加深刻地领悟到元朝统治的黑暗和凶残。元朝统治集团的骄奢淫逸，在其后期是十分惊人的。每一次新皇帝即位，赏赐贵族们的金银钞币，都在数百万锭以上，田地的赐予也动辄千顷。如元顺帝赐丞相伯颜田地，一次就达五千顷。统治集团挥霍浪费，国库为之枯竭。当时各级官吏都贪污勒索，巧立名目，如有拜见钱、撒花钱、追节钱、生日钱等。政府卖官鬻爵，高下有价。

元朝中后期，阶级矛盾更加尖锐，统治阶层长期以来实行的高压政治导致社会动荡，当时的权臣伯颜下令严禁汉人、南人私造私藏兵器和喂养马匹，禁止南人参政，取消科举，不允许汉人学蒙古语，甚至一度想杀光张、王、刘、李、赵五姓汉人。

很想有所作为的元顺帝对于伯颜的做法非常不满，但又无可奈何。元顺帝的大名是"妥欢贴木儿"，他是元朝最后一任皇帝，也是元朝在任时间最长的一个皇帝，统治了35年。元顺帝比其他元帝相对仁慈一些，对汉人的疾苦有些同情，这和他早年的不幸经历有关。

元朝中后期宫廷斗争十分血腥，皇帝大多不能寿终正寝，妥欢贴木儿也是宫廷政治的牺牲品。最初，妥欢贴木儿的母亲被杀，他本人作为先朝皇帝的长子被流放，先是住在朝鲜北部的一个岛上，后又被安置在广西的桂林。1333年，13岁的妥欢贴木儿突交好运，被他的婶母、太皇太后不答失里和权臣伯颜立为傀儡皇帝——元顺帝。在最初的七年里，元顺帝完全受制于太皇太后和伯颜，伯颜根本不把他放在眼里，甚至在1335年当着顺帝的面把他的皇后拉出去处死。为了生存，元顺帝很快懂得明哲保身，他开始悄悄布局，拉拢臣子，以便早日拿回皇权。

至元六年（1340年），元顺帝和伯颜的侄子脱脱达成协议，他们联手发动了政变，将伯颜和不答失里流放。脱脱掌权后按照元顺帝的意思，采取了缓和民族矛盾的措施，复科举取士，开马禁、减盐额，修辽、金、宋三史，颁《至正条格》，史称"脱脱更化"。

元顺帝开始尝试到皇帝的权力和威望，他很想做一个好皇帝。这些宽政表明元顺帝试图通过缓和民族矛盾的方式消除动荡，他甚至还想利用汉人来牵制蒙古权臣，他坚持让一个汉人贺唯一做御史大夫和左丞相，这在当时是一个大胆的突破。按照制度，这一职位只能由蒙古人或是色目人担任，元顺帝则赐贺唯一蒙古名字太平，一定要他担任这个职务，他还诏令地方行政机构要兼用适当的南人。但这些改良并没有从根本上改变不平等的民族关系，反而给汉人松了绑，使不稳定因素不断滋长。元政府的宽纵还表现在他们对于民间的教派组织采取了睁一只眼闭一只眼的态度，这为人民利用宗教组织反元提供了便利。

# 石人一只眼

至正七年（1347年），荒灾终于过去，大地回春，雨水滋润，地里的庄稼疯长，注定是一个好年景。20岁的朱元璋知道不用继续讨饭了，便辗转回到了皇觉寺。这段云游化缘的日子对朱元璋来说非常重要，通过三年的云游他接触了各地的风土人情，见了世面，拓宽了视野，积累了社会生活经验，结识了许多草莽英雄，更磨砺了在逆境中生存的本领。

这一时期的情况，用朱元璋刻在御制皇陵碑上的话来说就是：我何作为，百无所长，依亲自辱，仰天茫茫，既非可倚，侣影相将，朝突炊烟而急进，暮投古寺以趑趄，仰穷崖崔嵬而倚碧，听猿啼夜月而凄凉，魂悠悠而觅父母无有，志落魄而侠伴。西风鹤唳，俄淅沥以飞霜，身如飘蓬逐风而不止，心滚滚乎沸汤，一浮云乎三载，年方二十而强……

碑文的意思是：我没学过任何手艺，一无所长，要想依附亲友，也不过自求其辱，只能仰望苍天。自顾无所依靠，只有自己的影子相陪伴。早晨看着哪里有炊烟我就急匆匆地赶过去化缘，到了晚上，看到古寺就跑过去投宿。有时候，仰望着参天高崖而倚靠在崖壁上，听着猿猴在夜月下哀鸣而觉得无比凄凉。魂魄悠悠，父母不在，失魂落魄，四处徜徉，西风鹤唳，飞霜淅沥。我像飞蓬一样被风吹得飘摇不定，心里就

像沸腾的汤水一样难受。云游了三年，我已经二十出头了……

朱元璋游历的这三年正是元末农民起义酝酿的阶段，社会动荡，各方豪杰都在积极筹备。朱元璋亲身经历过漂泊饥寒的生活，又听说了一些反抗暴政的宣传，他那颗不安分的心有些活泛了，也开始想要建立一番事业，只是元朝统治力量根深蒂固，朱元璋认为仅凭教民的声讨很难改变天下大势，他还是回去当和尚吧！

此时，所有的灾情都过去了，生产也恢复了，皇觉寺里的和尚们都回来了，朱元璋也可以安心地在寺庙里修行了，他开始发奋读书，跟寺庙里有文化的和尚学习知识，除佛经外，他还广泛接触各类书籍。其后的四年寺庙生活成为他人生的重要积淀，朱元璋发生了质的改变，他渐渐变得有思想，有担当，而且幻想着将来有一个更好的出路。

朱元璋在寺庙潜心修行的时候，全国性的反元组织正迅速酝酿并秘密发展力量，各路反元势力不断成长壮大，一场大规模的反元斗争即将爆发。

至正十一年（1351年），将元朝拖入深渊的最后一根稻草终于压了下来，元朝统治的基石开始松动、崩塌。这一年因为黄河凌汛，河南开封一带的黄河再次溃堤，洪水四溢，所到之处一片狼藉，民众损失惨重。

开封知府观音奴向朝廷报告了灾情，并再次请求朝廷派人治理黄河。元政府经过慎重考虑，决定花大力气，将至正四年以来改道的黄河勒入故道，以绝后患。中书省右丞相脱脱便派工部尚书成遵前去黄河水患之地勘察、调研。

成遵在水患之地详细调查，认真走访，勘察了黄河故道，心里有了一个判断。调查回来后，成遵上书时却极力建议不能立项，理由有二：一是黄河归附旧河道工程浩大，短时间之内难以完成；二是当前社会状况不稳定，盗贼成群，一旦盗贼"与挑河人相挺而杂起，此大乱之机，非细事也"。

廷臣们纷纷上书，大多赞同成遵的观点：时局微妙之际，大量的壮劳力聚集在一起是个非常危险的事情，稍有不慎就会酿成大祸，大部分朝臣都请求延缓治理黄河。

可是，丞相脱脱却不这么认为，他坚持必须上马这个浩大的工程，即便"排除万难，创造条件也要上"，他强调一定要将黄河归入旧道作为工作重点。因为前些日子国库空虚，脱脱主持开始发行至正钞，用来代替早已通行的中统钞和至元钞。这种不计后果的办法，当时人称为"钞买钞"。由于恶性通货膨胀，引起物价飞涨，社会经济陷入严重的危机。货币改革失败了，许多人财富缩水，招致上下批评。随着政治上的腐朽，各个政治集团之间的火并也经常发生。元朝的统治已面临崩溃的边缘。脱脱官位不稳，他想通过治理黄河恢复声望，提高威信。但是最有发言权的成遵不肯屈服，极力反对，脱脱恼怒，就利用权力将其直接罢免，重新指派了他的亲信贾鲁为工部尚书兼河防使，命他统筹治理黄河，并择吉日开工。

贾鲁上任后，全力筹集资金和调集民工。三月中，元政府从各地招募了十五万民工前往黄河故道集结准备开工，为了防止民工与盗匪勾结作乱，脱脱还抽调了一支二万人的军队监管民工，若有异变，随时以资弹压。

脱脱以为这样就会万无一失，但他的想法却是幼稚的。元中后期，社会矛盾异常尖锐，此时群众聚集是一个非常危险的事情，它为一些等待起义时机的人提供了必备条件。虽然元政府一贯严禁群众聚集，但是这一禁令因为脱脱的私心被打破了，成遵等人的担心一步步演变成了现实。

看着河滩外的野地里夜夜燃起的堆堆篝火，嘈杂的吵闹声，密密麻麻晃动的壮汉，正筹划起义、又面临兵源不足的韩山童喜上眉梢。元政府把十五万民工聚集到挑河工地上，那可是十五万拿起武器就是"杀气腾腾"的士兵啊！送上门来的起义士兵怎么可能错过？

此时正是宣传鼓动起义的大好时机。为了制造舆论，韩山童精心策划了起义前的诸多准备事项，他首先分派信徒四处散布一句莫名其妙的童谣——"石人一只眼，挑动黄河天下反"；其次，韩山童还利用遍布各地的教会组织发动信徒广收教徒，壮大自身实力；最后，韩山童又指令大批教徒混入民工，宣传天下将要大乱，弥勒佛已经降生的说辞。

工地上，黄河民工里到处都在流传"石人一只眼，挑动黄河天下反"这句话，但究竟是何意大家并不知晓，许多人都在窃窃私语，小声议论，民工队伍中涌动着一股可怕的浪潮。实际上，韩山童早已派人暗中錾了一个石人埋在黄河故道，也就是黄陵冈的当路处，等待民工们的到来……

两个月之后，黄河河道开工开到黄陵冈，在一个下午，民工在淤泥里挖出一个硕大的石人，引起围观和轰动。当石人被拽上河岸后，这竟然是一个单眼石人，而且石人的身上竟然有"石人一只眼，挑动黄河天下反"十二个大字。民工们目瞪口呆，一时人心骚动，激流暗涌。有人说天下要大乱了，明王已经转世，民工本来就对督河官吏十分不满，又因为被克扣伙食吃不饱肚子，搞得民怨沸腾，干柴烈火，一点就着。

元兵很快醒悟过来，他们强行驱散了民工，将单眼石人运到不为人知的去处销毁。但是，这件事已经传播开来，各地的人们据此认为元朝已遭天谴，气数已尽，江山将会易主。在韩山童信徒的推波助澜下，许多老百姓都在期待着"天下反，明王转世"的巨变。

时机终于成熟了，韩山童、刘福通、杜遵道等人决定择吉日发动起义，他们聚集了三千信徒在白鹿庄，斩乌牛白马，祭告天地，定下了相约起义的日子，然后大家奔走相告，通知各地信徒同时发动起义，约定义军一定要头裹红巾为标志，这就是后来导致元朝统治彻底崩溃的红巾军大起义。

正在信徒们散去，相约起义之前，不知是谁走漏了消息，永年县地方武装会同元军四千余人包围了白鹿庄捉拿起义领头人。此时起义部队尚未汇合，韩山童身边只有两三百个信徒，一番血战，还是寡不敌众，韩山童最后被官府抓获，随后被杀害。幸运的是，在韩山童等人死战下，他的妻子杨氏带着儿子韩林儿仓皇逃入武安山密林中。

杨氏没等来韩山童，为了避免被追杀，只好带着韩林儿远走他乡，隐姓埋名，以求保全性命。刘福通、杜遵道其他领导人当时不在白鹿庄，幸免于难，可是失去了韩山童的领导，他们几乎乱了阵脚。经过短暂商议之后，他们决定继续抗起韩山童的大旗，号召信徒提前发动起义，以免被各个击破。

至正十一年（1351 年）五月，刘福通、杜遵道、罗文素、盛文郁等人在各地同时起义，他们率各路头裹红巾的起义军从不同方向进攻颍州（今安徽阜宁），并一举攻克。

进入颍州后，为了彰显自身的正统，红巾军以大宋复国军自称，他们宣称韩山童是"宋徽宗八世孙，当主中国"，自然他的儿子韩林儿就是"九世孙"了。虽然韩林儿音信杳无，但是不影响红巾军把他奉为"精神领袖"。

刘福通一边命手下抓紧时间寻找韩林儿的下落，一边承担起统筹指挥的重任。他宣称自己是宋朝大将刘光世（刘伯温的七世祖）的后代，当辅佐旧主恢复大业；其他起义将官也纷纷找到和自己同一个姓氏的大宋朝的文臣武将，把他们封为自己的祖宗，宣称自己是他们的后人，用高贵的身份来树立自己的光辉形象。

"反元复宋"的政治宣传起到了很好的效果，起义队伍迅速壮大，头裹红巾的起义军向周边发展，一路克捷，攻下附近许多府、州、县。史料记载，贫者踊跃参加，"众至十余万，元军不能御"。颍州起义引起了连锁反应，各地纷纷响应，一时间元朝统治的大地上义军遍起，他们大多都以韩山童为教父，以"反元复宋"为目标，攻击官府，占山为王。

## 遍地红巾

随着交战态势的进展，红巾军日益壮大，多个起义区域连成一片，军队开始汇合整编，最后逐渐形成五大派系。

东系红巾军在颍州一带，由杜遵道和刘福通领导，这支最正牌的起义队伍已经扩大到十几万人，并迅速攻占汝宁、光州、息州、信阳等地，隐隐然成为最有实力的义军。

西系红巾军起于今湖北蕲春黄冈一带，由邹普胜、徐寿辉领导，他们公推彭莹玉为教首。彭莹玉是与韩山童齐名的宗教领袖，在民间有很高的威望，有"北韩南彭"之说。徐寿辉本人没有什么才能，但是长了一脸福相，看上去很像弥勒佛。邹普胜一见到徐寿辉，就断定自己遇见了下凡的明王，他对徐寿辉说："当今这个年月，还能靠锄头过活吗？我当用这块好铁打一把宝剑送给你。"徐寿辉心领神会，两人遂结为兄弟，密谋起事。西系红巾军建立政权的动作非常迅速，起义两个月后，徐寿辉就在湖北蕲水（今浠水县）称帝，建立了天完政权，建元治平，以邹普胜为太师，这是起义军建立的第一个政权。天完二字分别在大元二字头上多了一横和一个宝盖头，取压制大元之意。天完军很快攻下了德安、沔阳、安陆、武昌、江陵、江西诸郡，不到半年的时间里，就攻占了湖北、湖南、江西大部，最远推进到福建，数千里地面就像施了魔法一般，插遍了天完皇帝徐寿辉的红旗。

东系、西系红巾军遥相呼应，这两支队伍是最成气候的，也是最让元朝统治者头疼的。

起于湘水、汉水流域的另外两支红巾军也在积极发展势力，他们分别推布王三、孟海马为头目。布王三的队伍叫北锁红巾军，占领了唐、邓、南阳、嵩、汝诸郡和河南府；孟海马率领南锁红巾军，占领了均、房、襄阳、荆门、归峡等郡县。

此外还有一支北方红巾军，由"芝麻李"率领，因遇灾荒，他的家中有芝麻一仓，尽以赈济灾民，所以人称"芝麻李"。芝麻李起于丰沛一带，控制了徐州近县和宿州、五河、虹县、丰县、沛县、灵璧，南到安丰、濠州、泗州一带，兵力雄厚。

前后不到两个月，东西两系红巾军，东边从淮水流域，西边到汉水流域，像腰斩似地将大元帝国拦腰切成两段。而另外其他三路红巾军也占据了有利地理位置，将国土浩瀚的元朝帝国分裂开来，大元天下犹如羊圈里进入了一只狼，从此再无消停之日。

除了红巾军之外，浙东地区还有方国珍于三年前在台州起义，也是一支不可忽视的军事力量。至正八年（1348年），有一个名叫蔡乱头的人，在海上打劫财物，官府派兵追捕他不得，便悬赏，希望掌握蔡乱头的行踪。此时，方国珍的一个仇家趁机告发他通寇，方国珍被迫杀死仇家，与其兄方国璋，其弟方国瑛、方国珉逃亡海上，聚集数千人，抢劫过往船只，阻塞海路，贩运私盐，扰乱元朝的漕运经济。后来，他们带兵上岸，占据了浙东沿海广阔区域，成为元朝统治者的噩梦。这支队伍并不属于红巾军体系，他们与元朝时战时降，与红巾军亦敌亦友。

江淮地区烽烟四起，元兵到处灭火，连带着当地的百姓也跟着遭殃。蒙古士兵进入中原后，作威作福，花天酒地，早已经荒废了武功，看似强大，实则不堪一击。红巾军作战勇敢，气势如虹，对战中斩杀元兵无数。元兵节节败退，为了邀功请赏，他们就以斩杀百姓作为骗取军功的手段。

在元代这个把人分为四个等级的朝代里，最高等级的蒙古人杀掉最低等级的南人，唯一的惩罚是赔偿一头驴，如果杀的是来历不明的闲散之人，可能连驴都省了。元兵败退时，元兵将领指令士兵屠杀百姓或者抓捕百姓，然后以叛匪名义将其杀害，用人头来邀功。

蒙古贵族们的思维似乎很奇怪，他们即使在占据了中国后，好像仍然把自己当成客人，主人家的东西想抢就抢，想拿就拿，反正不关自己的事。在他们的思维中，这些南人只会忍受也只能忍受他们的折磨。尤其是遇到了镇压起义军这样的事情，杀几千个南人就和杀头驴一样简单。但他们错了，当愤怒和生死超过了限度，当连像狗一样生存下去都成为一种奢望的时候，反抗就成了唯一的道路。政府军疯狂屠杀老百姓的恶行激起了民愤，反抗蒙古军队暴力的这把大火终于烧起来了，而且是燎原之势。在短短的一年时间里，看似强大的元帝国发生了几十起暴动，数百万人参加了形形色色的起义军，即使这些当年横扫欧亚大陆的蒙古骑兵后代也不复成吉思汗昔日之勇。

南宋灭亡以后，太平了许多年，这支马背上的民族似乎就忘记整军备战了。他们驻扎在内地繁华都市日子久了，生活整个腐化了。军官大都是世袭的公子哥，吃喝嫖赌样样俱全，贪污军饷，虐待士兵，劫掠百姓，无恶不作，当年祖先们横行天下的锐气早已荡然无存。他们比老百姓更惜命更胆小怕事。红巾军兵峰所向披靡，元军则望风而逃。他们就犹如丧家之犬，稍作抵抗便撤退，狼狈逃命，然后屠杀平民，编造军功，欺骗朝廷。

前期的镇压不利，导致农民起义形成连锁反应。朝廷见政府军镇压不利，便调集来近万名新疆部落的少数民族士兵围剿西系红巾军。原指望他们骁勇善战有一番作为，谁知见红巾军势大，这些拿着圆月弯刀的大胡子兵们没照面就逃窜了。没办法，元朝只好又调御史大夫也先贴木儿统领30万大军前来镇压，企图收复汝宁。大军进展缓慢，才到城下，尚未交锋，也先贴木儿便想着撤退了。当红巾军吹起号角，也先贴木儿立刻跃马后退。地方官急了，挽住马缰不放，也先贴木儿也急了，拔刀便砍，口里反问："我的不是性命？"飞马先逃，30万大军不战而溃，西系红巾军取得了阶段性胜利。

政府军如此不堪一击，元朝统治者非常恼火，出于无奈，只好允许各地大地主、大贵族募集地方武装，一来可以自保，二来配合政府军作战，希望实现"以汉治汉"，达到鹬蚌相争、渔翁得利的目的。

为了"保卫自己家产不受红巾军侵犯"，为了换取生存的权利和物资，这些大地主、大贵族非常乐于保卫家园，他们疯狂募集义兵和民兵，让他们吃饱肚子为自己作战。这些地主武装都来自同一个地区，彼此沾亲带故，都有感情，出于保护亲人不被元军骚扰屠杀的想法，他们既敢于抗衡元军，也敢于和红巾军杀得天昏地暗。这种做法和清末曾国藩率领湘军平定太平军起义有异曲同工之妙。放眼大元国土，到处都有私人武装和民兵队伍，小的武装仅限于保护自己的村子，大的武装是百十个村子的力量联合在一起的，数量从几百到几千，甚至达到数万人的都存在。虽然元朝统治者自认为还能掌控局势，但是遍地四起的兵戈之争哪是那么容易安抚的？

## 友人寄书

至正十二年（1352年）二月，又一支红巾军出现了，定远人郭子兴、孙德崖、张天佑等人召集各自的民兵，共同起兵攻占了濠州。

郭子兴是定远豪杰，原居曹州，因他的父亲娶了有钱人家的瞎女儿而继承了一份丰厚的家产，此后他也算是地方上的实力派人物了。郭子兴生性慷慨，广交豪侠名士，经常焚香拜会，不亦乐乎。随着红巾军起义的发展，他也有了做个乱世英雄的野心。

二月二十七日，郭子兴带着自己武装起来的数千民兵队伍裹着红巾趁黑潜入濠州，半夜里闯入州衙，杀了州官和些许反抗力量，最后收编了濠州武装，占据了濠州，成为新的一支红巾军起义队伍。与郭子兴一同起兵的还有孙德崖等四人，加上郭子兴为五人，他们各称元帅，互不相让，谁也不服谁。濠州城里一下子有了五个元帅，钩心斗角，相互陷害的事情就多了。可是大敌当前，他们还需要抱团取暖，不能闹掰了。

元将彻里不花奉命进剿郭子兴等人，彻里不花胆小怕事，在离濠州还有几十里时，他便安营扎寨，并不急于攻城。在镇压红巾起义军的战斗中，将领如果吃了败仗，是要被上司处罚的，但镇压起义的任务又是必须要完成的，于是元朝的将官们都走歪门邪道，他们摆出一番阵势后，便把那些可以任意欺辱的老百姓抓去交差，或者把他们当起义军杀掉来请赏。彻里不花"而日俘良民以邀赏"，有些百姓为了活命，不得不四处逃散或者投靠濠州城里的红巾军，这么一来，导致元兵抓良民都出现了困难。为了不被惩罚，元兵只好把起义范围之外的百姓也抓来邀功。从这个角度来看，元朝的腐朽军队就是在自掘坟墓，他们为推翻自己的统治实在是不遗余力、立了大功的。他们不是把百姓逼到起义军里，就是把百姓逼到地方武装力量中，从任何一个角度而言，都是在自取灭亡。

此时的朱元璋却仍然在寺庙里撞着钟、念着经，从种种迹象看，他并没有参加起义军的想法。虽然他也知道明教信徒正在大动干戈，但对于还是和尚身份的他来说，起义和他是不相干的。对于这段往事，朱元璋在御制皇陵碑中这样说道：时乃长淮盗起，民生攘攘，于是思亲之心昭著，日遥盼乎家邦。已而既归，仍复业於觉皇，住方三载而又雄者跳梁。初起汝颖，次及凤阳之南厢。未几陷城，深高城隍，拒守不去，号令彰彰……

不过，此时摆在朱元璋面前的形势更严重了，如果继续留在庙里，很有可能被某一个元兵抓去当起义者杀掉，然后冠以张三或者李四的名字。但投奔起义军也有很大的风险，一旦被元军打败，也是性命难保。

第二章 舍身寺庙

· 29 ·

朱元璋仔细考虑了这件事，他认为元朝比较尊崇佛教，对寺庙应该不会骚扰，他觉得和尚的身份也许可以保佑他安全。

至正十二年（1352 年）三月的某一天，朱元璋正在参阅佛经，忽然有人来访，还送给他一封信。这封信彻底改变了朱元璋的命运。这是朱元璋幼年时候的好朋友汤和写给他的信，信的内容是自己参加了郭子兴的红巾军，做了起义军的小头领，希望朱元璋也来参加起义军，共图富贵。

童年的汤和就有壮志，在嬉戏玩耍时，喜欢骑马射箭。成年之后的汤和身高七尺，举止洒脱，沉稳敏捷，善于谋略。年初，汤和带领十多个壮士参加了郭子兴的红巾军，他因作战勇敢而被封为千户之职。因为汤和自幼便十分崇拜聪明睿智的朱元璋，又想到他正在寺庙里受罪，朝不保夕，便给他写了一封信，邀请朱元璋参加义军。

朱元璋看过信后，不动声色，将信烧掉了，他还没有去参加起义的心理准备。然而晚上，他同房的一个好心的师兄告诉他，庙里的奸猾和尚猜出送信的人是前来联络起义的信使，准备去官府告发朱元璋。

朱元璋目瞪口呆，他拿不定主意，就找到附近居住的童年好友周德兴商量。周德兴告诉他不能束手待毙，还让他到佛前求一卦，看什么路合适。佛前求签的结果是"卜逃卜守则不吉，将就凶而不妨"，意思是逃跑、呆在这里都不吉利，去凶险之处还可能没事。朱元璋明白自己已经没有退路了，不逃可能要掉脑袋，那就落草为寇吧，兴许还能闯出一片天地来。

对于这段往事，朱元璋在御制皇陵碑中这样说道："友人寄书，云及趋降，既忧且惧，无可筹详，傍有觉者，将欲声扬。当此之际，逼迫而无已，试与知者相商，乃告之曰：果束手以待罪，亦奋臂而相戕？知者为我画计，且祷阴以默相，如其言往卜去，守之何详。神乃阴阴乎有警，其气郁郁乎洋洋，卜逃卜守则不吉，将就凶而不妨，即起趋降而附城，几被无知而创。"

朱元璋胡乱收拾了几件衣物，匆匆逃离皇觉寺，他担心官府来捉拿他，因此昼伏夜出，小心翼翼地向濠州城赶去。

# 第三章 上门女婿

　　投身军营，又娶了郭子兴大帅的义女，有谋略、有担当的朱元璋开始显露出他的军事才华和超人胆识，声望与日俱增。同在濠州城驻扎的其他红巾军派系极力拉拢朱元璋，这让郭子兴颇为不满，渐渐容不下这位忠心耿耿的女婿，为了自保，朱元璋被迫选择离开郭子兴……

## 乘龙快婿

　　至正十二年（1352 年）闰三月初一，一身和尚装扮的朱元璋狼狈地来到濠州城下。两军对峙之际，红巾军戒备极严。进城门时，和尚打扮的朱元璋被守门士兵挡住搜身。朱元璋说要参军，红巾军士兵见他器宇轩昂，谈吐不凡，不信他是前来投军的，认为他是奸细，便绑了他，要报长官以元兵奸细论处。

　　朱元璋没有别的办法，只好敞开嗓门高呼汤和的名字，还大喊要见郭元帅，这一幕恰好被郭子兴的亲兵看见。郭子兴闻报，心有几分诧异：既是奸细，怕不得如此从容，而且指名道姓要见他。他来到城门处一看，见是一个长相怪怪的和尚被五花大绑捆在拴马桩上，此人虽然神色焦急，却没有慌张，反而气度非凡。于是郭子兴认真的询问了朱元璋的名字，来历，当朱元璋说出是千户长汤和介绍他来的，郭子兴这才明白，这个人真的是来投军。郭子兴便喝令松绑放人，并将其收为步卒，编入自己守城门的嫡系部队中。

　　在军营里，朱元璋很快就表现出了他的才能，比起其他的农民兵士，他是一个很突出的和尚，不但有计谋，处事冷静，思虑深远，而且很讲义气。郭子兴部属于红巾军系统，这支队伍的指导思想是白莲教，和尚的身份使朱元璋当然地成为基层部队中的"指导员"，他不仅可以宣传教义，还能讲出佛家妙语，让弥勒佛转世之说显得更加符合事实。这一身份使得朱元璋在领导才能方面表现突出，不难想象，朱元璋在三年的游历和四年的寺庙生活中积累了许多宗教理论，在这些普通百姓出身的士兵圈子里，他的存在就像是精神领袖的化身。

朱元璋本来身体素质就好，在云游四方的几年中练就了一些防身的武艺，加上记性好反应快脑瓜子聪明，多次随队出城哨探，总是表现得坚决果断、从容镇定。每次行动他总是立功，连他的队长也对他赞不绝口，越发倚重他。有危险的时候，朱元璋总是第一个上，这一切都让他有了崇高的威信。加上他的同乡汤和帮忙，他在当士兵两个月后，被提拔为十夫长，这是他的第一个官职。生平第一次受到众人的爱戴和尊敬，朱元璋感受到那种高高在上的优越感和上升感，本来对命运已经接近屈从的他忽然看到了自己的人生价值，他觉得自己来到起义军是非常明智的，在这里他找到了用武之地，也确立了自己的人生目标。

有一天，郭子兴带亲兵出巡，经过城门，守城门士兵列队待检。身材高大的朱元璋站在排头，格外显眼。郭子兴还记得相貌奇伟的朱元璋，不禁向带队的小首领打听他的情况表现，小首领极力称赞，夸朱元璋是难得的人才。

郭子兴听着很受用，朱元璋是自己留下的人才，又这么出色，值得重点培养。他当机立断，把朱元璋升为亲兵，直接调到帅府当差。这可是一步登天了，朱元璋对这个转变十分开心，多年的历练让他明白，只有进入权力的核心，才会成为人上人。

来到郭子兴身边后，朱元璋发现自己的优势实在太多了。首先，朱元璋在皇觉寺四年的刻苦学习，在文字上有了很大长进，识文断字，这让文化程度不高的郭子兴省去了很多烦恼，他将军中大小文墨之事总交由朱元璋来办理；其次，朱元璋不贪财，每次得到战利品，他都献给郭子兴，如果得到赏赐，就分给士兵，因此人缘极佳；再次，朱元璋忠心耿耿，尽职尽责，有胆识敢作为，特别聪明，对郭子兴的命令总能很好地理会和执行，分析问题还准确。郭子兴渐渐把他当成自己的智囊，经常征询他的意见，最后竟言听计从起来。

两个月后，朱元璋在军中竟有了很大的名气，很多士兵都认识他了，他在郭子兴军中的地位也逐渐重要起来。同在濠州的其他几位元帅看到郭子兴招揽到朱元璋这样的人才都是既羡慕又嫉妒，他们不约而同地想到了"挖墙脚"，打起了"策反"朱元璋的主意。

郭子兴看到了朱元璋的与众不同，便开始想办法留住他。恰好郭子兴的二夫人张氏抚养了一个孤女，名叫马秀英。马秀英仁慈、善良、俭朴、爱民，因为脚大，被时人称为"马大脚"。马秀英原是郭子兴的好友马公临死时托付的，这时已经成年，甚是贤德。看到郭子兴为如何拉拢朱元璋的事情烦恼，张氏建议郭子兴将朱元璋招赘入婿。

郭子兴大喜，他询问了朱元璋生辰八字后便拍板定下这门婚事。

朱元璋没有了父母，婚姻大事可以自主，虽然他曾是和尚，但是没有真正剃度，离开了寺庙，也就算还俗了。朱元璋对郭子兴的礼遇非常重视，他明白这是自己登上梧桐枝的一个踏板，此后有了郭子兴大帅乘龙快婿的身份，到哪里都是风风光光、体体面面了。

择定良辰吉日后，郭子兴便风风光光地替朱元璋办了这门婚事。在朱元璋日后平定天下、创建帝业的岁月里，马秀英和他患难与共，为他平定天下、建立明朝做出了很大的贡献。也正是从大婚之日起，朱元璋的身份地位变了，原来经常被大家挂在嘴边的名字"重八"似乎显得俗气了些。几经思考，他正式给自己定了个官名——朱元璋，字国瑞。在今后的十几年里，这个名字威震天下，成为元朝统治者的噩梦。

自此，有了资历和靠山的朱元璋开始受人敬重，郭子兴待他也不薄。朱元璋感恩戴德，将郭子兴视为再生父母。然而，随着时间的推移、利益的纠葛，两个人也不免发生冲突，最后导致势同水火，分道扬镳。

# 丈人不满

　　濠州这支红巾军形式上接受刘福通、杜遵道的领导，但是自己内部没有形成统一领导，而是数雄并立。与郭子兴一同起事的还有孙德崖等四人，他们都被杜遵道封为濠州节制元帅，一起驻扎在濠州城里，各自统辖自己的兵马，谁也不服谁，他们聚在一处的原因只是为了壮大实力以求自保。这是一个非常致命的问题，五个统帅没有一个头头，其结果只能是各自为政。

　　起义前，郭子兴身家不菲，良田无数，很有优越感，然而另外四个元帅却出身贫苦，举止粗卑，匪气十足。因此，郭子兴很看不起他们，"四人者粗而戆，日剽掠，子兴意轻之。"这是很鲜明的阶级矛盾，郭子兴属于地主阶级出身，那四人属于贫农出身，从一开始合作就预示着潜在的分裂。

　　进驻濠州之后，郭子兴意欲向平民摊派军粮，而穷人出身的孙德崖等四人希望从富人那里抢夺粮食，双方都有雄厚的群众基础，因此总是剑拔弩张，为了各自的利益相争不止。孙德崖等人对郭子兴的出身和为富不仁感到不快，他们四个人联合起来，将郭子兴彻底孤立起来。孙德崖四人与郭子兴面和心不和，猜忌越深防范越严，甚至视军中大事如儿戏，各自偏安濠州一隅，不思进取。郭子兴索性不与他们来往，对军中大事不闻不问，"以是多家居不视事"，任他们为所欲为。

　　旁观者清，朱元璋看到了郭子兴的弱势地位，多次劝他打起精神提防孙德崖一伙联合起来发难。郭子兴勉为其难，强打精神，因为能力有限，终是抵不住另外四人的联合。有意思的是，孙德崖对朱元璋很友好，两个人时有交往。朱元璋少不了好言好语求孙德崖多担当些，着意联络刻意修好，以免真的决裂，让元军有机可乘。看在朱元璋的面子上，孙德崖竟然几次对郭子兴忍让。郭子兴的两个儿子瞧不起没有任何背景的朱元璋，而且还是个干妹夫，少不了在郭子兴面前说几句风凉话，尤其是抓住朱元璋交好孙德崖这件事不放，这让郭子兴有些恼怒。

　　同年九月，元相脱脱统率蕃、汉大军数十万进攻徐州。"芝麻李"

率领的义军抵敌不住，落荒而逃，被元军逮住杀了。他的部将彭大、赵均用则率领残兵败将逃出徐州，投奔濠州而来。元军蜂拥闯进徐州，疯狂屠城，见人便杀，见屋就烧，惨无人道。

彭大、赵均用的数万残兵狼狈进入濠州，赵均用仗着人多势众，到了濠州立刻反客为主，开始节制濠州五帅，使原本严重的派系斗争变得更加激烈。孙德崖等四人惟赵均用马首是瞻，郭子兴见此情景，便主动向彭大示好。濠州城内的红巾军分成了两个派系，两下里明争暗斗越发较上了劲。

孙德崖仗着赵均用撑腰，更加不把郭子兴放在眼里。有一次，郭子兴巡城时和孙德崖走了个正面，两个人言语间不免发生口角，孙德崖不留情面就把他给绑了，带到孙家关在一间空房里百般凌辱，千般折磨。如果郭子兴不幸被折磨死，也不会有人为他出头，反而郭子兴的部队会被众人瓜分。

郭子兴被孙德崖抓走的消息传来，他的两个儿子慌了手脚，便要兵戎相见，武力救父。当时朱元璋正出外侦察敌情，得信后火速赶回，他对郭家两个儿子说孙德崖不敢杀害大帅，如果冒然出兵，反倒会给孙德崖动手的机会。他先止住了郭家的武力行为，然后与郭子兴的两个儿子郭天叙、郭天爵一同去寻求彭大的帮助。

朱元璋陈述事情经过后，彭大勃然大怒，带人团团围住孙家，撞开大门，四处寻找郭子兴。孙德崖果然不敢杀郭子兴。在一间破落的马棚里，众人找到了郭子兴，只见他脚镣项枷，被打得遍体鳞伤，惨不忍睹。朱元璋当即打开枷锁，将郭子兴抬出孙家大院。

郭子兴见有彭大助阵，自己的儿子和女婿都来了，气势便强了，他发令抓捕孙德崖，然后报仇。孙德崖不甘示弱，也派人号令他的三个哥们带着士兵都来增援，还通报赵均用来帮忙牵制彭大，眼看着两伙人就要火并。

赵均用见彭大也出头了，知道这一次弄不死郭子兴了，便前来相劝，让孙德崖不要生事，也劝郭子兴、郭天叙、郭天爵隐忍了事。郭家人不肯罢休，赵均用便做朱元璋的思想工作，让他里外周旋。

朱元璋认为，虽然有彭大相助，但是郭子兴一方兵力依然不足以对抗孙德崖、赵均用等人，真要是火并极有可能全军覆没。他审时度势，力劝老丈人握手言和。在赵均用的施压下，孙德崖哼哼哈哈地赔礼道歉，还奉上一笔慰问金，郭子兴也做了让步，不再提这个事，这次不愉快似乎就这样解决了。可是双方的矛盾更深了，郭子兴不甘受辱，发誓要杀了孙德崖。对于朱元璋的表现，郭子兴很不满意，认为他吃里扒外，没有和孙德崖划清界限。

《太祖实录》和《太祖本纪》对此事均有记载，在这些记载中，朱元璋被描绘成一个英雄，为营救郭子兴发挥了重大作用，比郭子兴那两个懦弱的儿子强得多。实际情况是否如此，我们不得而知，但这一说法肯定是朱元璋所喜闻乐见的。

通过这件事，赵均用和彭大都很赞赏朱元璋，认为他是个有勇有谋的人。

正在濠州城内讧热火朝天时，元相脱脱凭借连下徐州、汝宁之威，分派御史大夫贾鲁杀奔濠州而来。大敌当前，红巾军头领们不得不捐弃前嫌，同心戮力坚守城池抵御元军。由于朱元璋的干练豁达，能够团结周边的各股地主势力，可以保证源源不断的军粮供应，他被委以重任，巡城的士兵也交由其统一指挥。朱元璋不敢怠慢，夜以继日地巡防督导，将士们同心协力拼死固守，亦赖城池坚固粮食丰足，从这年冬天一直到第二年春天，元军整整围攻了5个月，也未撼动分毫。后来贾鲁突然病死，元军又久围疲惫，只好撤兵，濠州遂以保全。

濠州大捷，彭大、赵均用都兴高采烈，有些忘乎所以，元兵撤退后，他们自封为鲁淮王和永义王。郭子兴和孙德崖等5人仍为濠州城元帅，地位和待遇一如既往。立了大功的朱元璋依然是郭子兴的女婿身份，没有半点升迁。通过这次守城，朱元璋察觉到如果郭子兴不做改变，依旧留在濠州，无论怎样立功，都不会出人头地，只是为他人做嫁衣裳。

早在彭大、赵均用到来之前，朱元璋就曾建议郭子兴离开濠州城独立发展，壮大实力，摆脱孙德崖等人的掣肘。朱元璋对他说："他们现在越来越密切，而我们越来越孤立，时间长了肯定会被他们压制。"这句话从字面上看是为郭子兴着想，实际上朱元璋也是在向郭子兴探路。如果郭子兴决定开辟新的根据地，朱元璋就有机会做马前卒，就可以建立起听命于自己的部队，从而真正指挥一支部队，为自己增添筹码，这是朱元璋的私心。但郭子兴贪恋濠州的好处，不想吃苦，始终没有接受朱元璋的建议。

濠州战役后，郭子兴面临的处境更加艰难，他的兵马都在彭大、赵均用节制下，随时有被调走兵马的情况，但是郭子兴看不到这个危险。随着朱元璋从军经验的积累，郭子兴感受到来自女婿的压力，越来越讨厌朱元璋，原因很简单，朱元璋比他强。对于郭子兴这样一个没有胆识、不能容人的统帅来说，他是不能容忍一个可能取代自己地位的人在身边的。

终于有一天，郭子兴找了个借口把朱元璋关了起来以示惩戒。郭子兴的儿子郭天叙和郭天爵早就看不惯朱元璋处处出风头，就吩咐守兵不给朱元璋送饭，想要把朱元璋饿死。朱元璋三天水米未进，马秀英不知道郭子兴的真实意图，不敢求情，善良的她为了救朱元璋，便藏着烫好的烙饼到牢中探望朱元璋。不料郭天叙和郭天爵前来查看，为了不被察觉连累朱元璋受苦，马秀英便把烙饼揣进怀里。恰好张氏带着丫鬟走过来，看见马秀英神色慌张，便前来询问。张氏只是她的养母，马秀英不敢说出实情，寄人篱下的她只能垂头不语，默默地流泪。张氏看到马秀英怀里冒出股股热气，很奇怪，便解开其衣服，发现了大饼，惊得目瞪口呆。马秀英见事情暴露，只好对张氏诉说了真情。

张氏不相信郭子兴会干出这种事情来，立刻到前院找他对质。郭子兴被夫人撞破了隐私，面色难看，怒气冲冲找来两位公子当着众人面大加训斥，又每人重重责打二十大板算给朱元璋出了口怨气。朱元璋被释放了，他不敢嫉恨老丈人，更不敢在两位舅子哥面前流露不满，依旧对他们毕恭毕敬。不过，马秀英胸前留下了块马掌大小的伤疤，这是被烙饼烫伤留下的伤痕，后来成了他们夫妻之间恩爱的象征。

经历此事后，朱元璋痛定思痛，他知道自己遭到郭氏父子三人的嫉妒，让他们有了危机感，便越发地为自己谋取退路。按照当时的规矩，郭子兴如果死去，他的继承人将是他的两个儿子之一，就犹如韩山童死了，他的儿子韩林儿要继承其父的位置一样。朱元璋强势崛起，能力出众，孙德崖、彭大、赵均用等人都对他评价甚高，不仅郭子兴感到了不安，他的两个儿子更是担心大权旁落，所以容不下朱元璋也在情理之中。

## 军事资本

此后，朱元璋行事更加低调。没多久，郭子兴安排朱元璋带一千兵马收复定远，也就是郭子兴的老家。从这一点也可以看出郭子兴存心不良，当时的定远有重兵看守，让朱元璋去进攻就是不想再看到活着的朱元璋。虽然是女婿，郭子兴并不重视他，朱元璋也知道这一点，自己孤身投军，既没有钱财，也没有兄弟跟随，能当上郭子兴的上门女婿，好好伺候着老丈人兴许还能混得不错，偏偏他不是无能之辈，眼看着一步好棋让老丈人越走越糟，他忍不住进献几个良策，反倒让郭子兴对他有防备心了。

将命不可违，朱元璋毅然带兵出发，他的好兄弟汤和与他并肩作战。朱元璋详细查看了元军的部署，找到了元军的一个缝隙，在夜间突袭，四处放火，元军不知底细，慌忙撤退，朱元璋一举攻克了定远。第二天，朱元璋在定远城里征兵征粮，壮大实力，五日后在元军回援前他及时撤出。此后，朱元璋带兵连续攻击怀远、安奉、含山、虹县，四战四胜，锐不可当，征新兵两千余人！

当朱元璋率兵回到濠州的时候，他已经完成了一次伟大的尝试——独自指挥一支军队作战。这让朱元璋看到了自己的优势，他对军事指挥似乎有一种天赋，对作战有一种独特的思考，他更懂得如何发挥每一个士兵的战斗力，更明白如何以弱胜强。

回到濠州，朱元璋爽快地交出了兵权，将所有的士兵都交给郭子兴指挥。郭子兴的兵力增加了，他非常高兴，同时对朱元璋的能力更加担心。当朱元璋提出回自己的家乡钟离招兵的建议时，郭子兴豪爽地答应了，他认为，不管朱元璋招来多少兵，都是自己实力的壮大，何乐而不为呢？留在身边反倒看着碍眼。

郭子兴给了朱元璋回家乡招兵买马的权力，朱元璋借此机会暂时脱离了郭子兴的束缚，犹如龙入大海。离开了郭子兴之后，朱元璋回到了钟离，这是他的家乡，在这里他召来了童年的小伙伴、为他算过命的周德兴，还有后来堪称天下第一名将的徐达，不过十天功夫就募得七百子弟。郭子兴闻讯很高兴，便任命朱元璋为镇抚。朱元璋率兵回到了濠州后，将招来的兵马又全部交给郭子兴。

郭子兴大喜，摆酒设宴为朱元璋接风洗尘，席间一再表示不会亏待朱元璋。朱元璋趁机恳请郭子兴允许自己出去闯闯，见见世面。见朱元璋主动要离开，郭子兴当即允诺。过了两三天，不见朱元璋有丝毫动静，郭天叙和郭天爵也追问郭子兴，这个朱元璋是不是后悔了？濠州城里这么好，他是不是不想走了？

就在他们疑心不已时，朱元璋前来请辞，想重返定远，要在那边开创一片天地。郭子兴装作舍不得的样子，一边说需要什么帮助尽管说，一边又说濠州防务紧张，不能给朱元璋太多人马。朱元璋一再感谢，表示只想带几个家乡跟出来的兄弟一起走，其余人马一概不要。当朱元璋说出这些人的名字时，郭子兴一听，里面除了汤和也没什么俊杰，便同意了。第二天，朱元璋便带着徐达、周德兴、汤和等24人离去了，除了随身的兵器和几匹战马，就是一些简单的行李。

郭子兴知道朱元璋这一去意味着什么，他认为定远敌情复杂，元军和各方势力盘根错节，朱元璋只有二十多个人，很快就会死在乱世之中。这个女婿毕竟不是亲女婿，还那么不听话，太有主见，走了就走了吧！

后来的《明史》把朱元璋崛起的过程描绘成白手起家，自主创业，和郭子兴撇得干干净净。说到底也不是没有道理：朱元璋的离开有些灰头土脸，仅有24个家乡人追随，基本很难成事。但是朱元璋是胜利者，他不仅有了绝对的自由，从此可以自己说了算，还带走了战乱时代最值得拥有的那类人——战将。跟朱元璋离开的这些人后来几乎都成长为能征善战之辈，统辖大军，将诸多乱世群豪和大元王朝彻底推翻，建立起一个崭新的大明帝国。

至正十三年（1353 年）六月中旬，朱元璋带着若干兄弟和马秀英走在荒郊野外的古道上。此时的朱元璋名义上虽然还是郭子兴的女婿，实际上却是被郭子兴彻底抛弃的人，任何一个明眼人都可以看出来，他们的关系已经走到了尽头。

朱元璋对郭子兴仁至义尽，他选择光明磊落地离去，不沾郭子兴任何恩惠。很多人都认为，几乎是孤家寡人的朱元璋去了定远是选择了自我毁灭。孙德崖等人知道朱元璋被扫地出门之后，无不拍手称快，看到他们翁婿翻脸，真是痛快至极。

朱元璋在定远寻到了一处安身之处后，便拜访当地有实力的地主和贵族，表示愿意承担起保护他们的责任。这些当地的富豪对朱元璋前些日子攻占定远的印象很深，他们正愁没人能真正保护他们的利益，恰好头脑精明、口齿伶俐，又有作战指挥能力的朱元璋送上门来，双方一拍即合。

很快，在这些富豪的支持下，朱元璋高举义旗，开始招兵买马。在徐达、周德兴、汤和、郭英等人的帮助下，他们的父辈们、姨表亲、姑表亲等也纷纷拖家带口的前来投靠。这些人的到来，不仅让朱元璋有了可以依靠的有生力量，更让当地的地主和贵族们看到了他的号召力，从而给予他最坚实的衣食支助。

朱元璋短时间之内就汇聚起一只上千人的队伍，开始交由徐达、周德兴、汤和等人严格训练。他自己却每日周旋在地主和贵族中间，让更多的人接受他、认可他、支持他。

朱元璋这个招牌打出去了，到底行不行还得看效果。有人给朱元璋出了个难题，几十里之外有一个叫豁鼻子的秦把头经常骚扰地方，希望朱元璋能荡平这支草寇。

朱元璋很重视第一次作战，他亲自部署，大力搜集情报，还派人混入敌方阵营摸清实力。经过周密部署，他带人趁夜间潜入，刀枪顶着对方的咽喉，强力招降了豁鼻子秦把头和他的八百人。消息传来，众多乡绅富豪对朱元璋刮目相看，心甘情愿地将地方防务交于朱元璋负责。

在与当地富豪的谈话中，朱元璋知道了在定远附近的张家堡有一支三千人的起义部队，他们经常来此索要钱粮，还杀害拒不纳粮的人家。拿人钱财，替人消灾，朱元璋的队伍吃着这些富豪提供的军粮，自然要保护他们的安全，于是他打起了这支部队的主意。

朱元璋自知实力不济，便让徐达去张家堡请义军首领出来吃饭，特别交代是准备了很久的淮阳名菜。那位首领不知是计就来了，一到驻地，朱元璋就把他捆了起来。然后朱元璋以首领的名义传令山寨的人出寨，就这样寨子里的三千人离开了堡垒，进入了徐达设下的包围圈。周德兴和汤和率兵摇旗呐喊，作势厮杀，这些人没有斗志，很快就投降了。

徐达等人将这些投降士兵统一编入部队，进行严格训练。如此一来，朱元璋的军队人数达到了五千多人，但他并不满足。他的下一个目标是横涧山，那里聚集着十余万民众和一支地主武装，其主帅叫缪大亨，他率领自行招募的一支民兵跟随元军围攻濠州，希望能顺手发点横财，不料没有攻下来，又不想无功而返，于是便带领部队停滞在横涧山。

这一次，朱元璋采取抢攻架势，他带着全部人马对横涧山发起了进攻。他依旧很聪明的避开了白天，而选择在晚上对这支地主武装发动了夜袭。当周德兴率领两千余人杀过来时，缪大亨惊慌失措，拼命逃窜，恰好被汤和和郭英带兵堵了个正着。缪大亨见势不妙，连忙高喊投降，总算保住性命，他的部队也跟着一起成为降兵。朱元璋安抚了横涧山的民众和当地贵族，承诺为他们提供人身安全保护。横涧山民众喜出望外，纷纷纳粮参军。朱元璋从横涧山一共精选出两万精壮汉人编入自己的队伍。也就是在这次高调征兵之后，朱元璋的部队与那些乌合之众的农民暴动军或者地主武装有了本质的区别。

朱元璋的手中，有了一支进可攻、退可守的精兵。"赤帜蔽野而盈冈"，从此朱元璋有了自己的军事资本，并开始与天下英雄一较高低。聪明的朱元璋深谙治军之道，从一开始他就非常注重军事纪律和军事训练。徐达等几位兄弟虽然没读过兵书，但奇怪的是，他们似乎天生对战争就有超常的领悟能力和行之有效的控制能力，这些刚刚放下锄头和斧头的农民转瞬间就成为攻城略地的优秀将领。

朱元璋以定远为中心，以横涧山为强大的后防，开展起轰轰烈烈的革命根据地建设活动，势力逐渐扩大。由于朱元璋大军纪律严明，作战勇敢，守土有力，定远周边的匪患被迅速平定，元兵也不再前来骚扰。根据地里的百姓安居乐业，俨然一片王道乐土气象，而朱元璋恰好就是这根据地里的"山大王"。

由此，朱元璋威名远扬，前来参军的人络绎不绝，附近的地主武装冯国用、冯国胜两兄弟闻讯也带着数千农民军前来投效。朱元璋极为高兴，把兄弟俩留作幕府参谋，把两家军队合并编制。冯氏兄弟非常有远见，而且有战略眼光，他们建议朱元璋攻取集庆（今江苏南京），理由是："金陵龙蟠虎踞，帝王之都，先拔之以为根本。然后四出征伐，倡仁义，收人心，勿贪子女玉帛，天下不足定也。"朱元璋第一次听到这个建议，感觉非常新奇，思考了许久，欣然采纳这个建议，开始为占领集庆而积蓄力量。

# 礼贤下士

至正十四年春（1354年），朱元璋率领训练有素的四万大军南下进攻滁州。就在滁州城外，有一个叫李善长的书生来投效朱元璋。朱元璋军务繁忙，没和他细谈，知道他识字，便让他当了随军文书，也就是朱元璋刚到郭子兴身边时做的工作。

李善长相貌儒雅，满腹才华，拥有极大的魄力和能力。虽然朱元璋没有重视他，他并不在意，依然干好自己的分内工作。几天之后，李善长就脱颖而出，他学识渊博，深谋远虑，做事情一丝不苟，为朱元璋连续出了两个良策。几番接触，朱元璋与他大有相见恨晚之意，"与语大悦"，朱元璋便问李善长："天下太平之事如何待之？"

李善长早就有谋划，他从容答道："秦朝乱时，汉高祖刘邦也是百姓出身，他豁达大度，知人善任，只用了五年就成就了帝王之业，现在天下已不是元的了，元帅你的户口在濠州（公濠产），离刘邦老家不远，就算没有王气所在，也多少能沾点边。"说到这里，他停了下来，然后说出了最关键的两句话："只要元帅能向刘邦学习，按照他的行为去做，天下就一定是你的！"

天下，朱元璋从来没想过自己会坐拥天下，只盼能做个乱世豪杰，在老丈人面前能抬起头来就知足了。当李善长向他说出刘邦谋天下的话时，他突然感觉到自己似乎可以触碰到天下，心中顿时有了一个更广阔的蓝图，他的目光和视野顿时得到了提升。

李善长坦诚说，久闻朱元璋礼贤下士，带兵有方，而且为人高尚、心胸宽广、志向远大，所以愿意追随他成就一番事业。李善长以汉高祖预示朱元璋，并处处流露出朱元璋有天子气象，这让朱元璋第一次有了与众不同的感觉。

不经意间得到了李善长这位"吹鼓手"，朱元璋十分开心，他当即任用李善长为掌书记，依靠他出谋划策，上传下达，勾通将士意见。李善长遇到了赏识他的伯乐，也倾心尽力地去谋就功业，在朱元璋征战天下的大业中立下汗马功劳。在李善长的点评下，朱元璋自此刻意学习刘邦这位同乡，从说话办事、带兵打仗到政治权谋都向汉高祖看齐。而李善长，也隐隐以萧何自居，出谋划策，管理地方事务，征调军粮等，是个踏实做事的人。

李善长熟悉滁州地理和风土人情，这里地势异常险要，宋代欧阳修曾有过"环滁皆山也"的议论，可见这确实是一块易守难攻的要害之地。李善长不以为然，他早有破敌良策在怀，升了官之后，他便献上"投名状"：滁州虽然险要，但是守军却远不像地形那么难以对付，只要引诱元兵出城开战，就能迅速破敌。

朱元璋采纳了李善长的计策，在滁州城外高声叫骂，元军果然上当，大军出城迎敌。开战之初，朱元璋手下勇将花云即率领上千骑兵以中央突破战术直冲对方阵地，杀进重围，砍断元军的大旗。元军士气大乱，溃不成军，朱元璋率领全军横扫敌兵，一鼓作气攻进滁州城。滁州城内，朱元璋张贴安民榜文，派兵剿灭附近匪患，招揽能人志士，很快

第三章　上门女婿

将滁州打造成一个铁桶般的堡垒。

至正十四年秋（1354 年），在占据了滁州后，朱元璋又迎来了三个重要的人，分别是当年被她大嫂带回娘家的侄子朱文正、二姐夫李贞和外甥保儿（后改名李文忠），这三人后来都成为名震天下的名将。李贞家在盱眙，元末乱世中家产难以保全，他和那个时代的许多富户一样，散尽家财招募了一支队伍，结寨自保，后来朱元璋势大，李贞才带着他的儿子李文忠来到滁州投奔朱元璋。朱元璋此时也知道了多年没有音信的二哥已经故去，一大家人就剩下这点血脉，悲欢离合，"一时聚如再生，牵衣诉昔以难当"。

欣喜之下，朱元璋将侄儿和外甥都收作养子重点培养，同时收养的还有定远城的孤儿沐英。朱元璋夫妇当时膝下无子，就认小沐英为义子，沐英改姓朱，在朱元璋夫妇身边生活。朱元璋夫妇待他就像自己的孩子一样，不仅教他识字读书，还教他如何带兵打仗。后来，朱元璋又陆续收养了二十多个义子。俗话说"打仗还需父子兵"，朱元璋大量收抚孤儿义子，非常得将士人心，认为他是个重情重义的人。

然而朱元璋日后的真实作法却是：军事险要之地常以义子为心腹，协同将官固守，并行牵制监视在外将官之利。朱元璋这一阴险的手段着实有效，可是当时他身边的人看不到这一点。这足以表明朱元璋心智超人，虽然他先天只是个普通农民，但是他后天的努力和历练让他成为一代枭雄。他的布局如此之早，难怪很多人都对他看走眼了。

此时的朱元璋手下强将如云，谋士如雨，并占据了滁州这个进可攻退可守的险要之地。他的身份虽然还是郭子兴的女婿，但是已经很少有人这么介绍他了，众人提起他都承认他是雄霸一方的豪杰，与郭子兴等人已经可以平起平坐。

## 百依百顺

这一年，朱元璋只有二十七岁。不过他取得的军事成就却远远超出那些早先起义的红巾军统帅，比如彭大、赵均用等人。然而，朱元璋依旧是郭子兴手下的一名将领这个事实无法改变，他再有成就，也离不开郭子兴的节制。郭子兴也没有料到朱元璋离开他之后如鱼得水，混的风生水起，将被自己压制的潜能完全发挥出来。郭子兴是个非常贪恋兵权的人，他开始把手脚伸进朱元璋的军队中，干涉其领导，希望控制这支军队。

徐达等人对朱元璋始终居于郭子兴之下的地位十分不满，"诸将多太祖等夷，莫肯为下"。占领了滁州之后，徐达被朱元璋授为镇抚，"位诸宿将上"。徐达审时度势，处处为朱元璋谋划，逐步帮助他树立威信，以期早日摆脱郭子兴的束缚。

朱元璋的声望日渐彰显，愈加显示出郭子兴的无能，处于濠州的郭子兴此时正焦头烂额。朱元璋进军滁州时，濠州红巾军在彭大、赵均用率领下，趁虚攻下盱眙泗州。因为郭子兴之事，这两个领导结下怨仇，后来又失和气，竟致彻底闹翻了。彭大忧闷成疾，不久病死。其子袭称鲁淮王，和赵均用倒也相安无事。

但是，郭子兴失去了彭大这个靠山，成了众人的眼中钉。孙德崖、赵均用等人多次设计相害，必欲置之死地而后快。他们几次都想下手除掉郭子兴，考虑到拥兵自重的朱元璋就在不远的滁州，实在不好善后，未敢造次。他们想设计调朱元璋来守盱眙，以便杀了他并掌控他的军队，来个一石二鸟之计。朱元璋心里明白，他不会自投罗网，便找个托词，说军情紧急，部队转防不得，并用钱买通王府管事之人，拿话劝赵均用不要"相煎太急"，否则万一激出变乱，于他自己也不一定有什么好处，不如好好地对待郭子兴，让他出力占地方、保疆土。赵均用觉得有理，于是他们就联手把郭子兴挤出了濠州城，让他带着他的本部人马出去抢地盘。

郭子兴被扫地出门，这才明白了朱元璋当初对他的劝告。后悔已经没用了，他没有安全的去处，也不想去攻打元军驻防的州县，想来想去只有去他的女婿朱元璋那最安全，但想想自己以前那样对他，他还能善待自己吗？

郭子兴的两个儿子却不以为然，认为朱元璋即便兵力再多，也是

第三章　上门女婿

自己的家奴，没有郭子兴就没有朱元璋的现在。既然老主人来了，他怎敢不好生招待？而且按照规矩，朱元璋的部队也应该交由郭子兴元帅来指挥。

郭子兴也认为两个儿子说得有道理，就大摇大摆地率领自己的部队来到滁州。郭子兴确实多虑了，朱元璋不但出城数十里迎接，还举行了隆重的欢迎酒宴。到处都是锣鼓喧天，红旗招展，让郭子兴感到很有面子。

郭子兴一到滁州，立刻将朱元璋置于自己的阴影下，着手收回早些时候给予朱元璋的资本，并打算连利息一并拿去。他把朱元璋身边的得力助手都斥去，甚至想把李善长挖走，但是李善长并没有傍他这个"大腕"，而是选择继续留在朱元璋身边，朱元璋对此十分感激。

为了消除郭子兴的戒心，朱元璋不得不表现出顺从（太祖事子兴愈谨），马氏也从旁做工作，把士兵们进献的战利品送给郭子兴的老婆，让她暗中调护，维持郭子兴对朱元璋的信任。更让人吃惊的是，朱元璋做出了一个谁也想不到的决定。他决定把自己属下五万精兵的指挥权让给郭子兴，统帅的位置也就罢了，毕竟是个虚的，但兵权也交出去，就让人吃惊了。郭子兴喜上眉梢，两军合在一处有近十万人马，旗帜鲜明，军容整肃，遂为"滁阳一旅"。郭子兴百感交集，他其实从来没有信任过这个女婿，甚至还考虑过加害他，他也曾问朱元璋，为什么要放弃兵权？

朱元璋诚恳地说："如果没有您，就没有我的今天，我不能忘记您的恩德。"

郭子兴终于明白，自己错了，朱元璋对自己是忠心耿耿的。当得知这个消息后，原本企图进城后就杀害朱元璋的郭子兴的妻弟张天佑、大将赵继祖等人也对他敬佩万分，甚至包括郭子兴的儿子郭天叙和郭天爵。其实这正是朱元璋的聪明之处，看似兵权交出去了，其实军队里的重要职位都由他的亲信把持，比如徐达、周德兴、汤和、郭英等人，都牢牢掌控着自己的军队，任何人都别想对他们胡乱发号施令，只要朱元璋一声令下，他们随时可以"反水"。

# 第四章　攫取军权

郭子兴大帅的阴影始终不散，深感掣肘之痛的朱元璋终于狠下心来，设连环计清除郭氏集团首要余党，强悍崛起，掌控了军权；此后，他接连出奇兵，攻占集庆，与民休养生息，构建自己争霸天下的军事基地……

## 能伸能屈

至正十四年（1354 年）十一月，元丞相脱脱举重兵围攻另一支起义军张士诚部于高邮，并分兵围攻六合，形势趋紧，张士诚部和元军全面开战。

张士诚，小字九四，泰州白驹场人，他和三个弟弟张士义、张士德和张士信靠运官盐过活，血雨腥风中结识了不少英雄豪杰。为了养家糊口，张士诚从十岁开始就跟乡亲们一起，在白驹场的官盐船上"操舟运盐"，依靠卖苦力赚来的微薄收入补贴家用。少年时的张士诚"少有膂力，负气任侠"，不仅身体健壮，而且为人仗义疏财，虽然自己家里经常穷得揭不开锅，可是每当乡亲们遇到困难的时候，他总是慷慨解囊，有求必应。渐渐地，张士诚在当地盐民中树立起很高的威信。此时的元朝统治者为了填补不断扩大的政府开销和军费支出，大量增发盐引，不断提高盐价，盐业成为国家财政的最主要的收入来源。虽然盐价不断提高，但东南沿海的盐民依然贫寒交加。泰州地处东南沿海，每到盛夏，都会遭遇台风侵袭，海潮倒灌。海水退去，原本千顷良田都变成盐碱

· 47 ·

地，当地农民苦不堪言。

由于给官家运官盐收入微薄，张士诚和几个胆人的同乡一起做起了贩卖私盐的营生。他们在给官府运盐的同时，随船夹带一部分私盐，卖给当地的富户。白驹场的富户们常常以举报官府相要挟，不仅不给张士诚盐钱，而且对他非打即骂。由于身份低微，而且贩私盐是违法行为，张士诚等人只得忍气吞声。白驹场当地有一个盐警名叫邱义，负责监督盐民出工、缉拿私盐贩子。这个邱义不但常常克扣白驹场盐民的劳动所得，而且盐民们每月还要向他上贡，一有疏漏，就对盐民非打即骂。张士诚和盐民们慑于他的淫威，只能有气暗憋。元顺帝至正十三年（1353年）正月，张士诚秘密联络了十几个胆大的盐民，积极筹备武装暴动。事关重大，为了防止秘密泄露，张士诚他们把起义的地点选在了白驹场附近的草堰场。一天夜里，张士诚带领自家兄弟和李伯升、潘原明、吕珍等十八名热血盐民在草堰场的北极殿中歃血为盟，抄起挑盐用的扁担，在寒风中悄悄摸进盐警邱义的家中，把这个平日里为害乡邻的恶霸乱棍打死。随后，十八个人又冲进当地富户家中，打开仓库，把粮食和钱财分发给当地的老百姓，接着一把火把房屋烧了个干净，史称"十八条扁担起义"。

张士诚的兵力迅速扩大，达到一万多人，元兵无力剿灭，朝廷便派人拿着"万户"的委任状去招降他们。张士诚嫌官太小，不接受。他用欺骗手段杀死了朝廷钦差李齐，偷袭占据了高邮，随后，他招兵买马，攻下泰州，占了36个盐场，自称"诚王"，国号"大周"，年号"天佑"。张士诚建国称王，树大招风，元朝的丞相脱脱不得不亲率百万大军来攻，把高邮团团围住。当时的张士诚，叫天不灵，呼地不应，悔得肠子都青了，连怪自己招摇惹事。最惨的是，他想投降都不行，脱脱铁定了心攻下高邮后要尽屠当地兵民，以在江南树威示警。

这一次，六合告急，如果失守，张士诚将腹背受敌，他只好派人带着厚礼向郭子兴求救。六合在滁州东面，万一失守，滁州将会暴露在元兵攻击矛头之下，唇亡齿寒，不得不救。但郭子兴与张士诚有仇，不肯发兵。朱元璋费尽口舌，郭子兴才勉强依允，然元兵势大，号称百万，无人敢去，朱元璋只好自讨令箭统兵出救。

高邮城下，元军攻城甚急，排山倒海，城防工事几乎全被摧毁；尽管守军拼死抵御，但仍然难以抵挡元军的强大攻势。眼看守不住了，张士诚等人只好将城中老弱病残撤到滁州。朱元璋接纳了这些难民，并送到后方安置，然后率军救援六合，不料被元军重兵击败。

朱元璋的冒失导致引火烧身，元兵跟踪追击而来，直扑滁州。但朱元璋在中途设伏，大败脱脱，所获马匹兵器甚多。然而这并不能改变敌我力量的悬殊差异，滁州孤城无援，若元兵再聚兵包围，不被困死也得饿死。

当时民间义军分为两种情况：一种是反对元政府，另一种是支持元政府，并帮助元政府镇压人民起事，元政府对于后者非常重视，往往授予其领袖"元帅"的称号进行拉拢。

为了逃避灭顶之灾，朱元璋豁出去了，他摇身一变，将自己伪装成亲元义军，让滁州城里的百姓带着牛羊和美酒到元军营中犒军，返还了缴获的战马，并向元将求饶道："我们据守滁州是替朝廷保境安民，防备其他盗贼，你们怎么放着高邮的巨寇不打，反而打自己人呢？"元将听了觉得有道理，于是拔营走人，转而攻打高邮去了，滁州之围遂解。

此战是朱元璋首次与元军的正面交锋，军事上得分为零，但在政治上得了满分。朱元璋以他的机智灵活和厚黑的风格，使滁州躲过一次劫难。此后，他一直避免与元军发生正面冲突，当别的义军与元军打得头破血流的时候，朱元璋却躲在后方闷声发大财，伺机兼并友军，有时还主动与元军联系，继续给其灌迷魂汤。直到朱元璋彻底剿灭了其他起义英雄，时机成熟时，才撕下伪装，对元朝发动致命一击，推翻了元朝。

在这里还要说明一个问题，元末乱世中，很多有钱人招募军队结寨自保，他们或穿青衣或穿黄衣，以区别于红巾军。其中相当一部分人是色目人，因为有钱人大多是色目人，这些人组织武装的初衷是自保，政治立场亲元，因此获得政府颁发的元帅称号，事实上常见风使舵，在元政府和红巾军之间一直摇摆不定。当红巾军势大，他们就加入红巾军，当元军占优势的时候，他们又摇身一变，成了亲元义军。

元军对这类武装无法取缔，也不能镇压，幻想着加以利用，因此采取宽纵的政策，他们接受朱元璋的投诚就是出于这个想法。因此这类武装层出不穷而且长盛不衰，有很多武装前天降了元军，昨天又反叛，今天又重回元军怀抱，这种现象太寻常不过了。这实际上支持了红巾军，后来红巾军势大，元军在相当广阔的地域失去了控制，"亲元义军"就几乎全都加入了红巾军。这也是元末人民起事难以镇压，元政府失去天下的一个重要原因。

元兵既去，郭子兴以为四方将定，号令诸将，认为自己南面而王正当其时。可是，朱元璋却坚决反对，并晓以利害：滁城山城闭塞，交通不便形势不好，一称王目标就大了，更易招致元兵攻击。郭子兴只好作罢，仍旧做他的元帅，不过心里十分不满。

元军全力攻取高邮，眼看城池不保，张士诚急得团团转，准备城破时突围下海。哪知他命不该绝，元顺帝一旨诏书救了他的命！圣旨宣谕："脱脱往年征徐州，仅复一城，不久复失。这次统率大军，劳师费财，征战三月，了无寸功。着削去兵权，安置淮安路，弟御史大夫也先贴木儿安置宁夏路。如敢抗旨不遵，即时处死。"

元军听后无不愤恨恸哭：统帅被抓，大军树倒猢狲散，有的竟投红巾军去了。张士诚趁机出击，杀敌无数，缴获无数，不但转危为安，而且江山稳固，再也不能轻易动摇了，并从此成了义军抵抗元兵的稳固的东面屏障。如果失去这道屏障，朱元璋不可能有那么好的休养生息的机会。受到高邮之战胜利的鼓舞，全国各地原先已进入低潮的义军又重新活跃起来。脱脱被贬，在押送西行的路上，被毒死于吐蕃境地。元朝最后一位有作为有威名的大将一死，元朝覆灭的命运也就彻底决定了。


## 狐假虎威

滁州在战乱后，要维持这十万大军的生存，已成为极其艰难的问题：若发生粮食危机，军心必乱。朱元璋建议南取和州，移兵就食。这时虹县人胡大海带全家来投，此人长身铁面，智力过人，朱元璋认为他是个福将，就任他作了前锋。

为了减少伤亡，朱元璋等人打算智取，具体方案是：赵继祖冒充元使，张天佑率领刚刚收编的庐州三千寨兵穿着青衣（亲元义兵的标志性服装），带着货物，声言护送元朝使者前往和州犒劳守军，一旦和州元兵打开城门，立刻夺取城门，并放火为号。耿再成率一万人马身着红衣尾随青衣军后，见到信号后乘势杀入，拿下和州。

计划十分完美，但执行的过程却是一波三折，阴差阳错。

至正十五年（1355 年）正月二十一日，张天佑青衣军到达距和州四十里的陡阳关，当地乡绅误以为是真的元使来到，带着酒肉犒劳，耽误了一些时间。继续出发后，张天佑又走错了路，没有按照约定的时间到达和州。

张天佑耽搁了进攻的时间，耿再成部红巾军反倒先于青军来到和州城外，到了约定的时间，没有看到青衣军举火为号，以为张天佑军出了什么问题，就催队急进。元军发现红巾军前来攻城，放下吊桥前来迎战，耿再成的部队抵挡不住，纷纷溃退，元军跟踪追击三十里，见天色已晚，便鸣金收兵。

这时恰巧张天佑的青衣军赶到这里，向元军发起突袭，疲惫不堪的元军以为中了敌人的埋伏，掉头回奔。张天佑紧追不舍，一直追到城下，总管汤和砍断吊桥的绳索，义军冲入城内，守将也先贴木儿弃城逃跑，义军拿下了和州。

义军误打误撞，将赚取城门变成了调虎离山，收到了奇效，但是耿再成并不知道后来发生的事情，他率败军逃回滁州，报告了惨败的经过，还说张天佑全军覆没了，郭子兴听后十分沮丧。这时跟踪追击而来的一部分元军也赶到了滁州城下，郭子兴大惊，忙命朱元璋等人部署防务。还没等防务布置完毕，城下的元军忽然撤围了（估计是因为和州失守）。郭子兴觉得惊奇，便命朱元璋率二千人马沿路收拾败卒，俟机再次攻打和州。朱元璋一路收罗了一千溃兵，合计三千人，他胆子很大，想靠这三千人马夺下和州。可来到城下，才知和州已经到手，于是率着人马开进城去。

至正十五年（1355年）正月底，朱元璋进入和州，和先前进城的张天佑等人汇合在一起。捷报传来，郭子兴转忧为喜，任命朱元璋总领和州军队，节制诸将。

　　朱元璋时年28岁，他知道自己年轻，资格又浅，怕郭子兴派来的诸将心中不服，于是心生一计，以提高自己的威信。当时，和州城里有不少将校是郭子兴的旧部，尤其是张天佑等人，他们并不把朱元璋放在眼里，为了立威，朱元璋颇费了一番心思。他没有向诸将出示郭子兴的任命状，目的是为了让众将在不知情的情况下犯错，他好抓住人家的小辫子，如果众将知道了他的身份，就很难露出破绽。

　　朱元璋召集诸将开会，当时坐席以右为贵，先到场的将领纷纷占据右边的位置，朱元璋来得晚，坐在左边。等到讨论事情的时候，众人无所规划，而朱元璋有备而来，慷慨陈词，说得头头是道，把大家都惊呆了（比视事，剖决如流，众瞠目不能发一语），众人见朱元璋的能力很强，才稍稍有些服气（始稍稍屈）。

　　在会上，朱元璋与众将议定分工筑城，限期三天完成。三天后朱元璋完成了任务，但其他将领都没有完工，于是朱元璋再次召集众将开会，他坐在首位上，出示了郭子兴的委任状，说道："我奉命领导你们，现在你们没有按期完成工程，是不是应该军法从事？"众将听了十分惶恐，表示愿意将功赎过。想方设法抓住部下的过错，让其戴罪立功，是朱元璋驾驭手下的一个惯用手法，在后来战火纷飞的峥嵘岁月里这一手法屡试不爽，它使朱元璋的军队始终号令严明，招之即来，战则能胜，这也是朱元璋最终取得胜利的一个重要原因。

　　自此以后，朱元璋势威日盛，加上李善长极力从中调和，朱元璋的地位逐渐稳固，连郭子兴的一些老部将都很给他面子。

　　在和州站稳了脚跟之后，朱元璋便开始关注民生问题。有一天，朱元璋出外，看见一个男孩在路旁啼哭，见其可怜，便问其父母安在，"小儿啼告均在官人处"。原来红巾军攻破和州后，各将大肆掳掠，并将满城男女充作军中杂役，闹得百姓妻离子散，家破人亡。朱元璋认为百姓是军队衣食父母，扰民劳民只能自取灭亡，他立即召集诸将，说明：

"大军从滁州来此,人皆只身,并无妻小。今城破,凡有所得妇人女子,惟无夫未嫁者许之,有夫妇人不许擅有。"第二天,朱元璋即令放还满城男女,让其父母子女家人团聚。此举深得民心,和州百姓拍手称快。朱元璋领导的红巾军度过了军民关系最危险的难关,赢得了民心。

朱元璋深刻认识到只有改善军民关系,取得群众的支持拥护,军队才能发展壮大,政权才能长治久安,因此每攻占一个地方,都申明军纪,不杀人、不劫财,采取各种安抚人心的措。这是一种长期经营的理念,与打一枪换一个地方的流寇思想截然不同,两者本质的区别在于领导人是否有远大的理想。

此外,朱元璋非常重视和地主贵族搞好关系,他还颇懂得经商之道,因此和州钱粮一直很充足。


# 内斗不止

可是濠州城中的情形却越发糟糕,由于各方兵力云集此处,兵多粮少,致使许多士兵吃饭都成了问题。于是赵均用行使权力,强行要求孙德崖到和州驻扎。

孙德崖不敢得罪赵均用,只好带着自己的五万人马来到和州。朱元璋虽然不归孙德崖领导,不过按照红巾军体系,他也算自己的上级,而且还是老相识。朱元璋没有办法拒绝他入城,何况两个人还有旧谊。在滁州享福的郭子兴得知孙德崖来了,感觉到报仇的机会到了,他决定会同朱元璋的部队来个"关门打狗",彻底消灭孙德崖。于是小小的和州城内外一下子挤满了十几万士兵,由于朱元璋从中斡旋,冲突暂时未起。

孙德崖也不是傻子,面对郭子兴翁婿的十万大军,真打起来,自己会全军覆没。他和郭子兴进行谈判,告诉郭子兴既然和州容不下他,自己毕竟是外来的,还是主动走吧。郭子兴很满意孙德崖的态度,但是却不想放他走。郭子兴只记得孙德崖多次羞辱过他,也不管红巾军军令了,也不顾什么信义了,看到城内的孙德崖身边没有多少士兵,就命令

手下人将孙德崖抓起来严刑拷打，打算等出了气之后就杀掉他。

此时的朱元璋正在城外安抚孙德崖的军队不要轻举妄动，城内有消息忽然传出，孙德崖被郭子兴抓起来了。朱元璋立刻意识到大事不妙，拔马就往城里走。孙德崖的士兵听说主帅被抓，又看到朱元璋想逃，就四处堵截。场面瞬间极其紧张，朱元璋身边的卫士被砍倒几十个，有个士兵将套马索往朱元璋的头上一套，将他拽下马来，活捉了朱元璋。随后，孙德崖手下的将领就押着朱元璋找郭子兴谈判。

郭子兴正一边喝酒一边欣赏拷打孙德崖的精彩画面，突然士兵来报，说朱元璋被抓住了，他一下子懵了，孙德崖固然不想放，可是朱元璋若有闪失，恐怕自己也走不出和州城了。

郭子兴思前想后，最后觉得还是自己的安全最重要，他只好放人。

谁先放人就成了问题，如果放了孙德崖，朱元璋回不来怎么办？

此时，徐达站了出来，他愿意用自己去换朱元璋，朱元璋回去后，再放孙德崖，孙德崖回去后再放徐达。徐达是朱元璋的爱将，是个难得的人才，经过谈判，孙德崖的手下接受了这个建议，总算解决了这个问题。朱元璋完好无损地回来了，随后遍体鳞伤的孙德崖走了，最后徐达也平安归来。没能杀死孙德崖，郭子兴异常气愤，平生最憎恨的敌人跑了，一时咽不下这口气，还生了一场大病。

至正十五年（1355 年）二月，红巾军统帅刘福通和杜遵道等人终于在砀山夹河寻找到韩林儿和他的母亲，他们将韩林儿接到亳州，立为皇帝，又号"小明王"，建国为"宋"，年号"龙凤"。小明王的归来让天下的红巾军有了一个共同拥立的皇帝，红巾军上层领导层之间因群龙无首导致的互不服气的情况也因韩林儿的出现得以缓解。

小明王登基后，遵母杨氏为皇太后，以杜遵道、盛文郁为丞相，刘福通、罗文素为平章政事，刘福通弟刘六为知枢密院事。亳州的守军的军旗上写着："虎贲三千，直抵幽燕之地。龙飞九五，重开大宋之天。"

宋政权很重视政权建设，中央机构多仿元制，设中书省、枢密院、御史台和六部。为节制北方各路红巾军，在那些占领地，宋政权设置行省机构，现据史料可考者有江南、益都、淮安、辽阳、曹州等行中书省，行省官制亦与元制同；行省以下地方政府，则废除元的路一级机构，即设有府、州、县。管军机构也自成系统，有统军元帅府、管军总管府、管军万户府等，均属枢密院管辖；各行省另设行枢密院，相应的军职则有百户、千户、万户、总管、统军元帅等。

定都亳州后，杜遵道、刘福通等人还拆运鹿邑太清宫的上好木材，为韩林儿建立豪华的宫殿。杜遵道很有才华，每日陪伴在韩林儿身旁，很快他的地位就引起了刘福通的不满，给自己带来杀身之祸。

实际上，杜遵道在红巾军起义中的作用是举足轻重的。韩山童生前和死后，杜遵道不仅是大起义的组织者和策划者，而且也是具体的政治、军事行动的谋略者和指挥者。

杜遵道对东系红巾军的影响力是其他人无可替代的，由其具体地进行政治决策并被认同的可能性也是最大的。杜遵道是将红巾军由"暴起"性反元逐步带入"复宋"这一政治取向的决定性人物。虽然说"复宋"在元末的历史进程中并不是一个合适的价值取向，如吴晗所言是"狭隘的搬出一个已被遗忘的幽灵"，但是这一政治目标确定的当即意义，却是使散乱无序的农民起义军从此走上了与元政权相对抗的政权建置的轨道，从而较具体地充实了北方红巾军反元的政治内涵。因为杜遵道出任丞相不仅仅只体现其地位的尊显，更直接的意义，是他作为韩宋政权的奠基者，势必承担新兴政权政治运作和政治图存的实际责任，这在当时无疑为第一位的因素。所以，红巾军在亳州组建宋政权时，由杜遵道出任首任丞相这一任命，显然与其特有的威望、实力和才识相关。事实上，杜遵道确实为宋帝韩林儿所依赖，史称"林儿事决于左右"，"遵道宠用事"。

杜遵道得宠擅权，导致一向和他竞争的刘福通嫉妒心大盛。为了铲除异己，刘福通暗地里埋伏甲士，把杜遵道杀了，并自封为丞相，不久又改为太保。从此以后东系红军军政大权全掌握在他一人手中。刘福通顺势而治，将下属各红巾军统帅牢牢地控制在手里，宋政权的实际权力就掌握在他这里，韩林儿变成一个傀儡。"林儿徒拥虚名，事皆决于福通"。

上层的政治斗争如此残酷，中层各实力派义军统帅也明争暗斗。郭子兴因深恨孙德崖，又杀不了他，忧闷成疾，竟致 病不起，至正十五年（1355 年）三月间不治而死，一家人将其归葬滁州。洪武三年（1370 年），朱元璋追封郭子兴为滁阳王，并下诏命有关部门为之建庙，用中牢祭祀，免除他的邻居宥氏的赋税徭役，让宥氏世代为滁阳王守墓。洪武十六年(1383 年)，朱元璋亲手写出郭子兴的事迹，然后命太常丞张来仪将其刻在碑上，作为对郭子兴再造之恩的纪念和缅怀。当然，这都是朱元璋建立明朝之后的事情了。

## 荣升副帅

郭子兴死后，军中不可一日无帅，大家公推郭子兴妻弟张天佑到亳州的小明王朝廷面议接任统帅人选。至正十五年（1355 年）四月初，张天佑带回刘福通的委任状：委任郭子兴之子郭天叙为都元帅，张天佑为右副元帅，朱元璋为左副元帅，军中文告都用"龙凤"年号。

郭子兴死后，朱元璋曾一直反对接受小明王领导，任命下来后，他起初愤然不受："大丈夫宁能受制于人耶"，"然念韩林儿势盛可倚藉，乃用其年号以令军中。"毕竟自己名义上一直受郭子兴的辖制，接受龙凤政权册封也是无奈之举，朱元璋只好接受任命。依地位而言，郭天叙是统帅，朱元璋仅排第三位，郭子兴的另一个儿子郭天爵排在朱元璋的后面。

由于郭氏兄弟均无军事经验，张天佑乃一介武夫，遇事没有决断，而朱元璋不但有头脑会笼络人，且有大批勇猛善战、死心塌地的童年伙伴等一批将领追随，在军中有他自己的嫡系。此外，郭家军中由朱元璋亲自招降、训练、指挥的士兵占了很大分量，更加上他有如李善长、冯国用等舞文弄墨的好谋士善为筹谋，自然能喧宾夺主，很快便成了事实上能做主能号令的主帅了。

郭家新军在朱元璋的带领下，大军纪律严明，所到之处秋毫无犯，并善于任用能人，为百姓所称道，于是英雄壮士纷纷投效。虹县人邓愈，16岁就随父兄举兵，父母阵亡后，他就统率部队冲锋陷阵，常打胜仗，是个将才；怀远人常遇春，臂力过人，勇冠三军，性情刚直，又有智谋，作了段时间强盗，认为做强盗是一份没有出息的职业，决心自找出路。两人一起同来投奔朱元璋。邓愈因为有数千兵马跟随，做了管军总兵官；常遇春匹马单枪而来，因为武艺超群，就作了前锋。这二人日后为朱元璋东征西讨，立下赫赫战功，成为明朝开国元勋。

朱元璋统帅着自己的本部兵马驻扎和州。和州东南靠近长江，城池小，要维持数万士兵的吃穿用度，逐渐有些力不从心，加上元兵几次围攻，粮用更加匮乏。朱元璋需要扩大地盘，尤其是稻米产地，这样可以就地征粮，为大军输送给养，他把眼光投向了长江南岸的太平（今安徽当涂）。太平南靠芜湖，东北达集庆，东倚丹阳湖。湖周围的丹阳镇、高淳、宣城都是产米区。占领太平，既可解决部队吃饭问题，又可进逼集庆，然后以集庆为中心，妥为筹划，四面拓展，不愁霸业不成。朱元璋信心满满，大有一蹴而就之势。然而浩浩长江，浪花起伏波涛汹涌，没有水军船只，大军只能望洋兴叹。眼看成担成囤的米粮，可就是分毫不能取用，只能隔岸过过眼瘾。

朱元璋正在一筹莫展时，天上掉下个大馅饼：巢湖水军头领李国胜派代表前来示好。

原来天下大乱以后，在巢湖一带的豪门望族俞家也起义反元了。俞廷玉、俞通海、俞通源、俞通渊父子，廖永安、廖永忠兄弟，赵仲中、赵仲康兄弟，纠集地方武装，推举李国胜作头领，赵普胜坐第二把交椅，屯泊巢湖，连接水砦，有千多条大小船只，形成近万多人的水军。巢湖水军属于西系红巾军的旁支，曾经在彭莹玉的领导下反元，彭莹玉兵败被杀后，起义处于低潮，这支部队在李国胜等人的带领下逃到了巢湖一带。后来起义再次掀起高潮，这支队伍也再次活泛起来，但是他们受到了亲元义军左君弼的打击，被困在巢湖中，缺吃少穿，日子很难过。为了摆脱困境，李国胜等人派俞通海向朱元璋求援，在他们看来，天下红巾军是一家，朱元璋应该能帮助他们打击左君弼。李国胜的政治观念太幼稚了，虽然都是红巾军，但是各派系之间为了各自的利益都是你死我活的斗争，朱元璋所部的红巾军其实和任何一路红巾军都没有手足之情。

正要打瞌睡，有人递过来枕头，朱元璋大喜过望，他亲自到巢湖联络，鼓动三寸不烂之舌，苦劝与其死守挨打，不如结伙渡江，并许下若干好处。巢湖起义水军心动，许以相助。可是"元中丞蛮子海牙扼铜城闸、马场河诸隘，巢湖水师不得出"。

然而，吉人自有天助，正在巢湖起义水军无法自由航行之际，却赶上一场连绵阴雨，大雨竟淅淅沥沥地下了二十天，河坑地凹处都被淹平了，犹如大海一般。巢湖起义水军不费吹灰之力，船队离开主航道，进入水乡泽国，轻松避开了元军防守，大小船只悉数到达和州集结。朱元璋大喜过望，无意中拥有了可以渡江的联合舰队，他越发感觉到上天对他的眷顾：也许冥冥之中自己真的就是真命天子。

至正十五年（1355 年）六月初一，水陆大军集合完毕，千舸齐发，乘风渡江，直达采石矶。采石矶突兀江中，绝壁临空，扼据大江要冲，水流湍急，地势险要，自古为兵家必争之地。

常遇春一马当先，奋戈杀向元军，诸军鼓勇续进，元兵望风披靡，沿江堡垒不战而降。"诸将以和州饥，争取资量谋归"。朱元璋与徐达商议："渡江幸捷，若舍而归，江东非吾有也。"于是下令将船缆砍断，把大小船只悉数放诸江流，欲"置之死地而后生"。古有楚霸王破釜沉舟，今有朱元璋自断退路，他的豪气让众将士无不钦佩。

巢湖起义水军失去了赖以生存的船只，连声叫苦，朱元璋许以攻下太平，子女玉帛任其搬运，这才安抚下水军。饱餐之后，大军马不停蹄直趋太平，军士个个奋勇当先，一鼓作气攻下太平。朱元璋虽许以"子女玉帛任其搬运"，但那是假的。他早已叫李善长写好禁约，一待攻下城池，即派人四处张贴宣讲：不许掳掠，违令者杀无赦。并调一排执法队巡行街头，正在抢劫的军士不得不罢手，有一小兵不信邪，立时被斩。太平一路的百姓才免了此劫。朱元璋因先前许愿的欺骗，怕军士不服，军心不稳，便勒令当地大地主赶快献出一些金银财帛，分赏将士，总算稳住了军心。

从和州渡江是巢湖起义水军的功劳，以李国胜为首的将领趁机索要财物，并表明不会加入朱元璋的军队。此时的朱元璋早已历练的心狠手辣，他认识到水军的重要性，尤其是江南，水网密布，如果没有一支属于自己的水军，根本无法站稳脚跟。他决意除掉李国胜，吞并巢湖水军。朱元璋特意在旗舰上为其摆酒庆功，趁机把李国胜灌醉，当众把他捆住手脚丢到江里喂鱼去了。其他水军首领大多仰慕朱元璋，当即归降，但是赵普胜却逃跑，投奔徐寿辉去了。巢湖水军失了领导核心，很快被朱元璋吞并，从此朱元璋就有了自己的水军。

攻下太平，又有当地地主儒士李习、陶安来投靠。朱元璋问"以何道教之"，陶安亦劝朱元璋力戒剽掠，东取集庆，可成霸业。这个建议与当年冯国用投效元璋时所谋略同。朱元璋深以为然，留下他做帅府令史。随后改太平路为太平府，以李习为知府，置太平兴国翼元帅府，朱元璋为大元帅，李善长为帅府都事，汪广洋为帅府令史，潘庭坚为帅府教授。

# 借刀杀人

朱元璋虎口拔牙，占据了太平，元军没有闲着，他们不会放任朱元璋坐大，便纠集重兵前来围剿。"时太平四面皆元兵。右丞阿鲁灰，中丞蛮子海牙等严师截姑熟口，陈野先水军帅康茂才以数万众攻城"，形势逼人。朱元璋着令乡下老百姓为民兵，居民蓄积，悉数运进城来，以备长期固守。

大战一触即发，朱元璋亲帅徐达、邓愈、汤和等大将拼死抵抗，并不惜财物，尽出库中所有犒劳封赏有功将士；同时潜出一师，从敌人背后发起猛攻，前后夹击，元兵不知虚实，大败而溃，元将陈野先被俘。朱元璋劝其投降，宰白马乌牛，祭告天地，结为兄弟。陈野先无奈只好写劝降信给他的部下，没想到第二天他的部下数万人竟然全部归降。元将阿鲁灰见失去了友军，不敢恋战，便引兵离去。

关于陆战的过程，《明太祖实录》记载朱元璋派徐达、邓愈、汤和正面迎战，又令别的将领包抄其后，但是钱谦益根据《宁河神道碑》和《东瓯神道碑》相互比对，考证出朱元璋是自己率汤和正面迎战陈野先，而徐达和邓愈作为奇兵绕道敌后合围夹击。上述记载均隐没了郭天叙、张天佑二帅及其所属军队的作用，因此并不全面。

朱元璋得到陈野先这员战将，非常高兴，连续几日酒肉招待，相约一同攻取集庆。为防陈野先反叛，朱元璋以其家属为人质。陈野先和他的妻儿老小被留在太平，他的部队却被张天佑领去攻打集庆。陈野先心里原本瞧不起红巾军，不得已而投降朱元璋，用而见疑，心中更加有气。他暗地嘱咐部下：装装样子，出人不出力，并不真打，三两日自己脱身后就来攻打红巾军。这话却给朱元璋的心腹检校探知，朱元璋得知此事后，斟酌许久，没有下任何阻拦的命令，也不将实情告诉张天佑。

郭天叙和张天佑率领大军来到集庆城下，郭、张二人打算抢下攻取集庆的首功，以便确立自己在龙凤政权中的优势地位。

七月，元朝守将福寿力战拒守，张天佑指挥的部队只有自己的郭家军在进攻，陈野先的数万投诚部队却在看风景，打了数日，没有进展。郭、张二人根本指挥不动陈野先的部队，只好率邵荣、赵继祖等嫡系大将在南京外围攻掠，为再次攻打南京做准备。

九月，朱元璋放陈野先归队，让他统领旧部与郭天叙、张天佑合军再攻集庆。这可是放虎归山。陈野先回到部队后，便暗地里与城内守将福寿取得了联系，约定内外夹击。

陈野先假邀郭天叙喝酒，在席间直接把他斩杀。随后，陈野先又生擒张天佑，把他送给福寿处死。如此一来，围城的数万郭家军失去了两位主要领导，无人统控全局，陷入各自为战的局面。

陈野先和城内的元军会师反攻，红巾军大败，死伤二万余人。陈野先率军追到溧阳，马乏掉队，当地亲元民兵不知道他已经重回元军，还以为他在红巾军中效力，设伏把他杀了。他的部队由其侄子陈兆先接管了。

郭天叙、张天佑双双战死，对于朱元璋来说是一件拍手称快的好事，虽然史料对朱元璋进行了美化，但是我们仍然能够拭去脂粉看到他的许多阴暗面：朱元璋招降陈野先，却处处做出不信任他的举动；对于陈野先的反叛征兆，朱元璋视而不见听而不闻，却下了一盘很大的棋。朱元璋让郭、张二人会同陈野先作战，其结果如何完全在朱元璋的预料之中。

这是朱元璋设计的一个圈套。朱元璋驾驭部下的手段十分苛刻，而他铲除内部竞争者的手段更是毒辣。从朱元璋的发迹史可以看出，在巩固自己的地位和陷害他人方面，朱元璋是一个不可多得的人才，其中最具有代表性的是他清除郭子兴余党并夺取其政治遗产，在此过程中手段表现得非常高明和狠毒。

自从娶马秀英为妻后，朱元璋就进入了郭子兴的核心圈子，当时他的主要工作是招兵，包括从家乡招收了弟兵以及成建制地兼并各地投机观望的民兵，这是许多人都在从事的工作。当时天下大乱，有人有刀枪就可以当老大，许多人都想自立门户，正如明人徐祯卿在《剪胜野闻》中说："太祖之初振也，将属皆草莽粗士，人人欲更试。"朱元璋本人也不例外，只是他的独立欲望更加强烈，当他还是郭子兴手下一名马仔的时候，就极力怂恿郭子兴脱离那些与他明争暗斗的同僚独立发展，以便从中攫取军权。

朱元璋夺取滁州后就不断试图挣脱郭子兴的束缚，这表现在他不听郭子兴的命令援救六合，助张士诚一臂之力，以扬自己的威名。当郭子兴准备在滁州称王时，朱元璋又极力反对，反倒怂恿他允许自己攻打和州等地，后来朱元璋甚至和郭子兴的死对头孙德涯搞在了一起，郭子兴气得大病而亡。

郭子兴死后，孙德崖想乘机兼并其余部，"子兴即卒，孙德崖欲统其军"，其子郭天叙十分害怕，写信给朱元璋请他帮助协调，"子兴之子闻之，惧不能辩，乃以书邀上代辩之。"朱元璋与孙德崖关系不错，完全可以打消后者的野心，但是他在一种非常复杂的心情的支配下，没有施救。郭天叙等人迫于压力，最后只好归附龙凤政权的领导，朱元璋对此非常不满。

按照当时的传统和惯例，作为郭子兴的家将，朱元璋的实力再强，

第四章 攫取军权

也是郭子兴手下的将官，在郭子兴有子的情况下，他不能超越其子直接继承这支义军。

郭子兴的领导权理应由其子郭天叙或者郭天爵继承，而张天佑作为郭子兴的妻弟和旧将，资历和血缘皆优于朱元璋，由他代表义军的主帅前去亳州受招并没有什么值得奇怪的地方，龙凤政权任命郭天叙为军中主帅，而其下属张天佑和朱元璋则各统部众，按照军中地位的高低顺序，分别担任义军的二当家和三当家，这一安排完全符合义军当时的实际情况。

朱元璋对这一公正安排心怀不满，只能说明他早生异心了，在郭子兴死后就开始酝酿脱离管理。为了笼络朱元璋，郭天叙和张天佑将郭子兴的亲生女儿都嫁给了朱元璋，即郭宁妃，但是这一亲情纽带也不能束缚朱元璋的手脚。当活捉到并不想投降的陈野先后，朱元璋的毒计就出笼了。陈野先自以为神不知鬼不觉地骗过了朱元璋，哪知这一切都在朱元璋的掌控之中，并利用他的叛逃除掉了郭天叙和张天佑。

根据渡江后郭天叙两次亲自率军攻打南京的情况看，他并非如《明实录》等史书描述的那样胆小无能，但是各种史料有意抹杀了郭天叙和张天佑的作用。朱元璋为了攫取郭家军的最高权力，在郭、张二人攻打南京时，不仅没有施以援手，反而暗下毒手，害死了二人，并导致战役失败。《明实录》记载：九月，朱元璋命元帅张天佑率所部军攻集庆。己亥，天佑等至方山，攻破左答纳识里营，走之。陈野先遂叛，与元福寿合兵来拒，战于秦淮水上。我师失利，天佑、郭元帅皆战死。又说：野先邀郭元帅饮，杀之，擒张元帅献于福寿，亦杀之。上述记载可以看出，义军初战告捷，"攻破左答纳识里营，走之"，但是由于陈野先暗中勾结元军，诱杀郭天叙，再和元军会师打败了义军，杀了张天佑。

朱元璋没有参加这次战役，似乎对郭、张二帅之死没有责任，但是叛变并杀害郭、张二人的陈野先是朱元璋渡江后在太平之战中擒获的，两人还宰白马黑牛，祭告天地，结为兄弟。陈野先并非真心归附，投降后心存叛念，伺机而动。朱元璋对此心知肚明，他对部下说"我也知道他投降没有诚心，但是如果我杀了他，就会失去豪强之人，以后就没有人敢投降我了。"他亲自召见陈野先并对他说："人各有志，见识不同，从元还是从我，你自己决定，我不勉强你。"陈野先获得自由后给朱元璋写了一封信，假称将诱捉元将左答纳识，到时请朱元璋前往营中受俘。朱元璋见信后对手下说："此贼多诈，最叵信！"朱元璋明知陈野先心怀不轨，并且知道了他的伎俩，但却不通知郭、张二人，反而利用他加害二人。

郭、张二人死后，龙凤政权封朱元璋为平章政事，郭天爵为中书省右丞，朱元璋自此成为郭家军的最高统帅，完全掌握了军队实权。郭天爵眼睁睁看着郭家产业被朱元璋篡夺，有时不免发发牢骚，并企图除掉朱元璋夺回权力。朱元璋便找了个难以推翻的借口将郭天爵杀死。郭子兴从此绝后，"天爵失职怨望，久之谋不利于太祖，诛死，子兴后遂绝。"

至正十五年（1355 年）九月，郭家旧部全归朱元璋指挥，成为名实一致的都元帅，仍承秉小明王旨意。此时的朱元璋看到了自己光明的未来，如果继续壮大实力，发挥自己的聪明才智，封王拜相就只是时间问题了。

# 第五章　乱世英豪

占据了应天之后，朱元璋的军事力量迅速膨胀，文臣武将纷纷投效。身处各方势力的夹缝中，朱元璋不气馁，他巧出奇兵，攻城略地，一点点扭转不利于自己的军事局面，渐渐成为一方霸主……

## 顺天而应

得了太平却难享太平，自六月份攻克太平后，朱元璋就一直厉兵秣马，为攻取集庆做最后的准备。他此前已经连续两次攻打集庆，一为探敌虚实，二为消灭异己吞并郭军。这两个目的都实现了，朱元璋不仅接收了郭子兴的政治遗产，还摸清了集庆周边的元军实力。

朱元璋是个战略家，也是个高明的战术大师，他知道集庆是个难啃的硬骨头，于是他采取"农村包围城市"的策略：先扫清外围元兵，最后彻底孤立集庆守军的方针。朱元璋大军在各路强将的带领下，先后占领了集庆四周的溧水、溧阳、句容、芜湖等一些城镇，将包围圈一步步缩小。此时的集庆早已风声鹤唳，已经变成一座固守待援的孤城，它的三面都被朱元璋大军层层包围，只有长江水路还把持在元军手里。

水路成为集庆守军的唯一生命通道和粮食通道。朱元璋不是不想控制水路，彻底孤立集庆，这要怪他自己。大军渡江后，朱元璋为了彰显勇气，已经下令将大小千百艘船只都付诸江流，手里一艘船都没有了。如果在沙盘上推演一番，就会看到朱元璋大军实际上是孤军深入到元军腹地，没有了船只，实际上他们与大后方也失去了联系，也算是失去后方增援了。如果元军可以及时集结重兵围剿，那么朱元璋反倒会成为瓮中之鳖。可是，战争打的就是勇气和胆量，元军怯战，又调集不起足够数量的军队，这让朱元璋大军在集庆外围横行无忌。更难得的是，朱元璋大军虽然远离根据地，但是钱粮充足，士兵没有挨饿。这得益于朱元璋良好的口碑和务实的作风，那些投靠朱元璋的地主富豪都得到了他的保护，因此众多地方土豪都愿意主动劳军。朱元璋的大军就这样在元军腹地驻扎了下来，开辟出一个全新的根据地。

经过精心准备，终于在第二年，即至正十六年（1356年）二月，朱元璋一举击溃元朝水军，俘获其大量舟舸。此举不仅打通了与和州大后方的交通联系，安定了军心，而且彻底扫清了集庆的外围屏障，使其处于四面楚歌的境地。

时机成熟，朱元璋一面集结兵力，一面严密控制集庆的粮食走私问题。朱元璋的想法是一粒粮食都不允许进入集庆，集庆守军眼见粮食殆尽，又突围无望，便做好了最后的准备。

三月初一，朱元璋亲帅大军水陆并进，三攻集庆。城外守军陈兆先部在潮水涌来的红巾军士兵的突击下，抵挡不住，只好请降，朱元璋一夕之间又得降兵36000余人。

由于此前陈野先的叛变，这支部队的将士很担心红巾军会杀了他们。为了安抚降军，朱元璋从中挑选五百名壮士，作为自己的贴身卫队，由冯国用率领，晚上在他们的护卫下解甲酣睡直到天亮。《明史·太祖本纪》记载："三月癸未，进攻集庆，擒兆先，降其众三万六千人，皆疑惧不自保。太祖择骁健者五百人入卫，解甲酣寝达旦，众心始安。"

朱元璋之所以放心，是因为他知道陈野先的部下是想真心归附的，当初擒获陈野先后，朱元璋让他写信招降旧部，陈野先很不情愿地照办了。他以为部众未必会听从，信中表面上是招降，实际上是想激起他们的愤怒前来解救自己，没想到部下真的投降了。对于此事，《太祖实录》记载为："陈野先以书招降其众，意其未必从，阳为招辞，阴实激之。不意其众遽降。"陈野先死后，他的旧部仍愿意投降，因此当朱元璋亲

第五章　乱世英豪

自攻打集庆时，这支庞大的军队兵不血刃，再次投降。

降兵们看到朱元璋如此信任他们，立刻打消了顾虑，这些降兵被重新编入作战部队，由邓愈、周德兴分别统帅，这支生力军换了个新主人之后，战斗力瞬间爆发，与义军一起投入到攻打集庆的战斗中。

三月十日，五路大军合力猛攻，集庆终于城破，混战中守将福寿战死，元帅康茂才见大势已去，率军民50余万归降。朱元璋发布号令，优待俘虏，不允许伤害投降士兵，对康茂才待之以礼，这让集庆军民无不感动得热泪盈眶。

只有蛮子海牙率少数人逃脱投归张士城。张士诚来者不拒，一笑收纳降兵。

朱元璋引本部人马入城，开始掌管这座历史悠久的名城，发布了一系列措施，他悉召官吏、父老谕之曰："元政溃忧，干戈蜂起，我来为民除乱耳，其各安诸如故。贤士，吾礼用之。旧政不便者，除之。吏勿贪暴安吾民。"大家听了十分高兴，人心安定了，秩序恢复了。

朱元璋出榜安民，招揽贤士，恢复秩序，很快，集庆焕发了活力，商人也开始进城做生意。不久，朱元璋将集庆改名为"应天"。

"应天"一词，最早出现伏羲时期的《简易道德经》里。根据《简易道德经》记载：推天说：一无天，二少天，三常天，四顺天，五应天，六违天，七采天，八取天，九纳天。这是太昊伏羲以简易图推理出的天象。"应天"的意思是响天，人们心里很虔诚，没有违背天的想法，只为生活需要而已。朱元璋用"应天"这个名字表明集庆自此将与时俱进，得天庇佑。

随后，朱元璋设天兴建康翼统军大元帅府，以廖永安为统军元帅，又征用了夏煜、孙炎、杨宪等十余人。和在太平做的一样，朱元璋厚待了他死去和活着的对手（葬御史大夫福寿，以旌其忠），又以赵忠为兴国翼元帅，镇守太平，与集庆互为犄角。

朱元璋开疆裂土，在乱世中抢的一大片土地，这让宋政权颇为满意。韩林儿得到捷报后十分欣慰，他即刻颁旨升朱元璋为枢密院同佥。枢密院是掌管军事的最高机构，枢密院同佥相当于现在的军委副主席。

这显然是韩林儿对朱元璋军事才华的肯定和褒奖。

郭、张二帅死后，其嫡系大将邵荣、赵继祖仍控制着郭家军的余部，实力不俗。韩林儿封邵荣为行枢密院同知，为名义上的最高军事长官，地位仅次于朱元璋，此举有牵制之意。朱元璋对封赏并不在乎，他需要更大的头衔，以增强自己的号召力。同时，朱元璋开始计划如何利用元军之手除掉邵荣和赵继祖，让郭家军的老一辈将领全部归西。

七月，龙凤政权立江南行中书省、江南行枢密院，韩林儿以朱元璋为行省平章，后又升朱元璋为行省左丞相、吴国公，李善长为左右司郎中，以下诸将都升元帅。朱元璋实力虽不断壮大，仍奉龙凤为正朔。

朱元璋立刻利用了吴国公的权威，自行任命和提升文武官员，赐给他们爵禄和官印，他从濠州带出的亲信以及巢湖水师的领袖都被晋升为方面军的将领。

此时朱元璋已有十多万人的兵力，各支方面军称为"翼"，领军将领称为元帅，此后每攻克一个较大的城市都设一个翼，各翼元帅全面行使军政大权，朱元璋建立了帐前总制亲军都指挥使司，交由亲信冯国用统率，下设前、后、左、右、中五翼，人数为三万，其众多亲信猛将精兵多属此系统。

这一年朱元璋29岁。从25岁投军起，仅仅4年时间，他就成为独当一面的封疆大吏和指挥十几万大军的统帅。攻占集庆，初步实现了当年冯国用为其谋划的成就霸业的战略构想。从乞丐到和尚，从和尚到军事统帅的转变，让朱元璋终于摆脱了钟离，摆脱了濠州，摆脱了滁州，来到了富裕的应天，但真正的事业才刚开始，他还要继续努力！

## 首战张士诚

朱元璋据有应天后，他的疆域以应天为中心，西起滁州，划一直线到芜湖，东起句容到溧阳。有了辽阔的地盘，也就有了可以回旋的战略腹地。然而朱元璋的处境并不乐观，他的四面形势是：正东是元将定定扼守镇江；东南张士诚已据平江（今江苏吴县），破常州，转掠浙西；

东北面有青衣军张明监据扬州（今江苏江都）；南面是元将八思尔不花驻徽州（今安徽歙县），另一军屯宁国（今安徽宣城），西面池州（今安徽贵池）已为徐寿辉所据。东南外围则有元将石抹宜孙驻守处州（今浙江丽水），其弟石抹厚孙驻守婺州（今浙江金华），宋伯颜不花守衢州。可以说朱元璋处于强风暴的风眼位置，四周强敌环伺，敌友难分，要在如此险恶的环境中谋就帝业，决非易事！

这些地方都是朱元璋要占领的地盘，但他必须快速"开发"这些土地，因为张士诚和徐寿辉的"施工队伍"也在向这些地区挺进，朱元璋很担心他们先于自己接收这些地方（太祖既定集庆，虑士诚、寿辉强，江左、浙右诸郡为所并）。

然而，事物的存在总有其两重性，此处此时并非一团漆黑，否则那些为朱元璋谋就霸业的人也太迂腐无能了。地方小，目标小，便于休养，不易招致打击；强敌环伺，然而他们各自为战，号令不一，利益无共。元军与红巾军、红巾军与红巾军、元军与元军彼此之间矛盾重重，经常爆发摩擦。朱元璋只要小心行动、谨慎决策、巧为周旋，充分利用他们相互之间的矛盾，远交近伐，使其互相牵制。朱元璋需要争取到几年的和平环境，休养生息，积累力量，打造一支威猛的部队，一待时机成熟，即可四面出击，一举扫灭群雄，定鼎天下，成就霸业！

此时的朱元璋已经不满足做龙凤政权的一个臣子，他身边的文臣武将也想跟着他建功立业。虽然朱元璋依旧对韩林儿尊敬无比，但是随着功劳的积累，就会功高震主，这个道理是大家都明白的。以后朱元璋会不会称王称帝，单独建国，都是一个未知数。既然朱元璋保持低调，那么众人也不想多嘴多舌，有些事态自然会向着不可调和的方向发展，到时候见机行事就是了。

朱元璋确实很低调，他从来不搞什么盛大的宣传，他就是韩林儿手下的一个地方军事长官，一切都听从上面的安排，所以元朝对他只是限制，不做重点打击。相比之下，元朝大军正全力与小明王韩林儿周旋，双方交战激烈，根本无暇顾及这个应天新崛起的武装集团。其他各路红巾军割据政权也正在竭力对付元军的进攻，还没有觉察到朱元璋这个潜在的最大威胁。朱元璋得以闷声发大财，赢得了极其宝贵的发展机会。

朱元璋并不是一声不响，他看到东边的元军守将定定镇守镇江，孤立无援，若被张士诚得手，将直接威胁应天；南边的宁国，也处于同样境地，若被徐寿辉据有，就如同在朱元璋的背上插上一把尖刀。先下手为强，朱元璋派徐达抢先攻占镇江，分兵占领金陵、丹阳等县，向东远远地伸出一个触角。同时，派猛将邓愈攻克广德路，堵住了后门。

就在朱元璋稳固地盘的同时，苏北的张士诚和湖广的徐寿辉也渡过长江向南发展。高邮战役后，元廷再次对张士诚祭出招抚的大旗。虽然他们已经被张士诚戏弄了两次，两名使者被杀，但他们似乎不愿在红巾军之外再树立更多的对手，于是厚着脸皮第三次派出使者招抚张士诚，许以更高的官职。张士诚在高邮奇迹般地逃脱覆灭的命运后，深信自己得了上天的眷注，更加看不起虚弱的朝廷。至正十五年（1355年）夏，当元朝的使者到来后，他再次无情地戏弄了元朝政府，杀死了使者，和前两次做得一样。

到了秋天，江阴义军首领为仇敌所逼投靠张士诚，请他发大兵南下，攻占富庶的江苏南部地区。这一事件使井底之蛙张士诚有了拓展领土的愿望，至正十六年初，张士诚派他能征善战的二弟张士德带兵渡过长江，试探拓展江南的可能性。没料到，这一试探顺利得让人难以置信，张士德仅率三四千人渡江，在至正十六年（1356年）二月就攻占了常熟和平江（今江苏苏州）。这让张士诚大喜过望，连忙增兵，他想占据更多的江南地盘。

此后，张士诚部队又拿下昆山、嘉定、崇明、松江、常州、湖州。元军丝毫没有抵抗力，连一次像样的进攻都组织不起来，张士诚大军攻城略地就像是训练场骑骑马、跑跑步一样容易，东南富庶之区在不到两个月的时间就成了张士诚的囊中之物。

张士诚对这一意外收获喜出望外，于四月份将都城从高邮搬迁到平江，此后他的军队连续出击，不仅略定江苏南部，并且延伸到了浙江北部。

也是在四月，朱元璋发力，自领大军攻占宁国，元将别不华请降。接着，朱元璋相继占领江阴、常熟、池州、徽州、扬州等地。攻打徽州时，朱元璋发现一个人才，此人名叫朱升。当朱元璋一路攻城略地，重兵包围徽州府城时，为免百姓受害，朱升不惜冒万箭之簇，独立城下，说服守城元帅福童开城归降。其胆识和才华足以傲视天下，朱元璋一见倾心，但是朱升却不愿臣服他，飘然而去。

不经意间，朱元璋的地盘夹在了张士诚和徐寿辉之间，在拓展领土的过程中，朱元璋不仅要面对元军和地主武装，还要面对这两支义军。

朱元璋的战线有三条：一是东线，淮东的苏南、浙北一带，主要对手是张士诚；二是南线，浙西、皖南一带，对手有张士诚、元军和亲元的苗军杨完者部以及狡诈观望的方国珍部；三是西线，皖西、江西长江流域，主要对手先是徐寿辉后是陈友谅。三线战事连绵不断，历时多年，共同组成了朱元璋称霸江南初创大明基业的战争的全貌。

朱元璋和张士诚同时向苏南、浙北进军，两人的嘴咬在了同一根骨头上，争抢在所难免。刚打下应天不久，朱元璋就派徐达夺取了南京东面的门户镇江，又派邓愈攻占南部重镇广德就是抢占先机之举。

朱元璋一方面鲸吞，另一方面还要劝张士诚"节食"，他派杨宪出使平江，劝对方少占地盘。在给张士诚的亲笔信中，朱元璋说："昔隗嚣称雄于天水，今足下亦擅号于姑苏，事势相等，吾深为足下喜。睦邻守境，古人所贵，窃甚慕焉。自今信使往来，毋惑谗言，以生边衅。"

这封信写得阴阳怪气，虽然表达了"睦邻守境"的愿望，但是将张士诚比作隗嚣，而且"擅号于姑"的说法并不友好。隗嚣是汉代割据陇西的一个将军，起初依附于农民军更始帝刘玄，不久属光武帝刘秀，随之叛降于割据四川的蜀王公孙述，最后被光武帝所逐杀。张士诚读后认为朱元璋把他比作没主见、没骨气的小人，十分生气，不但不予回信，反而扣压了使者杨宪，他下一步还打算给朱元璋一点颜色看看。

七月初三，张士诚调集军队，发兵攻打镇江，作为朱元璋嘲笑他是隗嚣的回礼，但他的挑衅招来了更大的羞辱。朱元璋驰谕徐达，指示他不要在镇江被动挨打，应乘胜进攻常州，同时派去三万人马，协助攻取。

徐达指挥得力，迅速击败了张士诚部对镇江的进攻，乘胜派大军包围了常州。张士诚急派他的二弟张士德率数万大军增援。张士德不久前渡江南下攻城略地所向披靡，气焰正是最足的时候，根本没有把朱元璋的军队放在眼里。徐达看准了张士德的骄横，决定诱敌深入，他在距城十八里处埋下伏兵，而后派骑兵向张士德军发起进攻。双方一交战，徐达的骑兵就溃不成军，张士德大喜，命令大队追击，结果中伏被擒，几万援兵四散逃窜。

张士德被俘令张士诚十分沮丧，他不得不遵照母亲的指示，派使者孙君寿到应天求和，愿意每年输粮二十万石，黄金五百两、白银三百斤，罢战弭兵，各守封疆。朱元璋知道张士诚是一个孝子，抓住张士德就等于捏住了张士诚的命脉，不能轻易放手，他要利用张士德狠狠敲诈张士诚一把，因此要价很高，回书"馈粮五十万石，当即班师"。张士诚严词拒绝。

徐达便继续攻打常州，准备给张士诚添堵，可是却久攻不下。朱元璋十分着急，不能和张士诚这样拖下去，必须速战速决，否则就会导致全面开战，这是朱元璋不想看到的。他下令把徐达以下将官一律官降一级，甚至还亲临前线指挥，也没有攻破常州，双方进入持久战。

在围攻常州期间，朱元璋的其他部队很轻松的攻取了长兴、泰兴和江阴。

长兴，江阴是两个战略要地，长兴扼守太湖西口，是张士诚陆路通往西部的要道，取之可以断绝张士诚西进的道路，江阴枕大江，蔽姑苏，是长江岸边的交通要道，取之张士诚的水师难以从长江西进。这样一来，朱元璋就把张士诚的手脚给捆住了，使他难以对朱元璋的地区构成威胁（士诚侵轶路绝）。

朱元璋这才松了一口气，至少在战略上占据了主动，不致陷入被动，至于常州之战顺其自然吧！朱元璋告诉徐达，绝不可掉以轻心，防止张士诚反扑。

# 蚕食鲸吞

就在朱元璋和张士诚打的如火如荼时，红巾军的主力部队开始了横扫元朝统治者的军事大反攻，红巾军壮丽的战争史诗就此拉开序幕。

至正十六年（1356 年）秋天，刘福通率领的北路红巾军经过休整，恢复了元气，补充了大量兵力，他决定实施新的战略，开始在全国范围内向元兵大举进攻：一路破武关，陷商州，逼进关中；一路攻取了山东北部。

第二年，刘福通又兵分三路：一路趋晋冀；一路攻关中；一路由山东北上。第一路军又分两路：一路出绛州，一路出沁州，过太行山，破辽潞，陷冀宁，攻保定，下完州，掠大同兴和塞外部落，攻下上都，转掠辽阳，直到高丽，从西北折回到东北，兜了一大圈。第二路军陷凤翔、兴元，南进四川；其中一部又陷宁夏，掠灵武诸边地。第三路军尽占山东西北部和河北南部，北取蓟州，犯郭州，略柳林，逼大都。刘福通自统大军占领山东西南角和河南北部。红巾军这一凌厉攻势，将大元版图蹂躏了几乎一半，三路大军各自为战，打的元军顾此失彼，惊慌失措，狼狈不堪。可是，刘福通也犯了一个致命的错误，那就是分兵太散，没有取得真正意义上的胜利，虽然动摇了元朝的统治，但是万里大作战并没有实现消灭敌人、壮大自我的计划，反而让元军有了喘息的机会。

朱元璋不这么做，他就屁股坐在家门口稳扎稳打，手脚能伸到哪就打哪，屁股绝不离开凳子，他一点点蚕食附近的州县，就在北路红巾军血战元军的这两年间，朱元璋加快了吞占地盘的步伐。

至正十七年（1357 年）三月，围困八个月之久的常州终于被徐达攻陷。虽然取得了上述胜利，但朱元璋也付出了很大的代价，动用了大量的人力物力。

至正十七年四月，朱元璋命徐达、常遇春自常州回师南下攻打宁国，守卫宁国的是元将别不华，协防地主武装有朱亮祖部和谢国玺部。谢国玺部隶属于亲元义军长枪军，但是他们的腿比他们的枪还要长，在明军到达之前就逃跑了。朱亮祖却十分骁勇，配合别不花拼死抵抗，给明军造成了很大麻烦。徐达等人攻打多日未能拿下，常遇春还在与朱亮祖的交战中中流矢受伤。

无奈之下，朱元璋亲自带兵从南京驰援，才一举拿下宁国，并俘虏了朱亮祖。朱亮祖曾在太平战役中被朱元璋俘虏，后又叛归元廷，这次是他第二次被俘。朱元璋爱惜其才，又给了他一次机会，此后朱亮祖奔走驱驰，忠心效劳。

七月，骁将邓愈和胡大海又联手拿下徽州，朱元璋将宁国路和徽州路都交由邓愈镇守，他对这位能干的年轻人非常看好。

朱元璋主力南下的时候，东线江苏的长兴、江阴、常州分别由将领耿炳文、吴良、汤和守卫，这三人都是朱元璋的心腹，因此朱元璋才把战略要地交给他们，要求他们谨守门户。他曾对吴良说："江阴是我东南屏障，你一定要约束士卒，谨守城池。要切记，不要同外界结交，不要接纳逋逃，不要贪小利，不要与敌争锋，保境安民，城池坚固，就是你唯一的职守。"三人按照朱元璋的指示高挂免战牌，并击退了张士诚的多次进攻，确保城池不失，为朱元璋稳定了边界。

至正十七年对于朱元璋来讲是收获的一年，在主战场东线和南线，攻无不克，战无不胜，攫取了不少地盘，此外还有一些额外收入。在西面，常遇春攻取了天完政权占据的池州，和徐寿辉正面接触了。在江北，除据守泰兴外，朱元璋大军在十月份又从青军元帅张明鉴手中夺取了扬州。

朱元璋之所以在这一年中没有招致元军的攻击，最主要的还是应天所处的有利的地理位置：东边是张士诚，北边是小明王，西边是徐寿辉。南边是长江天堑，元兵不敢轻举妄动；东西北三面有三个政权替他抵挡元军，朱元璋坐享太平，安然无恙。朱元璋充分利用这两年的和平环境，内修外治，逐渐发展壮大，先打弱小的元军据点，逐步扫清外围敌人，开疆辟土，不断巩固和扩大根据地，确保应天的军事地位不受威胁。

这一年，朱元璋几乎把应天周围的战略据点全数攻占，取得了向外扩张的前哨基地。这样，以应天为中心的战略防御体系也就彻底形成：东线北起江阴，沿太湖南到长兴，划成一条直线，堵死了张士诚西犯的门路；北面暂时是小明王的红巾友军，不必担心；南面在宁国徽州屯聚重兵，随时可以进击浙东；西线和徐寿辉天完政权接壤，可以以守为攻。朱元璋看准形势，先伸出南面铁钳，又吃掉了孤立固守的浙东元军，形势和一年前已经大大不同。

这一年对张士诚来说却是失意的一年，他二月失长兴、三月失常州、五月失泰兴、六月失江阴、七月失常熟，他的谋主、二弟张士德还成了俘虏。元政府又乘其疲惫，自身后给了他重重的一击：八月朝廷令方国珍出兵讨伐张士诚。方国珍率五万舟师进攻昆山，张士诚命史文炳、吕珍率水路七万迎战，大败而归。方国珍七战七捷，直抵昆山城下。一年来张士诚失城折将，眼下又败兵于国门之内，计出无奈，便派使者向元廷请降。元朝授封张士诚为太尉，方国珍也因征讨之功授太尉，加江浙行省左丞。

至正十七年对徐寿辉来讲是悲哀的一年：他先是被倪文俊架空，后又被陈友谅架空。天完政权内部矛盾不断，徐寿辉越来越成为一个真正的傀儡，他的心思不是反元，而是致力于防范压制手下悍将，努力把权力抢回自己手中。内斗消耗了天完政权，也让他们进取心减退。

至正十八年（1358年）春，天气转暖，修养了一个冬天的士兵都膘肥体壮，争霸各方又开始躁动起来，朱元璋和张士诚先是在江阴、常州与对方展开了攻防战，双方又打了个平手。

随着土地的增加、士兵的增多和战线的延长，后勤保障问题就日益突出。从渡江以后，朱元璋就一直面临着兵食匮乏的致命问题。分散在各处的军队的给养，表面上是官吏们召令乡村百姓缴纳粮草，叫做寨粮，其实就是连骗带抢，与土匪没什么区别。

连年的征战，盗贼四起，土地荒芜，老百姓早已青黄不接，没有存粮，许多家庭其实都是喝粥度日，自身难保，饿死者到处都有，扬州的青衣军甚至有人吃人的现象。在行军时，出征军士概不支粮，按照朱元璋的军令："凡入敌境，听从稍粮。若攻城而彼抗拒，任从将士检括，据为己物。若降，即令安民，一无所取。如此则人人奋力向前，攻无不取，战无不胜。"所谓稍粮实质上就是征粮抢粮。如此不是长远之计，归根结底还是苦了百姓，害了自己，最后必然危及未来的政权建设。

根据谋士的建议，朱元璋考虑能不能仿效古人的做法，开荒屯田，自给自足，以兵养战，以战养兵呢？他的宗旨就是恢复占领地区的农业生产，安定社会秩序。

春天来临之前，朱元璋任命康茂才为营田使，专门负责修筑河堤，兴建水利基础工程，恢复占领区的农田生产，供给军事需要；同时分派诸将在各处垦荒屯田，立下规矩，用生产量的多少来决定赏罚。让武官"开垦荒田，以为己业"，为文官"拨典职田，召佃耕种，送纳子粒，以代俸禄"。要求大小将帅开展轰轰烈烈的大生产运动，"官督军十，及时开垦，以收地利"。通过自身的努力，朱元璋逐渐恢复了农业的生产，保证了军事给养的可靠供应。

除了引导军民直接屯垦外，朱元璋还令儒士、官吏劝课农桑，形成热爱农业生产的氛围，使百姓"各安其生"。在占领区，朱元璋命令官员立茶盐课，制钱法，开铁冶，定鱼税，以增加财政收入，同时注意开支节流，尽量减少财政支出。

虽然这些政策保障了军事给养问题，但是给老百姓增添了繁重的压力，直到两年后，朱元璋才正式下令取消寨粮，使百姓从这项沉重的负担中解脱出来，并多次下令蠲免税粮、徭役，逐渐与民休养生息，得到了老百姓的热烈拥护。经过努力，朱元璋辖区内的农业生产逐步得到恢复和发展，他的兵力也随之不断壮大。这就为他削平群雄、推翻元朝统治奠定了坚实的物质基础和强大的军事实力，并且树立了良好的政治形象。

在出台了一系列军事保障措施之后，朱元璋按捺不住他的占有欲望，将重兵投入南线作战，他对建德路、衢州路、婺州路、处州路垂涎三尺。三月十八日，朱元璋命行枢密院判邓愈、亲军左副都指挥李文忠、元帅胡大海自徽州东进，明军很快拿下建德路，朱元璋命胡大海镇守。

# 求贤若渴

　　至正十八年（1358 年）注定是一个火红的年份，五月，北部红巾军攻下汴梁，建作都城，接小明王来此定都。宋政权迁都汴梁，实现了其使"宋"名副其实的夙愿。宋政权迁都汴梁后，北方红巾军势力发展至顶峰。红巾军所到之处，战无不胜，攻无不克。

　　一个天下就要变色的时代来临了，称帝称王的那么多，究竟哪一个才是真命天子呢？

　　六月，李文忠进攻婺州，这时元军发生一场内讧，苗兵元帅杨完者被杀，他的旧部三万苗兵主动请降。

　　杨完者原本是湖广宝庆地区的苗兵统帅，徐寿辉起义后，奉元政府之命前去镇压红巾军，这支部队勇猛敢战，是一个不错的"鹰犬"。他们和徐寿辉红巾军摸爬滚打，从湖广一路打到江浙，后来，江浙行省丞相达识铁木儿迫于张士诚的压力，召杨完者去镇守杭州，并给了他江浙行省左丞的职务，杨完者部遂长期驻留在江南，成为这一地区元军的重要力量。

　　杨完者没少给元政府卖命，他们曾在嘉兴、杭州大败张士诚，并在建德、徽州对抗李文忠、胡大海部，但是这支队伍军纪很坏，所到之处烧杀淫掠，名声很坏。与之相比，张士诚的军队纪律优良的多，张士诚志向虽小，但不失为一个忠厚长者，他讲哥们义气，提倡以德服人，他的军队在那个年代是纪律最好的，礼遇学者文人，对老百姓征收很低的税，深得江浙一带人民的爱戴。当地民谣"死不怨泰州张、生不谢宝庆杨"充分表达了他们对张士诚的认可。

　　除了作风恶劣外，杨完者部还桀骜不驯，达识铁木儿屡受其辱却又无可奈何，张士诚迫于朱元璋的压力降元后，达识铁木儿有了新的盟友，于是决定借刀杀人，令张士诚袭杀杨完者。张士诚原本就十分痛恨杨完者，接到命令后立刻发动突袭，杨完者猝不及防，兵败自杀。张士诚乘机将嘉兴、杭州收入囊中，杨完者的部将刘震、蒋英等人在走投无路的情况下向李文忠请降，九月，李文忠请示朱元璋后接收了这支部队。

十月，朱元璋命胡大海向婺州挺进，元将石抹宜孙、石抹厚孙兄弟在此镇守，胡大海攻打了近两个月一直没有拿下。朱元璋十分着急，于十一月底率十万大军前往助阵。

朱元璋亲自率队攻婺源，依然"久拒不下"，心情烦闷。忽一日，他听闻邓愈说起附近村野有个隐士，是个有学问、有谋略的人，相当于当世诸葛亮。朱元璋正处于久战不利之际，急于找到破敌良策，又希望招揽人才，连忙微服从连岭出石门，亲临其室访问大计。他一路上打听着终于找到这位隐士，见面一看，原来是先前失之交臂的朱升。

朱升这次没有拒绝朱元璋，他见朱元璋态度诚恳，又礼贤下士，自己身处乱世，想避世独处也不现实，既然有明主前来相邀，他便不再推脱，答应了朱元璋的邀请。在饮酒谈论天下大势之时，朱升呈交了三个计策：高筑墙，广积粮，缓称王。

高瞻远瞩的朱升从战略上提出了"创基立国"的策略，这让朱元璋头脑中忽然有了一个初步的蓝图，他心中的帝国渐渐有了模糊的影子。按照朱升的谋划，朱元璋认为自己必须要为未来设计一下发展方向了。现在自己是宋政权的臣子，受刘福通的节制，在这个龙蛇混杂的小朝廷里，农民起义军之间的钩心斗角、相互倾轧甚至相互残杀的情况很常见，自己的优秀无疑会受到敌视和中伤。最好的办法，是提升自己的身份和实力，最好是拥有自己的独立王国，那样进可攻退可守。可是目前，自己的一切资本都来自红巾军这面大旗，源自明教教徒的身份，受益于"明王转世"宗教传播的恩惠，他意识到自己还没有号召天下百姓拥护的政治口号，也没有完善的政治纲领，只是一个有情有义的统帅而已，还需要磨炼和时机。

如此看，朱升的计策确实是立国之策，是为将来的腾飞做准备。朱元璋大喜，随后尊朱升为智囊。此后，朱元璋攻打鹜州、处州和鄱阳湖大战及和陈友谅、张士诚多次的交战中，朱升在军事上提供了大量的战略指导，成为不可或缺的开国功臣。

在朱升的谋划下，朱元璋积极营建以应天为中心的根据地，积极练兵，扩充实力，增加农业生产，储备战争资源，同时尽量低调，减低被

第五章 乱世英豪

别人觊觎的程度，团结一切可以团结的力量，形成一个坚固强悍的利益共同体，为逐鹿中原做好各方面的准备。朱元璋这一政策的实施，为扩大自己实力，推翻元朝统治，统一中原，建立明王朝发挥了重要的作用。

从朱升体现出来的作用和价值来衡量，朱元璋深深感受到人才的作用和价值，谋臣武将缺一不可，而且谋臣的作用还要超过武将的作用。他希望天下所有的谋臣都能为自己所用，即便谋臣不能招来，哪怕谋臣不被敌人所用也可以。所以每到一处，每获一座城池，朱元璋必定多方访求名士，软硬兼施，千方百计把他们罗致到幕府作秘书、作顾问、作参谋。这些人虽不能冲锋陷阵，但常给朱元璋指点迷津，拨开乌云，运筹帷幄，实在比十万大军还管用。他常说："躬怀甲胄，决胜负于两阵之间，此武夫之事，非儒生所能。至若流宣化，绥辑一方之灾，此儒生之事，非武夫所能也。"数量庞大的谋臣名士聚集在一起，单单是一场寻常的争论就足以让朱元璋受益匪浅，眼界大开了。越到后期，朱元璋的指挥掌控能力越强悍，这与众多智囊的指点是分不开的。同时，朱元璋也开始思考他的政治纲领，这是他人生规划的新阶段，自此朱元璋开始以一个全新的标准打造自己的独立王国。

十二月十八日，大军抵达婺州城下，这时石抹宜孙移镇处州，其弟石抹厚孙留守婺州，互为犄角。第二天，朱元璋攻入婺州城，活捉了石抹厚孙。

朱元璋来到浙西后，很快就听说了张士诚的好名声，他对此很不服气，这一地区经济发达、居民生活水平较高，反元意识相应地比较淡薄，朱元璋觉得有必要在人心向背上与元廷和张士诚打一仗，争取当地人民对他的支持。

婺州一向号称富庶，又是人文荟集的地方，地理位置十分重要。攻下婺州后，朱元璋打算在这里建立一个"首善之区"，给附近地区作一个示范。进城之初，他发布严厉的军令，禁止将士抢掠，为收买人心，还开仓赈济贫民。

婺州有"小邹鲁"之称，当地居住着许多著名的学者，这些人有知识有谋略，在地方上有影响力，要取得百姓的支持，必须先争取这些人的支持。朱元璋召见儒士范祖干、叶仪，礼贤下士，求计问策，随后聘请许元、叶瓒玉等十多位儒士参议军政大事。为了取得当地士绅的信任，朱元璋还选用婺州七具的富民子弟充当宿卫，称之为"御中军"。

攻取婺州以后，朱元璋和浙东的老牌军阀方国珍接壤了，双方不可避免要发生关系。十二月二十四日，朱元璋就趁大军辱境之威，派人出使庆元（今宁波），请求方国珍"支援"。方国珍见朱元璋势大，而自己处于四战之地，北有张士诚、南有福建的陈友定，与其在西面再树一强敌，不如暂时表示顺从，并借朱元璋的名望保护自己。于是方国珍在第二年的正月初二派人带着大量的金银绸缎出使婺州，表示愿意奔走效劳，缔结盟好，共灭张士诚。朱元璋显然知道方国珍在打太极，但他暂时还腾不出手来收拾他，只好笑纳了他的贡品。

稳住方国珍后，朱元璋打算继续拓展浙东（太祖谋取浙东未下诸路），具体目标是衢州路和处州路。为了让众将贯彻执行仁政，不滥杀无辜，进军之前朱元璋专门召开军事会议，告诫各级将领："克城以武，戡乱以仁。吾比入集庆，秋毫无犯，故一举而定。每闻诸将得一城不妄杀，辄喜不自胜。夫师行如火，不戢将燎原。为将能以不杀为武，岂惟国家之利，子孙实受其福。"为了显示仁德之政，朱元璋命宁越（婺州）知府王宗显设立郡学，三月，又发布命令，释放婺州除谋逆以外的所有因犯。

# 道义化身

至正十九年（1359年）正月二十七日，朱元璋两个拳头打人，派耿再成率兵进驻处州北面的门户缙云，压迫石抹宜孙，同时命胡大海攻打张士诚在浙南的门户诸暨。

胡大海很快就攻克诸暨，向绍兴挺进。为了缓解南线的压力，张士诚实行围魏救赵，向北面的江阴、常州、长兴等地发起了攻击，此时"耿炳文守长兴，吴良守江阴，汤和守常州，皆数败士诚兵"。朱元璋"以故久留宁越，徇浙东"。

下半年，南线取得了突破性进展：九月，常遇春克衢州，擒宋伯颜不花；十一月壬寅，胡大海克处州，石抹宜孙遁。这样，经过两年的努力，南线战事基本结束。这样，浙江就被张士诚、朱元璋以及土著军阀方国珍三强瓜分，其中张士诚控制浙北富庶的四个府，朱元璋控制浙西较贫穷的四个府，方国珍仍保有其旧地浙东沿海。

平定浙东后，朱元璋又得知当地几个非常著名的高人，他就去拜访。这些浙东名士包括大名鼎鼎的刘基（刘伯温）、叶琛、章溢等人。可是，这几位当地豪族名士既不想投效红巾军，也不想入世争长短，他们自命不凡，根本瞧不起朱元璋，于是躲进深山不肯露面。这些人曾经在元将石抹宜孙幕府做过事，学问好，计谋多，在地方上颇具号召力。他们遵奉传统的儒家道德思想，极端仇视红巾军，自动组织民兵结砦自保。他们在旧政府中并不被重用，也实在看不惯旧政府那腐败透顶的官僚政治，刘基就曾多次愤而辞官，然而他们又贪图权贵放不下荣华。但是，他们却不愿与打着"明王转世"旗号的红巾军"同流合污"，认为造反是大逆不道。

朱元璋多次派代表诚挚礼请，他们都用好话婉言辞谢。朱元璋异常恼怒，处州总制孙炎揣测其意，主动率兵前去"邀请"，并令士兵施加压力。刘基等人知道再不出山命就没了，于是来到应天投靠朱元璋。朱元璋得到人才，好不喜欢，随即举行了隆重的欢迎仪式，让刘基等人非常有面子。刘基等人短短数日就发现朱元璋与众不同，胸怀大志，而且极有帝王气象，所谓一见倾心，士为知己者死等因素都起到作用。从此，刘基等人完全被朱元璋的魅力所征服，心甘情愿的为其出谋划策。朱元璋也频出大手笔，盖了一所礼贤馆，专供贤士居住，而且待遇极优，什么香车美女一概配备齐全。

为了提升自身素质，抬高身价，也为了拉拢浙东文人，朱元璋大力尊崇儒学，大兴教育。在以武力讨伐群雄的时候，朱元璋逐渐认识到教育的重要性：要治理天下，必须教化民众，使百姓有一个普遍遵守的行为道德准则。由于身边诸多儒生的影响，朱元璋选定了儒家的传统思想作为治理国家的理论基础。他自身也在如饥似渴地吸取其传统营养，并逐步与自己"占山为王"的过去决裂，刻意把自己打扮成儒家传统道义的化身。

从这时起，朱元璋开始模糊他早年狼狈的历史，将自己打扮成一个儒雅的人士，这个包装是非常必要的。在进驻婺州后，朱元璋立刻聘请当地著名学者范祖翰、叶仪、许元等十三人替他分别讲解经史子集；建立郡学，请学者当五经师和学正训导。内中最著名的就是宋濂了，他不仅教朱元璋，还教过后来的太子朱标，是有明一代鸿儒。久而久之，朱元璋谈吐更加有内涵了，处处显露出儒家文化的教养。

朱元璋时常告诫将士："今居间无事，勇力无所施。当与儒生讲求古之名将成功立业之后，事君之道、持身之礼、谦恭不伐，能保全其功名者。"

领导们的文化修养上来了，基层官兵的素质也要提升。高层领导统一修文的同时，朱元璋也在整顿军备，严明纪律。朱元璋深知提高军队战斗力关键在于严格的纪律，平日里徐达等将领对练兵抓得很紧，也用制度管理士兵，但是不如意之处还是很多。朱元璋经常亲临检阅军队，三令五申严明号令，告诫将士要严守纪律，不得抢劫民财，扰乱民情，违者一概军法从事，不徇私情。可是，这些骄兵悍将嘴里说一套，行动上却耍滑头，顺手牵羊、趁火打劫的事情屡禁不止。

早在徐达攻克镇江时，朱元璋怕士兵奸淫抢劫、杀人放火，号令不禁，影响自己的千秋大业。于是他说服徐达，故意找出徐达的几个不足，绑了要处死。李善长等人再三求情，朱元璋才准其带兵攻取镇江，并许以不烧不杀不抢，才能将功折罪，徐达叩头谢恩。然后徐达号令三军，宣布谁敢违反纪律，就地格杀。三位"影帝"真真假假地演了一场戏，将士兵们骗住了。果然，徐达大军攻破镇江时"市井晏然"，"市不易肆"，商贩正常营业，百姓生活丝毫不受影响。

这件事为朱元璋取得了很好的政治宣传效果。别城守军都知道朱元璋军纪严明，不妄杀人，还优待俘虏，对投降将官，愿降的授职任用，不降的礼遣纵归，所以当朱元璋大军来攻时，敌人往往并不死战，稍作抵抗就投降了。不战而屈人之兵，此乃"攻心为上"。史载朱元璋得元朝旧官"尽用之"，得元室子孙"悉皆放归"，因而瓦解了元军斗志，争取了许多敌军将士的归附。

# 第六章　血战鄱阳

　　实力日渐增强的朱元璋终于引发了西线强敌陈友谅的极度不满，双方展开了长年累月的血腥厮杀。朱元璋纵观全局，凭借高超的指挥艺术、顽强的毅力和上天的眷顾，取得了辉煌的胜利，在群雄割据的乱局中脱颖而出……

## 陈友谅的威胁

　　至正二十年（1360 年）正月初一，新年伊始，朱元璋在朝堂上发表了热情洋溢的新年讲话，总结了过去一年的成绩，表扬大家的同时也批评了许多骄傲自满的同志，并对他们提出新的期望。跟随他起事的文臣武将们望着端坐在上方严肃的朱元璋，渐渐感到和他有了距离，有了陌生的感觉。没错，随着地盘的扩大，军事实力的增强，投靠的人才越来越多，经济实力逐渐提升，朱元璋已经不再是以前那个寄人篱下、看别人脸色过日子的人了，他言谈举止之间渐渐流露出王者之气，不怒自威，令人心惊胆寒。即便徐达、汤和、周德兴这些小时候和他一起光屁股长大的童年伙伴也不敢再和他说笑，都是毕恭毕敬的。

　　这几年，朱元璋读了很多书，尤其是史书，对帝王之道已经融会贯通，他目前唯一欠缺的就是实力，其他方面他都自信可以做得很好。他对自己一直以来遵行的任人唯贤的做法非常满意，这不仅让他有了当代孟尝君的名气，连许多元朝的文臣武将都愿意投靠他。朱元璋对自己所处的江湖地位很清楚，在各路群豪中，他只能算一个后起之秀，张士诚、徐寿辉、刘福通都把他当成晚辈，谁让他曾经是郭子兴的女婿呢？虽然这几年自己混得不错，实力也有所增强，但是，那几位老大就是不承认他的地位，总是倚老卖老。

刘基夜观天象，认为将有一位盖世豪杰脱颖而出，大杀四方，成为贵不可言的乱世英雄，问鼎天下也不无可能。朱元璋问这个人是谁？刘基看着朱元璋笑而不语。

朱元璋对刘基神神叨叨的那些能耐很是尊敬，尤其是天气变化，刘基总是预测的很准，这似乎表明刘基能预先知道一些上天的秘密，因此朱元璋很愿意和他密谈，每次都有收获。

为了抒发内心的畅快，朱元璋亲自写了一副春联贴在中书行省大门旁："六龙时遇千官觐，五虎功成上将封。"其春风得意之情溢于言表。

这一年，朱元璋 33 岁了，正是年富力强的时候。

五月份，小明王命朱元璋为仪同三司江南等处行中书省左丞相。八月，元将察罕帖木儿攻陷汴梁，刘福通奉小明王令退守安丰，地盘日渐缩小。朱元璋的浙东军却一再发力，先后占领诸暨、衢州和处州，应天东南被孤立的元朝据点，逐渐为朱元璋所拔除。

这时朱元璋的领土已扩大到：东、北两面与张士诚为邻；西与徐寿辉相近；东南与方国珍相接，南邻陈有定。四邻之敌，强弱不等，心怀各异：张士诚最富，徐寿辉最强，方国珍、陈有定志在保土割据，并无远大企图。

比较起来：张士诚顾虑多，疑心重，他以守为攻，扼住江阴、常州、长兴等几个据点，既不想和朱元璋冲突，也不想让其东进一步。

徐寿辉虽然最强，可是他野心不大，但是他的手下大将陈友谅却是个狠角色，野心大，欲望高。陈友谅最近积极进攻，气焰嚣张，已经形成对朱元璋的威压之态。朱元璋不想和陈友谅这么快就进入到交战状态，因为陈友谅的兵力太强大了。

可是形势逼人，不再容许朱元璋做缩头乌龟，他向刘基求解。刘基心里早就有了计较，他很认真地分析了时局，权衡了各方力量对比，最后得出结论：张士诚不急着打，陈友谅是非打不可。为了抬高身价和增强神秘感，刘基装模作样地推演了一番，给了朱元璋一个主意：陈友谅如果不动，我们也不动。朱元璋非常有战略头脑，这一点其实也和他不谋而合，只是决心难下而已。

陈友谅，湖北沔阳（今仙桃市）人，原本姓谢，祖上倒插门嫁入陈家，后代随了女方的陈姓。陈友谅的父亲是个渔民，为了改变命运，他省吃俭用供陈友谅读书。有一天，一个江湖术士看到陈友谅家的祖坟，说道："风水很好，当出贵人！"陈友谅听了备受鼓舞，更加发愤读书，后来学有小成，并找到一份不错的公务员工作：在县衙里当了一名机关办事员。

但是陈友谅并不满足于当一辈子小吏，他想干一番大事业，而且他的头脑也不错，总想轰轰烈烈的来一场伟大的"逆袭"。当徐寿辉起义后，势如破竹，建立了天完政权，这让陈友谅非常羡慕，他违抗父亲的意志，毅然辞去公职，参加了义军。陈友谅先在大将倪文俊手下当一名文员，后又投笔从戎，成为领兵大帅，因此《明史》说他"起刀笔"。

陈友谅的野心大得惊人。他才华出众，不甘于在底层默默无闻，他想尽一切办法钻营，为实现目标不择手段，是一个不可遏制且难以对付的家伙。至正十七年时，大权在握的丞相倪文俊想谋弑徐寿辉自立，事情败露后逃奔黄州投奔陈友谅。

螳螂捕蝉，黄雀在后，陈友谅乘机杀了倪文俊，兼并了他的军队，然后自封为平章政事，并向徐寿辉邀功，从而一跃成为天完政权举足轻重的人物，并慢慢变成另一个倪文俊。

杀死倪文俊后，陈友谅的兵力迅速扩大。至正十八年初，他率部从汉阳顺江东下，攻取安庆。安庆地理位置十分重要，上扼汉阳，下锁应天，为长江要塞，元政府派淮南行省左丞余阙驻守。正月初七，城池被攻破，余阙自刎而死，他的妻子和一儿一女投井，城中千余兵民自焚而死，这是元朝末年守城军民为元朝殉难最为壮烈的一幕。

破城之后，陈友谅厚葬了余阙，并称他为"天下第一人"。后来朱元璋在北伐前夕也表达了对余阙的敬意（祀元臣余阙于安庆），很奇怪是吧？其实朱元璋这样做是想告诉元朝的文官武将，他很敬佩这样的敌人，也很欣赏这样的对手，当然了，如果对方来投奔或者请降自然也是热烈欢迎的！

这是政治手段，也是帝王权术，更是做样子给人看的，但是这么做就是管用，有效果。

攻破安庆后，陈友谅又将兵锋指向对岸朱元璋占据的池州，对朱元璋露出锋利的牙齿。至正十八年四月初一，陈友谅率大军攻克池州，擒杀了朱元璋手下大将赵忠。这样，陈友谅就骑踞在长江上游两岸，随时可以夹江而下，威胁应天的安全。

朱元璋明显地感受到了陈友谅的野心，但他的战略重心在富庶的浙江，此时他的主力部队正在南线和东线拼杀，无暇西顾。陈友谅利用这个时机继续扩大战果，攻占了江西大部分州县，直到一年以后的至正十九年四月，朱元璋才腾出手来，派徐达、俞通海收复了池州。陈朱两军隔江相望，随时都可能爆发血战。


# 十面埋伏

如今，陈友谅强势东进，池州再次成为双方大战的爆发点。朱元璋急忙调兵遣将，派徐达和常遇春增援池州，朱陈大战就此拉开帷幕。

陈友谅大军顺流东下，直捣池州。朱元璋传谕二位爱将，以五千人守城，以万人埋伏于九华山，给陈友谅布下了一个口袋阵。

至正二十年（1360年）五月，陈友谅大军抵达池州，将士们鼓勇登城，打算速战速决。忽然九华山下伏兵大起，向陈军背部杀来，城内守军也出城夹击，陈友谅腹背受敌，被打得大败，一万多人被杀，三千人被俘。

池州战败后，陈友谅回到了他的总部江州（江西九江）积极准备复仇，这时天完政权的老大徐寿辉突然从汉阳来到了江州。

徐寿辉对陈友谅很不放心，担心他尾大不掉，这一次督战，就是有意加以控制，如果有可能直接拿掉陈友谅。此举也是他对陈友谅谋杀赵普胜一事作出的激烈反应。赵普胜我们前文提过，巢湖起义水军的二把手，不肯归顺朱元璋，投靠了徐寿辉。赵普胜很得徐寿辉器重，是徐寿辉的爱将，池州战役前被陈友谅在酒宴上捆住手脚，丢进水里淹死了。赵普胜死后，他的部队被陈友谅兼并，从此徐寿辉更加无力约束陈友谅了。

此次，徐寿辉明明知道陈友谅谋杀了赵普胜却毫不畏惧，敢于送上门来，或许是他认为自己真的是明王下凡，非凡夫俗子所能伤害。但是徐寿辉忽略了一个事实：陈友谅狼子野心，早就不把他放在眼里了。

史载陈友谅"性雄猜，好以权术驭下"。他的"雄猜"和"权术"集中体现在一系列谋杀上，他不仅谋杀上级倪文俊，浸死下级赵普胜，甚至连"皇帝"徐寿辉都敢当众斩杀。

在江州城门外，陈友谅把风尘仆仆赶来的徐寿辉连同他的随从全部杀死，然后以江州为都，自封"汉王"，改年号"大义"。徐寿辉惨死，他驻守在各地的臣子竟然没有敢站出来的，都选择了沉默和顺从。消息传来，朱元璋对陈友谅的残暴异常震惊，同时也对他的行为感到后怕，对自己的部将也更加防备。

大权在握后，陈友谅的工作积极性大大提高，他立刻筹备对朱元璋发起新一轮的军事攻击。闰五月初一，池州战役过去不到一个月，陈友谅就开始了复仇行动，这次他改变了战术。

陈友谅派人与张士诚相约，两个人东西夹攻朱元璋，瓜分朱元璋的地盘。张士诚正被朱元璋打的伤筋动骨，一肚子气发泄不出来，便一口答应。

陈友谅自带水陆大军从江州顺流东下。水军大舰名为"混江龙""塞断江""撞倒山""江海鳌"等，共一百多艘，其他小型战舸几百艘，威风凛凛，杀气腾腾直奔池州而来。当池州军民准备抗战时，陈友谅的舰队却开过了防守坚固的池州，直接攻击下游的太平，太平是应天西边的门户，地理位置非常重要。朱元璋在此修筑了强大的防御工事，使太平城"坚不可拔"，他的养子朱文逊和猛将花云在此镇守。

然而这一次局势发生了变化，陈友谅和张士诚两路大军同时进攻，志在必得，势不可挡。太平最后失守，应天无险可守，危在旦夕。朱元璋政权面临着严重的军事威胁。

消息传到应天，"应天大震"，"诸将议先复大平以牵之"，甚至有人主张不可力敌，降为上。朱元璋不动声色，越是生死危机关头，越是考验革命斗志的时刻，那些主张投降的臣子他都在心里打上了"秋后算账"的标记。朱元璋与刘基在卧室内密商：降与逃都不是办法，等待朱元璋的都是死路一条，只有拼死抵抗才能获取主动。

抵抗有两种战略：一种是东西两线同时作战，可是兵力一分，必败无疑；一种是迅速集中优势兵力，"断其一指"，反身再打另一线，这还是两线作战，不过区别了轻重缓急。关键的问题是力争主动，主动出击必须解决三个问题：一是何时出击，二是向谁出击，三是怎样出击。如前所述，经过和刘基对东西两线敌人的综合分析比较，朱元璋决定集中一切兵力，先打陈友谅，造成对张士诚的强大军事威慑，使其不敢轻举妄动，东面威胁自然而解。

陈友谅野心勃勃，贪婪成性，只要投出诱饵，不怕他不上钩。

朱元璋想到了康茂才，康茂才与陈友谅有旧谊，康茂才的老门房也侍候过陈友谅，最适合做诱饵。朱元璋派人告诉康茂才，先别种地了，有要紧事回来商议。康茂才紧急赶回应天，朱元璋要他指使老门房偷偷跑到陈友谅军中，带着康茂才的亲笔信，信中透露许多真实的军事情报，并许以里应外合，劝陈友谅兵分三路直取应天。康茂才知道这是朱元璋给自己立功的机会，哪里会不尽心尽力呢？于是，康茂才的老门房带着他的亲笔信出发了。

陈友谅看到信，见里面应天的军事部署都和自己的情报能对应上，便不疑有假，对康茂才的投诚很是相信。求胜心切，陈友谅不防有诈。他问老门房："康将军现在何处？"回说"现守东桥"；问"是石桥还是木桥"，答"是木桥"。陈友谅大喜，当即约定亲率大军进逼东桥，以喊"老康"作为联络暗号。

看到陈友谅毫不怀疑地吞下了投向他的诱饵，朱元璋暗暗高兴。他调胡大海偷袭广信，直捣陈友谅的老窝。然后，按其进攻路线，朱元璋设下埋伏：常遇春等率兵 3 万埋伏于石灰山（今南京幕府山）侧；徐

达等率兵列阵于南门外；赵德胜率兵横跨新河（今南京城西南）驻虎口城；杨璟驻兵大胜港（今南京城西南 15 里）；张德胜等率水师出龙江关（今南京兴中门外）；朱元璋自率主力埋伏于卢龙山（今南京狮子山），布下天罗地网严阵以待。

同时，朱元璋命令把江东木桥改建为石桥，他亲自坐镇山顶指挥进退，规定了旗语：发现敌人，准备战斗举红旗，伏兵出击举黄旗。

轻敌的陈友谅不待张士诚答复，便率军自采石水陆并进，一直进抵大胜港，沿途静悄悄的，看不出危险。待舰队赶到江东桥时，发现是大石桥，陈友谅情知不妙，他让士兵们连声高叫"老康！""老康！"却无人答应。

忽然，有人发现山顶有红旗招展，隐隐约约传来声音，不一会，红旗又换成了黄旗，犹如平地里响起炸雷，呐喊声四起，漫山遍野的朱元璋大军包抄过来，长江上数百艘战船也一并开过来，水陆夹击，陈军大乱，争相而逃。时值退潮，陈军巨舰搁浅，士卒被杀和落水而死者甚多，另有 2 万余人被俘。陈友谅遗弃巨舰 100 余艘，乘小舟逃回江州。

朱元璋趁势一举收复太平，再下安庆，然后攻取信州、袁州（今江西宜春）。

陈友谅虽然吃了败仗，但是并不服输，他一边重整旗鼓，一边继续侵扰，终于触怒朱元璋。

朱元璋怒火万丈，召开军事会议，决定溯江西伐。他的龙骧巨舰上高高竖起一面大旗："吊民伐罪，纳顺招降。"朱元璋这一手干的漂亮，自从徐寿辉被陈友谅杀死后，不少徐寿辉旧部投奔朱元璋。那些无法逃离的徐寿辉属下则盼望着陈友谅早日倒台，因此对朱元璋的"仗义之举"很是感动。

陈友谅为人嫉贤妒能，自从杀死徐寿辉后，部将多有不服。朱元璋审时度势，算准陈友谅将帅不合，军心离散，不失时机地举起道义大旗，向陈军发起猛攻，一鼓攻下江州，守将丁普郎、傅友德全军归附，陈友谅狼狈逃往武昌。

接下来的两年时间里，朱元璋乘胜直取南康、建昌、饶、蕲、黄、广济等州县，尽有江西大部和湖北东南边境。陈友谅经过连续两次失败，民心离散，军力锐减，地盘也不断缩小；朱元璋经过两次大的胜利，士气大振，军力大长，版图日见扩大。两下里此消彼长，优势逐渐转移到朱元璋一方，朱元璋无意间取得了对陈友谅的军事均势。

# 力救小明王

当江南陈、朱两军血战正酣的时候，江北的军事局面却发生了极不利于朱元璋的变化，使朱元璋几乎不得不直接面对元军进攻的危险。从年初到现在，北部红巾军接连失败，形势危急。元朝大将察罕贴木儿收复关陇、平定山东、招降大量红巾军，实力膨胀，军威极盛。

山东红巾军兵败，完全出于自毁长城。红巾军攻克山东之后，山东在红巾军另一位大帅毛贵的治理下，礼贤下士，开辟田土，成绩斐然。原屯住濠州的赵均用和彭大的儿子彭早住一直驻军淮泗一带，后来彭早住也病死了，赵均用便率军北上与毛贵合并。二人互相猜疑，彼此难容，赵均用借机杀了毛贵，毛贵的部将又寻机杀了赵均用。杀来杀去，两下里军力锐减，给了察罕贴木儿可乘之机。山东一失，不止小明王都城安丰不保，连朱元璋的应天大本营也直接暴露在元军的攻击下，失去屏障，岌岌可危。这几年多亏小明王红巾军拼死抵抗元朝大军，朱元璋才求得五六年相对和平安宁的环境，一心一意地致力于生产建设和经济发展，并积极扩军备战，取得了政治、经济、军事的等一系列重大胜利。

当察罕贴木儿占据山东后，朱元璋北部局势十分糟糕，他无力多个战线同时开战，便想方设法拉拢元军。朱元璋两次派代表去会见察罕，送上重礼和亲笔信，要求长期通好，各保平安。朱元璋此举的真意：一是稳住元军，抓紧时机全力平定陈友谅，避免多线作战和腹背受敌；二是元军相对强大，凭朱元璋现有的军事实力，还不足以与其抗衡，仍然需要争取一段相当长的和平发展机会；第三，从某种意义上说，是朱元璋有意奉行一种妥协投降战略的试探。

元朝对朱元璋这样的军事集团是非常乐意拉拢的，察罕贴木儿见朱元璋态度诚恳，很是满意，便派了他的户部尚书张昶带了御酒和任命书前往应天。

张昶和任命诏书于至正二十二年十二月来到应天，朱元璋这一下犯愁了，喝了御酒，接了诏书，就和水泊梁山上的宋江接受了朝廷招安一样，等于公开投降元军，与红巾军为敌了，这样一来极易招致各路红巾军的攻击，不仅应天不保，大事去矣，而且也坏了英名。可是，如果不接这诏书，则等于没有诚意，"抗旨不遵"，天威震怒，必派大军进剿，朱元璋又哪里招架得住！

正在左右为难时，喜从天降：察罕贴木儿意外被田丰刺杀，其子扩廓贴木儿继为统帅，这件事就暂时搁置下来了。不久又有情况探报，扩廓正与另一元朝大将孛罗贴木儿争抢地盘，两路元军自相残杀，打得正是火热，哪里还顾得上帝国的兴亡和朱元璋这"弹丸之地"。

朱元璋的谋臣宁海人叶兑上书力陈招安乃绝路，抗衡才是霸业可成的道理，并具体阐述了其战略构想与实施步骤，更加坚定了朱元璋的战斗信心。

叶兑强调："今之规模，宜北绝孛察罕，南并张九四，抚温台，取闽越，定都建康，拓地江广，进则越两淮以北征，退则画长江而自守。"对张士诚，"今欲攻之，莫若声言掩取杭州湖秀，而大军直捣平江"。并亲为筹划上下之策："城固难以骤拔，则以销城法困之"，围而不攻，待其自乱，"平江既下，巢穴已倾，杭越必归，余郡解体，此上计也。""一军攻平江，断其粮道，一军攻杭州，断其援兵，绍兴必拔。""绍兴既拔，杭城势孤，湖秀风靡，然后进攻平江，犁其心腹，江北余孽，随而瓦解，此次计也。"对于方国珍，则"可胁之而从也。事宜速，不宜缓。宜谕之后，更置官吏，拘其舟舰，收其兵权，以消未然之变，三郡可不劳而定。"至于"福建本浙江一道，兵脆城陋，两浙既平，必图归附，下之一辩士力耳。"否则可"大兵自温州入，奇兵自海道入，福州必克。福州下，旁郡迎刃解矣。威势已震，然后进取两广，犹反掌也。"

叶兑从战略构想到战术运用无不精辟独到，看得远，想得细。朱元璋不由大为折服，有心留用，然叶兑坚辞不受。后来朱元璋夺取天下的战略进程和战术实施，莫不与此相同。

朱元璋终于挺过了他人生最艰难的时刻，他决定不再倚靠北路红巾军，而是要自己闯出一片天地来。

小明王韩林儿自从称帝以后，实际上只是一个傀儡，凡事都由刘福通自作主张。几年来，红巾军虽然声势浩大，占领了大片国土；但因红巾军组织松散，各自为政，号令不一，加上狭隘的小农意识，军纪不振，人数虽多，战斗力并不强。这时大部红巾军已被察罕贴木儿和孛罗贴木儿两支地主军打垮了，仅剩下一小部红巾军翼护着小明王的帝都安丰，到益都被扩廓贴木儿包围以后，刘福通亲率大军往救，结果惨败而回。益都陷落，安丰成为一座孤城。

至正二十三年（1363年）二月，张士诚趁火打劫，他手下的大将吕珍乘机围攻安丰。大战进行了一个月，最后安丰城内粮尽援绝，外面的援助运不进去，城里出现了人吃人，甚至吃腐尸和人油炸泥丸子的惨景。军情紧急，刘福通派人请求朱元璋发兵解围。

兵发与不发，城救与不救，又是一个艰难的抉择。若发兵往救，陈友谅、张士诚都在背后虎视眈眈，万一乘虚进攻，便进退无据；如若不救，万一安丰失守，应天将失去最后的屏障，从军事观点看，又不能不救。

对此，朱元璋与他的谋士们存在严重的分歧。刘基坚决主张按兵不动，让其厮杀，借吕珍之刀杀了小明王，落得省心；如果救出小明王，如何安置也是问题：韩林儿名义上还是皇帝，三宫六院什么的总得像模像样，劳民伤财不说，还容易树大招风，引火烧身。元顺帝不会允许另外一个与他并行的皇帝安安稳稳地存在下去，他会调集全力去消灭韩林儿，那么应天就会首当其冲，实在得不偿失。

朱元璋看得很远，韩林儿虽然是个傀儡，但他是红巾军的精神领袖，依然有号召力，如果不救，韩林儿必死，红巾军体系就会彻底崩盘，而到那个时候，身为红巾军出身的朱元璋大军就会成为众矢之的，接下来应天就要面对元廷的猛烈攻击，到时候陈友谅、张士诚、方国

珍、陈有定都会趁火打劫，还是躲不过灭顶之灾。

最后，朱元璋力排众议，亲自统兵赴救安丰。将士拼死血战，撕开一个口子，刘福通簇拥小明王趁月黑风高、大雨倾盆突围而出，但不幸在突围中被杀。

朱元璋将大宋皇帝韩林儿救出后，摆设金銮玉扇，迎小明王暂住滁州，又临时建造宫殿，把皇宫左右宦侍都换成自己人，供养极丰，防护极严。小明王名为皇帝，此时实际上已是俘虏，完全受朱元璋的挟制。但不管怎么说，朱元璋也是救驾有功。三月十四日，小明王内降制书，封赠朱元璋祖宗三代。朱元璋的身份和威望一时显赫无比，其"忠心义胆"让天下英雄无不拍案赞叹。

# 洪都保卫战

正当朱元璋出兵安丰的时候，陈友谅果然蠢蠢欲动，但是他没有抓住千载难逢的时机，果断进攻朱元璋，而是犹犹豫豫，一拖再拖。由于陈友谅数次败给朱元璋，丧失大片土地，心中十分愤恨，更让他生气的是，自从他败逃武昌后，江西那帮原本效忠于他的部将在他失败的时候纷纷投靠了朱元璋，无一人拿起武器为他效忠。当然这与他谋杀徐寿辉，招致怨恨有很大的关系。

为了报仇雪恨，也为了让那些背叛了他的人付出生命的代价，陈友谅厉兵秣马，疯狂备战，他建造了更为巨大的战船，这些巨无霸高数丈，上下三层，舰船上下层说话都听不见，甲板上可以跑马，还有可以掩护弓箭手的包铁塔楼，船体外层橹箱还用铁皮包裹，船的尾部高得可以爬上任何城墙，可以称作他那个时代的航空母舰。

这支大军号称60万，几乎是倾巢而出，但是陈友谅犯了一个致命的错误：这些足以摧毁一切抵抗力量的庞大军力他没有用来攻打朱元璋的大本营，反而为了发泄自己的愤怒去了江西。最后的战机就这样错失了。

陈友谅的作战目的是教训那些在他失败时投降朱元璋的江西守将，

而不是像上次那样与朱元璋争夺长江沿岸城池，更不是要消灭朱元璋军队，因此没有乘虚直捣应天，很显然他已经从前几次的失败中认识到了朱元璋的厉害，野心收敛了许多。

由于这次的对手是松散的江西军阀，而他又有了超级战舰，陈友谅踌躇满志，认为胜券在握，他的豪华战舰满载着家属和百官，空国而来，他要让众人共同分享他称帝以来的首场胜利，以增强自己的威望。陈友谅大军势如破竹，一路上收复城池无数。

至正二十三年（1363 年）四月，舰队经过长途跋涉，出现在洪都（古代江西南昌的别称）城外的赣江上，陈友谅计划从船尾突袭攻占靠近江边而建的城池，但是他一到洪都就傻了眼：一段时间不来，洪都的新城墙竟然向内收缩了一段距离，远离河岸。

陈友谅气的大骂，他的"壁虎爬墙"战术无法实施，一场突袭变成了攻坚战。

没办法，陈友谅大军只好上岸摆开阵营，从船上卸下大量攻城装备，准备攻城。

洪都地处赣北平原，位于赣江下游，由赣江向北经鄱阳湖与长江相连，军事地位甚为重要。朱元璋的侄子朱文正、参政邓愈、元帅赵德胜、薛显等率领 4 万大军坚守洪都。此时，朱元璋已回到应天，但主力仍由徐达率领正在围攻庐州。

六月九日，在付出重大伤亡之后，汉军破坏了一段城墙一拥而入，但是邓愈率火铳军拼死厮杀，截住了后续汉军的进攻势头，堵住了这个缺口，将冲进来的汉军逐一格杀，随后便在城墙缺口里面建了一个半圆形的防御工事替代了这段城墙。就是这一个半圆形的空地成为陈友谅士兵的噩梦，在接下来的日子里，无数士兵战死在这里。

朱文正见敌人兵力雄厚，便派千户张子明趁夜色乘小舟摸出敌营到应天求援。

洪都城的特点是城门多，还有可以通过水路进城的城门，陈友谅数番轮攻各个城门，都被朱文正用妙计化解。

陈友谅不禁叹道："朱元璋座下猛将如云，竟还有朱文正此等军事

奇才，若能效力于我，势必如虎添翼！"

六月十九日，洪都城内数千名"敢死队"士兵主动出城攻击并重创疏于防备的汉军，但是"敢死队"的伤亡也很大，几乎无人生还。在随后的战斗中，元帅赵德胜以下多人战死，指挥作战的将官出现匮乏，洪都出现前所未有的危机。

张子明夜行昼止，走了十几日才到达应天。当朱元璋获悉陈友谅全军出动围攻洪都而未直取应天，并悉江水日涸，不利陈军巨舰行动，以及陈军缺粮，士卒多死等消息后，认为这正是消灭陈友谅的大好时机。朱元璋对张子明说："你回去告诉文正，让他再坚守一个月，我一定会让陈友谅有来无回。"随后，朱元璋命徐达撤庐州之围，回师应天。

张子明带着朱元璋的指令返回南昌，不幸在湖口被陈友谅的士兵捉住。陈友谅对他说："只要你能诱降朱文正，保你富贵。"张子明假装答应，可是当汉军押着张子明来到洪都城，让他向守军喊话时，张子明却大呼："已见过主公，大军马上就要到了，请都督坚持住。"陈军士兵大怒，将其砍杀。

六月底，为了保存有生力量，洪都守军假意投降，在对投降条件讨价还价的过程里拖延着时间，获得了宝贵的疗伤机会。陈友谅在围攻洪都的同时，还分兵攻陷了吉安、临江、无为等地。那些已经投降了朱元璋的守将死的死、降的降，在陈友谅大军的威逼之下，处处告急，多地重新回到他的怀抱。

陈友谅在江西大发淫威的时候，应天方面的援军却迟迟不到。朱元璋被两件事情捆住了手脚：一是徐达等人攻打庐州正打得难解难分，大军撤不下来；二是靠近吴军边界的诸全要塞守将谢再兴突然叛投张士诚，朱元璋只得派胡德济领兵前去平叛。

朱元璋的主要兵力被牵制住，难以救援，他心急如焚，可是没有援兵可派。

劝降了几日后，陈友谅见洪都守军根本无意投降，便下达了最后的命令，死攻洪都。战斗再次进入白热化，双方均有损失，但洪都仍然坚如磐石，毫无破城迹象。激战了85天，汉军竟然一直未能越雷池半步。

# 鄱阳大战

七月初六，朱元璋的 20 万大军终于赶来援救洪都。陈友谅见久攻不克，士气低落，听闻朱元璋援兵又至，再战无利，即撤洪都之围，东出鄱阳湖迎战朱元璋。一场规模空前激烈异常的生死大决战，就此在鄱阳湖面展开。

此时的两军对比力量依然相差悬殊：陈军号称 60 万，虽然经过洪都之围，兵力折损了一些，主力依然存在，而朱元璋军队只有 20 万。此外，汉军水兵装备有高船大舰，船舰连绵十几里，气势宏伟，而朱元璋军只有小船木橹，相对渺小可怜。这就如同航空母舰和渔船的对垒，优势在哪一方一目了然。

论军队数量和装备优劣，朱元璋都处于绝对劣势。但是，这两点并不是战争胜负的唯一决定因素。就士气来说，汉军在洪都久挫，锐气大减，朱元璋千里救危，生死决战，气势如虹。就装备来说，虽说陈军舰船高大，数十舰串联一起，气势逼人，但行动不灵，调转不便；朱元璋虽然小船木橹，但进退自如，运转灵活。就军事指挥而论，朱元璋有经验丰富远见卓识的幕僚，一大批忠贞勇敢的将帅，军纪严明，将士一心；陈友谅则性情暴躁多疑，将士多有不和，军纪涣散，战斗力大打折扣。更重要的是补给，朱元璋军队数量少，有洪都和后方源源接济；陈友谅则退路被堵，粮食被截，粮尽士疲，军无斗志。

但是，要以 20 万战胜 60 万，决非易事！这一战从七月二十日一直打到八月二十六日，前后历时 37 天，其时间之长、规模之大，投入兵力、舰只之多、战斗之激烈都是空前的，直杀得天昏地暗：天地为之哭泣，鬼神为之动容。

陈友谅的巨舰横冲直撞，它的高度是为攻城设计的，在接近和攀登敌人的战舰时具有很大优势。朱元璋采用群狼战术，把舰队分为十一队，大船在中间，由他和徐达、常遇春率领，小船在两侧，分别由巢湖将愈海通和廖永忠率领。

七月二十日，两军在康郎山（今江西鄱阳湖内）湖面遭遇。时陈

军巨舰联结布阵，展开数十里，"望之如山"，气势夺人。朱元璋针对其巨舰首尾连接，不利进退，将己方舰船分为20队，每队都配备大小火炮、火铳、火箭、火蒺藜、大小火枪、神机箭和弓弩。朱元璋告诉诸将："先发火器，次发弓弩，接近敌船，则用短兵器击刺。"当天天色已晚，战斗没有发生。

七月二十一日，战斗正式打响，徐达所乘的大船一马当先，杀敌一千五百多人，还俘获一艘巨舰；俞海通的舰队用石弩发射火药筒摧毁了汉军二十多支战船。陈友谅以火炮对攻，也炸沉了朱元璋的许多战船，元帅宋贵、陈兆先等阵亡，徐达的战船也中炮起火。

朱元璋大军主力被迫退到一个浅水区，汉军巨舰无法追击，暂时摆脱了危险，但是浅水区很容易搁浅，朱元璋的船陷于沙中无法脱身（舟胶于沙，不得退）。

陈友谅骁将张定边发现后直扑过来，在这千钧一发的时刻，指挥韩成穿上朱元璋的衣服，站在船头大声疾呼，然后跳水而死，张定边等人以为朱元璋胆怯自杀了，齐声欢呼，站在船上看热闹。常遇春赶来相救，一箭射中张定边，而俞通海、廖永忠等人也赶来救护，众船掀起了巨浪，使朱元璋的船又重新得以开动（水涌太祖舟，乃得脱）。然而常遇春的船由于搏击过猛，又陷入泥中，经众将营救仍无法脱身，这时上游漂来一艘破船，正好撞上了常遇春的船，将它撞出浅滩。

从早晨开战，至日暮双方鸣金收兵，战斗才告一段落，双方互有伤亡，不分胜负。

经过头一天的厮杀，朱元璋意识到这将是一场持久战，他不放心应天，因此让能力出众、沉稳绝伦的徐达回去坐镇应天，以防止张士诚在背后捅上一刀。徐达匆匆而去，朱元璋连夜召集其他将领商议对策。

七月二十二日，朱元璋亲自率领水师出战。但陈舰巨大，朱军舰小不能仰攻，接连受挫。这时朱元璋及时采纳了部将郭兴建议，决定改用火攻破敌。黄昏时分湖面上吹起东北风，朱元璋选择勇敢士兵驾驶7艘渔船，船上装满火药柴薪，迫近敌舰，顺风放火，风急火烈，迅速蔓延。一时烈焰飞腾，湖水尽赤，转瞬之间烧毁陈军数百艘巨舰，陈军死伤过半，陈友谅的两个兄弟陈友仁、陈友贵及大将陈普略均被烧死。朱元璋挥军乘势发起猛攻，又杀敌 2000 余人。陈友仁是一个独眼龙，号"五王"，有勇略，是陈友谅的得力助手，他的死对陈友谅是一个很大的打击。

史载："（陈友谅）集巨舰，连锁为阵"，明军船小且矮，不利仰攻，节节败退，将士有畏难情绪，不愿与"屹立如山岳"的陈军战舰作战。朱元璋情急之下斩杀了十多名退缩者，将士才殊死搏斗，院判张志雄船樯折断，难以调动，陈军一哄而上，以长枪钩刺，张志雄没有还手之力，愤而自刎。枢密院同知丁普郎被包围后，被刺十余处，忍痛奋战，突然被飞来一刀砍去脑袋，身体仍持枪战立，似与敌搏杀。

七月二十三日，双方又有交锋，陈友谅瞅准朱元璋旗舰展开猛攻。在刘基的劝谏下，朱元璋刚刚移往他舰，原舰便被陈军击碎。朱元璋的火攻战术再也没有收到成效，因为陈友谅吸取了前一天的教训，将舰队的队形散开，使明军的火船难以得手。失去火攻优势后，朱元璋意识到硬拼难以取胜，许多将士要求脱离战斗，改为围困。

七月二十四日，俞通海等人率领六舰突入陈军舰队，勇敢驰骋，势如游龙，如入无人之境。朱军士气大振，发起猛烈攻击。最后，陈军不支败退，遗弃的旗鼓器仗浮蔽湖面。陈友谅只得收拢残部，转为防御，不敢再战。当天晚上，朱元璋乘胜进扼左蠡（今江西都昌西北），控制江水上游，陈友谅亦退保诸矶（今江西星子南）。

两军相持了三天，陈友谅慌了手脚，召集部下商讨对策，右金吾将军说："出湖难，应该焚舟登陆，退往湖南，以图再举。"左金吾将军反对道："这样做是示弱，况且如果他们以陆军追赶我们，我们将会进退失据，彻底完了。"

陈友谅犹豫不决，最后说："右金吾说得对。"左金吾将军见陈友谅不听自己的话，预感到前途渺茫，就带着自己的部下投降了朱元璋，右金吾将军也步其后尘投诚。陈友谅一怒之下把先前俘来的将士全部杀死，而朱元璋却反其道而行，把所俘虏的士兵全部奉还，伤者给予医

治，并祭祀战死的陈友谅部将。朱元璋此举大得人心，为进一步分化瓦解敌军起到了很好的宣传攻势。

朱元璋还给陈友谅写了一封信，奉劝他取消帝号，说道："即幸生还，亦宜却帝号，坐待真主，不则丧家灭姓，悔晚矣。"

朱元璋判断陈军可能突围退入长江，为了避免不必要的损失，乃移军湖口，在长江南北两岸设置木栅，置大舟火筏于江中，又派兵夺取蕲州、兴国，控制长江上游，堵敌归路，待机歼敌。

经过一个多月的对峙，陈友谅被困湖中，军粮殆尽，计穷力竭。于是他孤注一掷，冒死突围。

八月二十六日，陈友谅由南湖嘴突围，企图进入长江退回武昌。行至江西湖口时，朱军以舟师、火筏四面猛攻，陈军无法前进。朱元璋军占据湖口和长江上游的有利位置进行拦堵，陈军且战且走，朱元璋军死缠烂打，一艘艘船只相互咬住搏斗，从白天打到晚上。

陈友谅的大船"皮糙肉厚"，拦之者必人仰马翻，朱元璋军小船难以拦截，如无意外，陈友谅安全撤退问题不大。但是意外偏偏发生了，陈友谅把头探出船外张望，正在这时，一支利箭飞来，穿过陈友谅的眼睛直达颅脑，陈友谅立时毙命。

陈友谅死后，陈军溃不成军，太子善儿被明军俘获，张定边乘着夜色带着陈友谅的尸体及其幼子陈理逃回武昌。

鄱阳湖水战也许是中国历史上规模最大的一次水战，最后以陈友谅的彻底失败和朱元璋的巨大胜利而结束。朱元璋击溃了其最强劲的军事对手，从根本上解除了汉政权对应天的军事威胁，稳固了霸业的基础。

陈友谅的失败，一个重要的原因是战略指挥上的失误。本来，朱元璋率主力北救安丰，造成应天空虚。如果陈友谅不是先攻洪都，而是以一部兵力对池州进行牵制，主力顺流东下直攻应天，那么朱元璋将处于陈张夹攻、进退失据的不利处境。但陈友谅却把矛头指向小而坚的洪都城，致使数十万大军局处于狭小地域，难以展开，且又没有派兵扼守江湖要津，置后路于不顾。以至陈军大军屯兵坚城之下，苦战 3 月，师老兵疲，士气低落。

朱元璋之所以能以少胜多，以弱胜强，正是巧妙地利用了陈友谅错误的结果。面对舰只庞大、装备精良的陈军，朱元璋冷静、敏捷地捕捉敌方的弱点和失误，化不利为有利，进入江西湖口之初，就在武阳水与鄱阳湖、长江与鄱阳湖各隘口层层派兵扼阻，限制其兵力展开，阻止其发挥多兵大舰的优势，形成了对陈友谅的战略包围，因此从开始便掌握了战略主动权。然后又集中大部战船和兵力逐次打击陈军，并善于利用风向、水流等自然条件，及时抢占有利攻击阵位，不失时机地实施火攻，充分发挥火器的作用，终于以少胜多、以小击大，创造了中国水战史上以弱胜强的著名战例，为统一江南奠定了基础，并为以后的北伐和攻灭元朝，统一全国创造了极为有利的条件。

朱陈之间的关键战役鄱阳湖水战直接导致大决战结束，它本身是导致明王朝建立的一系列发展中的关键性事件。陈友谅之死和他的大部分舰队的被毁或被俘，使朱元璋取得了完全的胜利。在此以前，朱元璋军一直与实力占优势的陈军作战，同时还要对付东面吴军进攻的危险。眼下，由于陈友谅已被消灭，朱元璋军能够马上着手吞并江西，并最后拿下湖南和湖北。朱元璋统辖的人口因此扩大了两倍，先前那种势均力敌的局面不复存在。

对于此战，朱元璋总结道："我不应该去救安丰，假如陈友谅乘虚直捣应天，大事去矣。可惜他屯兵洪都，如此愚蠢，怎么能不亡？陈友谅灭亡，天下就不难定了。"

鄱阳湖一战，朱元璋实在胜得侥幸。运气总是这样眷顾着朱元璋，也许真正是"天命有归"了。先是怕察罕贴木儿的兵威，正在准备投降，察罕就被田丰刺死了；其子扩廓准备南征，却又与孛罗贴木儿打起内战，顾不了朱元璋；再是陈友谅第一次与张士诚夹攻朱元璋，却因张士诚狐疑不前误了大事；后是张士诚围安丰，朱元璋统兵往救，应天空虚，陈友谅不取应天而围洪都。这些因素都注定朱元璋鸿运当头，想不做开国之君都不行了。

# 恩威并施

陈友谅死后，其幼子陈理在武昌继位，改元德寿。朱元璋不想养虎为患，在应天稍作休整后又亲率大军远征武昌，他要趁热打铁，彻底消灭陈友谅残余势力，从而将包括江西和湖广在内的西部地区收入囊中。

至正二十三年（1363 年）十月，朱元璋军包围了武昌城，同时分兵攻占湖北各地。军事行动有喜有忧，朱元璋军在外围攻占了大片地盘，但是在武昌城下却遇到顽强的抵抗，进入到旷日持久的消耗战中。

陈理等人之所以不投降，主要寄望驻扎在岳州的张必先，张必先是陈友谅手下一员骁将，外号"泼张"，此时他已率援军开到了离武昌只有二十多里的洪山。常遇春乘其立足不稳发动猛烈进攻，一举擒获了张必先。常遇春把张必先捆到武昌城下劝降，陈理见此情景，如同泄了气的皮球，开始主动示好，想要投降，双方进入到和谈阶段。

至正二十四年（1364 年）元旦，朱元璋被百官推举为吴王，建百官司属，仍以龙凤纪年，以"皇帝圣旨，吴王令旨"的名义发布命令。因 1363 年 9 月张士诚早已自立为吴王，故历史上称张士诚为"东吴"，朱元璋为"西吴"。

朱元璋以李善长为右相国，徐达为左相国，常遇春、俞通海为平章政事，立长子朱标为世子，俨然一个小朝廷。但他只称王不称帝，目的仍然是为了缩小目标，免得树大招风。原来红巾军五颜六色的着装，这时也被统一，战袄战裙和战旗都用红色。朱元璋着令军匠大量打制铁甲，生产火药、火铳、石硝，武器数量迅速增加，性能质量不断提高。朱元璋积极准备着下一场激烈的战争需要的武器装备。

至正二十四年（1364 年）二月，朱陈间的和谈结束，武昌城门大开，陈理望风而拜，他按照古礼祖露上身，口衔玉璧率群臣到军门投降。

朱元璋将伏拜在地的陈理扶起，并对他说："我不怪你。"大军随后入城，朱元璋军队纪律严明，秋毫无犯。朱元璋对投降的人采取怀柔政策，他封陈理为湖广行中书省，府库里的财物任其取用，陈友谅的众亲属也受到了优待。若干年后，当朱元璋夺取了全国政权，陈理等人也就失去了抛头露面的意义，洪武五年，朱元璋命人将陈理送到高丽（今朝鲜）严加监视，终其一生都没有再回到故土。

攻下武昌后，朱元璋命大将杨璟驻守武昌，徐达和常遇春负责扫平陈友谅故地，具体分工是徐达负责湖广，常遇春负责江西。十月末，徐达势如破竹地攻取了江陵、夷陵和长沙，他优良的军纪带来的良好口碑加速了军事进程，陈军的许多将领和土著酋长都开门投降，仅用了半个月的时间，徐达就完成了他的任务回到了应天。

常遇春的军事进展稍有些难度，江西中部和南部都有一些军阀不愿投降，需要费些周折，他和邓愈联手攻占了吉安，但是在赣州遇到了军阀熊天瑞的顽强抵抗，陷入了持久战。常遇春的口碑不如徐达，有时会大开杀戒，朱元璋认为这样会阻碍敌军投降，因此对他进行了批评，常遇春谦逊地接受了批评。到年底，原属陈友谅的疆土，汉水以南，赣州以西，韶州以北，辰州以东，都为朱元璋所有，真可谓"广土众民"了。

至正二十五年（1365 年）二月，常遇春终于攻占了赣州，他的军队纪律良好了许多，没有发生抢掠和杀戮事件。拔除赣州这个钉子后，朱元璋带着他的亲信将领汤和来到了洪都视察，但他此行不完全是为了检阅胜利果实，而是要清除他的侄子、洪都守将朱文正。

长达三个月的洪都保卫战，朱文正充分发挥了不逊于同时代任何名将的军事天赋和指挥才能，造就了朱文正人生的巅峰，将他推上了元末明初诸将星的神话舞台上。然而，朱文正的结局又是悲哀的。

洪都保卫战后，朱文正对朱元璋给他的封赏不满，允许部将抢掠妻女。在部属怂恿下，他还想投靠张士诚，背叛朱元璋，被朱元璋先发制人。朱元璋本来想处死朱文正，但由于马皇后的极力劝阻，他没有这样做，而是将朱文正在桐城软禁起来，终老囚中。

对于新归降的土地和人员，朱元璋不再像以前那样让他们保留独立性。势易时移，朱元璋的政策也随着改变，他让自己的将领和可靠的部队驻防新接收的地盘，原陈友谅旧部、各形各色的军阀以及从新地盘招募的士兵都一律调往东部，打散后和朱元璋军老兵混合编队，形成后来

由徐达和常遇春伐张吴的主体部队。

除此之外，朱元璋还对军队进行了改革，改革的目的是要在军力大长的情况下弄清军队的具体数目，一方面可以对部队进行规范化建设，另一方面可以防止将领借机无限扩充实力，威胁到自己的统治。

在洪都阅兵时，朱元璋发现有些将领说不清自己手下有多少士兵，于是发了脾气，产生了统一军队编制和隶属的念头。但是由于当时战事频仍，胜负之际部队数量增减无常，难以实现精细管理，此事久搁不决。消灭陈友谅后，军事行动告一段落，他可以腾出手来做这件事情了。朱元璋抛出了他的改革方案：野战部队由各翼元帅府改称"卫"，取消枢密、平章、元帅、总管、万户等旧武官名称，一律以所统兵马多少编制序列，"卫"定额最初为5000人，长官称指挥，每个卫下面有5个千户所，定额为1000人，长官称千户，千户所下为10个百户所，定额为100人，长官称百户，其下50人者称总旗，10人者称小旗。通过这种方式，朱元璋可以清楚地了解每个将领手下有多少士兵。

在为将领们排了军衔并规定了领兵数量后，朱元璋慷慨地允许将领的职务可以世袭，以此保护他们工作的积极性。将领们得到了这个可以世袭的许可，无不兴奋异常：他们大部分都是泥腿子出身，能为子孙后代博取荣华富贵，光宗耀祖，自然个个精神抖擞，使出十分气力，全身心地投入到轰轰烈烈的推翻元朝统治的立国战争中。

朱元璋挥舞着胡萝卜和大棒，将其部下牢牢掌控于手中：他令行禁止，高度集权，整个军队号令严明，召之能来，来则能战，战则能胜，这是他的军队所向披靡的原因。

胡萝卜的含义大家都明白，多给好处就行了。

大棒是什么呢？

说到底都是一些不太光明磊落的方法：如把领兵将领的家属做人质、让干儿子做副手监视主帅、不允许主帅有谋士、抓将帅的小辫子不放、和将帅攀亲家等。

正是通过以上方式，朱元璋不仅控制了占领区，还牢牢地控制着所有战将的个人命运。

# 第七章　兵临姑苏

　　盘踞在江浙地区的张士诚军事集团是朱元璋颇为忌惮的对手，他审时度势，利用元朝统治者的麻木和大意，集重兵剿灭了张士诚派系，占据了这片辽阔的富裕之地。此后，朱元璋大军北出山东，南半方国珍，终于显露出问鼎天下的野心……

## 高明的"太极"

　　陈友谅的余党已除，西线再无战事；南线元军势单力薄，无力北犯；北边以浩浩长江为天然屏障，并有俞家水军严阵以待，无人敢窥；唯有东线张士诚日渐强大，不断骚扰掠夺，对朱元璋构成严重威胁。

　　"一山难容二虎"，朱元璋不能容忍这世界上有两个"吴王"存在。这时的朱元璋建立的王国经济发展迅猛，社会秩序稳定，政治清明深得人心，军力强大积极进取。至正二十五年（1365 年），朱元璋全力准备挥师东征，要一举扫灭张士诚。

　　为了争抢地盘和扩充实力，张、朱两下里时起战端，彼此攻伐，互有胜负。前期张士诚势力扩展迅速，曾经一度占据优势，但是因为缺少建国纲领和严酷的军事训练，军队的战斗力忽强忽弱，很大程度上是靠运气巧胜。

　　陈友谅联合张士诚东西合击朱元璋时，张士诚见有机可乘，便一口答应，可是他在作战中投机取巧，不肯全力进攻，只想着朱陈拼个两败

从乞丐到皇帝：朱元璋

俱伤，自己坐收渔翁之利。可是，随着战争的深入，张士诚察觉到战局起了变化，尤其是鄱阳湖大战后，陈友谅身亡，张士诚才意识到失去了最宝贵的战机，后悔不已。

眼看着朱元璋日益强大，张士诚开始想和朱元璋议和，他在军事上主动示好，希望能与朱元璋和平相处。但是，当朱元璋进剿武昌凯旋以后，尤其是彻底扫除陈友谅余党之后，战争的主动权已经掌握在朱元璋手里了，他短时间之内就整编了陈友谅留下的大量兵力，其攻守大势胜负之态发生了根本变化。朱元璋不会错失这天赐良机，他要趁热打铁，携剿灭陈友谅之威，一鼓作气清除张士诚这个隐患。

剿灭陈友谅之后，朱元璋的威名如日中天，他的地盘也显露出来，他原本悄悄壮大实力的想法已经行不通了。这个突然崛起的实力派人物再次引起元朝统治者的高度关注，这是朱元璋不想面对的。许多英雄人物都会面临"出师未捷身先死"的局面，就是因为太出色了，从而引起统治者的剿杀。朱元璋觉得时机尚未成熟，他还需要长时间的蛰伏来壮大自身实力，因此在进攻张士诚之前，他耍了一个十分高明的"太极"。

这是一场政治博弈，朱元璋是个优秀的政治家，他抓准元朝统治者敏感的神经，在天下大乱、统治者无镇压能力的情况下，向他们递上了一份堪称完美的"投名状"。

朱元璋发表了一篇热情洋溢的征讨张士诚的战斗檄文，檄文中充满了对元朝统治者的同情、歌颂和对张士诚的愤怒声讨，这让元朝统治者惊喜交加，误以为朱元璋有期待中央政府"招安"的迹象，开始对朱元璋抛媚眼，希望招揽这位强势崛起的盖世英雄。

为了迷惑元朝统治者，从政治宣传和军事进攻上取得最大好处，朱元璋在至正二十五年（1365年）五月份发布了声讨张士诚"不忠不孝、不仁义、罪该万死"的战斗檄文：

轩辕氏诛蚩尤，殷汤征葛伯，文王伐崇，三圣人起兵也，非富天下，本为救民。近观有元之末，主（这个"主"字充分表达了对元顺帝的尊敬和同情）居深宫，臣操威福，官以贿成，罪以情免，宁台举新而劾仇，有司差贫而优富。庙堂不以为宁，宁添冗官，又改钞法，役数十万民，湮塞黄河，死者枕藉于道，哀苦声闻于天……

惟兹姑苏张士诚，为民则私贩盐货，行劫江湖，兵兴则首聚杀徒，负固于海岛，此罪一也。又恐海隅一区，难抗天下大势，诈降于元，坑其参政赵琏，囚其侍制孙，其罪二也；厥后掩袭浙西，兵不满万数，地不足千里，僭称改元，其罪三也；初寇我边，一战生擒其亲弟，再犯浙省，扬矛直捣其近郊，首尾畏缩，乃又诈降于元，其罪四也；阳受元朝之名，阴行假王之令，挟制达丞相，谋害杨左丞，其罪五也；占据江浙钱粮，十年不贡，其罪六也；知元纲已陨，公然害其丞相达识帖木儿，南台大夫普化帖木儿，其罪七也；恃其助险贪食，诱我叛将，掠我边民，其罪八也。凡此八罪，理宜征讨，以靖天下，以济斯民。

爰命中书左丞相徐达率领马步军舟师，水陆并进，攻取浙西诸处城池。已行戒饬军将，征讨所到，歼厥渠魁，胁从罔治，备有条章。凡我逋逃居民，被陷军士，悔悟来归，咸宥其罪。其尔张氏臣僚，果能明识天时，或全城附顺，或弃刃投降，各赐爵赏，予所不吝。凡尔百姓，果能安业不动，即我良民，旧有田产房舍，仍归前主，依额纳粮，余无科取，使汝等永保乡里，以全室家，此兴师之故也。敢有千百相聚，抗拒王师者，即当移兵剿灭，迁徙宗族于五溪两广，永离乡土，以御边戎。凡予所言，信如皎日，咨尔臣庶，毋或自疑。

从这篇"讨好"元廷的檄文中，我们可以清清楚楚地看到朱元璋高超的政治手腕：

一、朱元璋以"王者之师"自居，"吊民伐罪"是天意所授，其迎合元朝统治者的姿态做的十足，让统治者欣喜万分。

二、朱元璋指出张士诚八大罪状作为讨伐依据都很牵强，前七条罪状竟是赤裸裸地指谪张士诚对元朝皇帝的阳奉阴违、不孝不仁不义，这个立场俨然是大元王朝的卫道士和捍卫者，显得非常滑稽。

三、全篇文字充满君臣父子等浓郁的儒家传统思想。大骂红巾军

"妖言惑众"，郑重否定自己以前的事业，与农民思想彻底决裂，全盘接受了儒家的道德思想体系。这也是受一大批如宋濂、刘基等儒士影响的结果。

四、历数元朝乱政，实非君过，胡运兴衰，有赖天命，为元朝皇帝文过饰非。这实际上是一种机会主义的策略。因为这时红巾军将领大都死的死，亡的亡，其他有威胁的杂牌军队，也都先后为朱元璋所灭，剩下的只有大元王朝死而不僵，还保留着足以威胁朱元璋的军事力量。他言词平和，以免激怒元帝拼死一搏；意犹未尽，万一"胡运复兴"，可以再拜于大汗脚下，仍不失富贵俸禄。

五、攻心为上。极力安抚百姓，分化敌人，瓦解其军心斗志。

朱元璋对元政府镇压人民起事不仅不愤慨，反而批评其镇压不力，檄文中说："元以天下兵马钱粮而讨之，略无功效，愈见猖獗"，这口吻与元朝的官府何异？尤其是在他声讨张士诚的八大罪状中，除了第四款和第八款和自己有关外，其余六款都是张士诚背叛元朝的罪状。

这篇檄文若不看抬头和落款，人们会误认是元朝政府对张士诚的讨伐令，难怪张士诚读到这篇檄文时，对他的左右臣僚说："朱元璋这叭儿狗，我杀元朝的丞相、大夫关他屁事，何用他喈喈狂吠？"

虽然朱元璋最终成功推翻了元朝统治，但是他并不痛恨这个政权，对蒙古人和色目人视同己出，既无对阶级压迫的仇恨，也缺乏民族立场，他的表现和历代改朝换代者迥然不同。仔细研究这段历史，可以发现一个奇怪的现象：朱元璋虽然起于平民，虽然参加了人民起事，但是他对人民起事及其领导人毫不同情，反而对元政府及统治阶层充满了愧疚之意。

朱元璋曾经长期依附于龙凤政权，但他对龙凤政权只是利用，并无归属感，就像他对郭子兴毫不领情一样，他对韩林儿所做的，也有类于他对郭子兴之子所做的。渡江后朱元璋所处应天为四战之地，东、西、南三面均有劲敌，只有北方在龙凤政权的屏蔽下风平浪静，一旦脱离龙凤政权，朱元璋北方的门户大开，这是十分不利的，这也是他当初不顾刘基的反对，冒险北上援救韩林儿的主要原因。

# 大破张士诚

朱元璋对张士诚的进攻，可分为三个阶段：第一阶段可从至正二十五年十月算起到第二年四月间，共半年工夫，全力出击东北境的淮水流域，压迫其龟缩于长江以南；第二阶段攻势可从第二年八月算起到十一月间，共四个月时间，朱元璋分两路进攻湖州、杭州，切断张士诚的左臂右膀，并促使杭州守军投降，造成了北西南三面包围平江的局势；第三阶段从围攻平江开始，即第二年十二月起到第三年（至正二十七年）九月，前后十个月时间，终于攻克平江，俘虏张士诚，结束了长达十年的拉锯战。

在攻打张士诚的第一阶段战中，徐达、常遇春二将统率大军先克泰州，后围高邮，续陷淮安，濠、徐、宿三州相继被攻克。朱元璋到濠州老家省亲扫墓，"置酒召父老饮极欢"，朱元璋说："吾去乡十有余年，艰难百战，乃得归省坟墓，与父老子弟复相见。今苦不得久留欢聚为乐。父老幸教子弟孝弟力田，毋远贾。江淮郡县尚苦寇掠，父老善自爱。令有司除租赋，皆顿首谢。"朱元璋这一次衣锦回乡，不仅仅是看望父老乡亲，还有美化自己祖先的寓意。果然，其故地很快流传出很多玄幻的传说，综合起来就是朱元璋幼时就有帝王之相，并有神佛保佑。

第二阶段战争，朱元璋动员了二十万大军，仍由徐达、常遇春为正副统帅。在出征誓师会上，朱元璋力诫将士："城下之日，毋杀掠，毋毁庐舍，毋发丘垄。士诚母葬平江城外，毋侵毁。"并召问徐常二帅"用兵当以何先"，二人皆主张直捣平江，以为"巢穴既破，余郡可不战而降"。

朱元璋之所以喜欢询问常遇春，是因为后者的想法总是和他背道而驰。两者的区别在于，常遇春主张直奔主题，一步到位，而朱元璋十分稳健，主张一步一个脚印。常遇春直捣敌军心脏的做法可以令敌猝死，从而省去许多麻烦，收到事半功倍的效果。朱元璋的主张虽然保险，但是费时费力，双方各有优劣，但是朱元璋说了算，常遇春只能保留自己的意见。

朱元璋仍用叶兑的战略谋划，以为"湖州张天骐，杭州潘原明为士诚臂指，平江穹蹙，两人悉力赴援，难以取胜。不若先攻湖州，使其疲于奔命，羽翼既破，平江势孤，立破矣。"用的还是乘其不备，攻其必救，分散敌兵，集中优势力量寻机歼灭敌人有生力量的战略方针。

八月二十五日，徐达、常遇春抵达湖州城外三里桥，吴将张天骐兵分三路迎战，经过一番激战，吴军失败，退入城中，朱元璋大军包围了湖州。

张士诚见湖州被围，先派司徒李伯升率军走水路偷偷摸入湖州协防，又派得力干将朱暹、王晟、戴茂、李茂、吕珍以及养子五太子等率六万人马来援。

五太子短小精悍身手不凡，能平地跃起一丈多高，又善于潜水，是张士诚的猛将。

援军驻扎在湖州城东的旧馆，结五寨为营，与湖州互为犄角，意在内外夹击朱元璋军。但徐达、常遇春来了个反包围，派军在旧馆以东的东阡镇筑了十个营垒，切断了旧馆军队的退路。援军反被包围，处境岌岌可危，张士诚急忙派他的女婿潘元绍从嘉兴赶往东阡镇东南方向的乌镇，威胁明军后方，策应旧馆援军。双方展开了偷袭大战，常遇春在夜间突袭乌镇，打跑了潘元绍，接着填塞旧馆附近的沟港，切断了吴军从水上向旧馆运粮的通道。张士诚多次从水陆两路进攻明军，均被击退。为了减轻徐达和常遇春的压力，朱元璋派李文忠从严州攻杭州，华云龙从淮安攻嘉兴，以牵制张士诚。

张士诚仍没有放弃援救旧馆，徐义和潘元绍再次来到乌镇，企图继续策应旧馆。常遇春发怒，于十月四日再次攻打乌镇。徐义、潘元绍与战不利，向旧馆撤退，打算与旧馆合兵一处。常遇春追至旧馆，乘胜向盘踞在升山的吴军发起进攻，连破六个营寨。王晟、戴茂先后投降，徐义、潘元绍失败后并没有脱离战场，而是退到旧馆的东垒，与那里的吴军汇合。

十月三十日，徐达率明军向旧馆发动总攻，经过一番激战，攻克升山水寨，五太子及朱暹、吕珍等率六万余众投降。至此，湖州外围的野战全部结束，朱元璋取得了胜利，事实上这也是朱元璋和张士诚决战的结束，胜负已经分晓，剩下的事情，就是看龟缩在城里的吴军士兵能撑多久了。湖州守将李伯升见援军已降，无法长期坚守，就投降了徐达。徐达、常遇春乘胜攻下了嘉兴和松江等地，不久，杭州守将潘元明也投降了李文忠，张士诚的主力部队和战略要地丧失殆尽。

十一月，徐、常大军包围了平江，此时平江已成了一座孤城，破城只是时间问题，但张士诚仍作困兽之斗。朱元璋给他写了一封信，劝他效法汉代的窦融和北宋的钱椒，审时度势，为保全身家性命早日投降。张士诚置之不理，并不断组织突围，在一次突围作战中，张士诚落马受伤，被士卒抬回城内，此后再也没有出城。

朱元璋又让张士诚的好友李伯升劝降，李伯升写信给张士诚，说道："当初你所仰仗的坚城有湖州、杭州和嘉兴，现都已经失去了，平江已是孤城，再顽抗下去，士兵很可能会造反，到时你想自杀恐怕都不行了，不如顺应天命，向应天方面表达归顺、救济人民之意，然后打开城门，穿着平民衣服，等待处理，这样不仅能保命，还有可能获封侯爵，况且你所有的地盘就像是赌博得来的，从别人那里得来，又丢失给别人，对你来说有什么损失呢？"

李伯升的话入情入理，十分诛心，张士诚颇为心动，他抬头凝望，对使者说："你先回去，让我好好想想。"最终张士诚仍拒绝投降，他深知，多年以来，他和朱元璋积怨太深，双方都已无法释怀。张士诚不失为一名血性汉子，有宁为玉碎不为瓦全之志，坚守平江达十个月之久。或许他希望高邮之战的奇迹能够重现，但是时过境迁，形势已经全然不同了，幸运女神不会总是关照他。

在朱元璋的强大军事攻势下，加上政治攻心，张士诚部将大部分并不死战，有的望风而逃，有的见军纳降，仅仅用了四个月时间，朱元璋就先后攻克平江四周诸郡。

到至正二十六年十二月，朱元璋大军合围平江。朱元璋并不急攻，只用火铳硝石等日夜轰击，毁其斗志，疲其士卒。

至正二十六年年底，朱元璋派大将廖永忠到滁州迎接小明王韩林儿

第七章 兵临姑苏

到应天，在瓜州渡江时，廖永忠竟然命人在江心把船凿沉，致使小明王命归天。这一年也是龙凤十二年，小明王的红巾军朝廷从此灭亡。消息传来，朱元璋异常恼火，许多人都认为这是他暗中指使廖永忠干的，他无意间背上了杀害韩林儿的恶名，这让他十分难堪。据史料分析，朱元璋并不需要杀害韩林儿这个傀儡，这个时候的红巾军早已名存实亡，未来的韩林儿充其量就是朱元璋册封在某个地方的"宅男"罢了。

韩林儿死了，为了印证"但看羊儿年，便是吴家国"的童谣，朱元璋宣布不再以龙凤纪年，他宣布"以明年（1367年）为吴元年，建庙社宫室，祭告山川，命所司进宫殿图"。

至正二十七年，朱元璋正式宣布为吴元年，"始设文武科取士"，五月"初置翰林院"，八月"圜丘、方丘、社稷坛成"，九月太庙和新宫殿相继落成。

至正二十七年九月间，朱元璋见时机成熟，驱动大军猛攻平江。朱元璋军将士奋勇，个个争先；张士诚军无斗志，人人思降。大军很快攻破城池，张士诚亲率卫兵进行顽强抵抗，眼看大势已去，决难挽回，一把火烧死妻儿眷属，饮鸩自杀未遂，被朱元璋俘虏。在被押送至应天的船上，他饮食不进，片言不语。朱元璋惜他是条好汉，亲自劝降，他也不予理会；又派李善长劝降，张士诚破口大骂，誓死不降，态度傲慢。李善长大声呵斥，张士诚却骂他是狗仗人势，李善长大怒，骂道："你这个盐枭，应该处死你！"

张士诚被押送朱元璋处，两人见面后，朱元璋问道："你还有什么可说的？"张士诚说："有什么可说的？天日照你不照我！"朱元璋大怒，命武士用弓弦将其勒死。

张士诚失败的主要原因是统治集团的腐化堕落，他本人以享乐为能事，将政务委以其弟丞相张士信。张士信又将政务委任给黄敬夫、蔡文彦、叶德新三个参谋，他们把持政柄，使政局腐败，文恬武嬉。苏州有民谣："张王作事业，专靠黄蔡叶，一朝西风起，干瘪！"黄、蔡、叶三人后来在城破时被俘，朱元璋把他们腊成肉干，悬于苏州城墙，以应"干瘪"之谣。

张士诚除了腐败以外，还有两个重要原因：一是缺乏远大志向，没有打造庞大的战争机器；二是驭下比较宽容。这两点正好与朱元璋相反，但张士诚不失为一个讲义气、有气节的忠厚之人，善于以恩抚众，因此将士们都忠实于他，他对辖区的百姓施行仁政，得到百姓的认可。直到明朝建立后，苏松一带的老百姓仍称张士诚为张王，而称朱元璋为老头子。

对此朱元璋十分忌恨，对张士诚的士兵和辖区内的百姓施以残酷的报复。以往朱元璋在征战中从不杀降，对俘虏的政策是改造利用，借以壮大自己，瓦解敌军，然而在攻打张士诚的战争中，他一反常态，授意徐达等人大开杀戒："若系不堪任用之徒，就军中暗地去除了当，不必解来。"旧馆降军因此至少有四万人被坑杀。

建国后，朱元璋对苏松一带的老百姓征收重税，并大量迁徙这一地区的富民，以此报复他们对张士诚的拥戴。当时全国税粮总计 2900 万石，苏州需交 290 万石，占到了全国的十分之一。松江是全国赋税最重的地区。这样重的负担，仅靠土地种粮是无法支撑的，只有用物产代替，这反而促进了苏松手工业的发展，苏州大力发展丝织业，成为全国丝绸制品中心，松江则大力发展棉纺业，"上供赋税，下给俯仰"，形成了松江棉制品"衣被天下"的局面。

在大军攻陷平江后，朱元璋犒劳三军，论功行赏：封李善长宣国公，徐达信国公，常遇春鄂国公，其他将士均有不同赏赐。

# 北伐策略

朱元璋成为巨无霸之后，方国珍集团更加害怕了，遂与北边的扩廓贴木儿和南边的陈有定加紧联通，以为掎角之势，联合对付朱元璋。

此时除了朱元璋外，还有几个割据势力比较大。

一是以四川为中心的夏国明玉珍政权，明玉珍本是西系红军徐寿辉的部将，奉命入川略地，徐寿辉被杀后，遂自立为蜀王，以重兵把住瞿塘峡，与陈友谅断绝往来。至正二十二年明玉珍于重庆自即帝位，建国号夏，年号天统。至正二十六年病死，子升继位。

此外，云南有元朝宗室梁王镇守，广东、广西也是元朝势力，福建陈有定仍效忠元朝。朱元璋北部表面上属元朝一统，但其内部明争暗斗，各拥兵自重难于号令。山东是王宣的防地，河南属扩廓贴木儿，关内陇右则有李思齐、张良弼诸军。扩廓和李张二将不和，朱元璋用兵江浙之时，他们几个正斗得你死我活，热火朝天：争军权、抢地盘，还为宫廷政治斗争，相互之间纠缠不清，势均力敌，谁也打败不了谁。倒是朱元璋最终"鹬蚌相争，渔翁得利"。

朱元璋瞅准机会，无所顾忌地东征西讨，拓疆扩土，充实军力，修明政治，发展经济。不几年时间，竟然巍然屹立起来。等到他们回过神来，朱元璋已根深蒂固，兵力雄厚了。如今朱元璋审时度势，西部四川的夏国主幼兵弱，不足为虑，暂时可以不问。真正的威胁实际上来自南部的方国珍、两广和福建。为了没有顾虑地放心北伐，最终推翻元朝的统治，朱元璋必须解决后患之忧。

平江既下，朱元璋认为讨伐方国珍刻不容缓。通过对天下大势的详细分析和准确把握，朱元璋认为军队已经有了南北同时开战的实力，为了早日问鼎中原，他确立了同时南征和北伐，一举扫灭群雄定鼎天下的大计。

在北线，朱元璋亲自制定了进兵方略。至正二十七年（1367年）十月，朱元璋召集部下商讨伐元策略，说道："现在北方一片混乱，众将嚣张跋扈，元祚将亡，中原涂炭，正是我们进行北伐的好时候，各位认为我们应该怎样进兵呢？"

常遇春还是那个秉性，主张虎口拔牙，说道："我们军队身经百战，而他们的军队久享太平，我们以百战之师攻击他们的安逸之军，肯定会势如破竹，应该直扑大都。"

朱元璋不以为然地说："不妥，元朝建国百年，大都城守备必固，孤军深入，一旦屯兵城下，久攻不克，我们粮饷长途转运困难，而敌人援兵四集，形势就非常不利，不如循序渐进，先取山东，撤其屏蔽，然后移兵中原，破其藩篱，再攻占潼关，扼其户槛，将陕西精兵堵塞于关内。这样天下形胜之地都被我们掌握，元都就会势孤援绝，不战

从乞丐到皇帝：朱元璋

自克。攻下大都之后，再向西进军，云中、九原、关陇等军事重地可席卷而下也。"

朱元璋一言九鼎，群臣无不点头称赞，溢美之词其嚣尘上（诸将皆曰善）。

朱元璋曾不无得意地对部下说："初与二寇（陈友谅、张士诚）相持，士诚尤逼近，或谓宜先击之。朕以友谅志骄，士诚器小，志骄则好生事，器小则无远略，故先攻友谅。鄱阳之役，士诚卒不能出姑苏一步以为之援。向使先攻士诚，浙西负固坚守，友谅必空国而来，吾腹背受敌矣。二寇既除，北定中原，所以先山东、次河洛，止潼关之兵不遽取秦、陇者，盖扩廓帖木儿、李思齐、张思道皆百战之余，未肯遽下，急之则并力一隅，猝未易定，故出其不意，反旆而北。燕都既举，然后四征。张、李望绝势穷，不战而克，然扩廓犹力抗不屈。向令未下燕都，骤与角力，胜负未可知也。"

朱元璋在战略关键期的真知灼见，以及在此基础上的安排部署，对于军事上的胜利起到推动作用，因此《明史》给了朱元璋极高的评价，认为他的文治武功远超唐宗、宋祖以及汉武（帝天授智勇，统一方夏，纬武经文，为汉、唐、宋诸君所未及）。

但朱元璋的有些说法也有些自诩。首先，先打谁的顺序并不是朱元璋主动设计的，而是时势所迫：因为陈友谅总是不停地挑起事端，他不得不去应付。虽然朱元璋多次打败陈友谅，但他并没有乘胜消灭陈友谅的决心，以至于后者一次又一次恢复元气并重新发起进攻。可见，战略的顺序并不像他所说的："朕以友谅志骄，士诚器小，志骄则好生事，器小则无远略，故先攻友谅。"此外，朱元璋消灭陈友谅具有很大的偶然性：鄱阳湖大战双方只是打了一个平手，如果陈友谅没有中流矢而死，回到武昌后还可以重振旗鼓，再次顺江而下直扑应天，最终胜败很难定论。

陈友谅的死，不仅使他的汉政权灭亡，也使得朱元璋与张士诚之间的平衡被打破，进而导致张士诚的灭亡，这一偶然事件的影响远大于朱元璋所谓的战略，它的发生也不是陈友谅和张士诚所可以预见到的。从这个角度看，张士诚临死之前所说"天日照尔不照我"有一定的道理，而朱元璋所谓"友谅志骄，士诚器小"之说并不完全能够成立。

北伐战争动员大会上，朱元璋否决了常遇春直捣大都的建议，采用了"先山东、次河洛，止潼关之兵不遽取秦、陇"即先断其两翼，再黑虎掏心的战略，这个战略没有任何问题，在攻打张士诚时朱元璋就采取了这一战略，先攻取湖州、杭州，再进围平江，这是朱元璋一贯的战略思维，其长处在于稳健。但是这一战略并不是胜负的决定因素，如果按照常遇春直捣大都的战略，元朝很可能会更快被消灭，或许元顺帝都来不及逃出大都，明朝也省去了后面的许多麻烦。

## 南征北战

战略战术虽然重要，但是实力更重要，如果实力不济，再好的战略战术也难免失败，如果实力超强，不按常理出牌也可取胜。朱元璋军力的强大主要体现在人数上的优势。攻灭张士诚部后，朱元璋的军队又呈几何级增长，徐达、常遇春伐元时所率兵力是 25 万，与此同时，朱元璋又派出两路大军横扫华南，三路战线的总兵力应该达到 50 万人以上，加上各地留守的军队，总人数可达百万左右。可见人数上的绝对优势是朱元璋军事胜利的根本原因。

要建设和管理如此庞大的军队，必有与之相应的征兵及后勤保障措施。军事胜利的背后是后勤保障的发达，朱元璋的才干不仅体现在政治的驾驭能力和军事谋略，更体现在发展经济方面。兵马未动，粮草先行。朱元璋的百万大军所需的粮食关系到战争胜负，元末的许多队伍都面临这一问题，有些队伍做得不好，经常面临困难，扬州张明鉴的青衣军甚至以人肉为食，这样的军队怎么可能打胜仗呢？

当时各路军阀普遍的做法是搜刮百姓，向乡村百姓征粮，也叫寨粮，征粮与抢粮经常是一回事，征不够就抢。他们行军打仗时往往不带口粮，而是放任士兵抢劫敌境内百姓手中的粮食，而且攻克城市可以分红，打了败仗也就用不着再吃饭了。

朱元璋为了让将士专心卖命，把粮食的问题揽了过来，解决的办法就是把征粮改为种粮，所以朱元璋才会任命康茂才为营田使，负责兴修水利和屯田，发展农业生产，供给军需。他又分派诸将在各处开垦荒地，立下规矩，把粮食产量作为考核地方工作的一个指标。看来，朱元璋军事胜利的背后，离不开经济方面的支持，尤其是后勤保障。这一点，对现代战争也毫不例外。

至正二十七年（1367年）十月二十一日，征虏大将军徐达、副将军常遇春统率二十五万大军由淮河进入黄河流域。二十三日，朱元璋发布奉天讨元檄文，以驱逐胡虏号令天下。大军首先指向山东，仅用一个多月的时间就占领山东全境，负责山东军事的扩廓之弟脱因帖木儿战败后逃到河南。这是一个伟大的军事跃进，收占山东使得朱元璋大军有了一个桥头堡，这为从运河运兵北上、攻取大都创造了条件。

徐达、常遇春并没有立即进攻大都，他们按照朱元璋有关"去其藩篱"的战略精神，积极发动山东的父老乡亲闹革命，扩充兵力，整军备战，调集粮草，下一步计划西进河南。

北伐进军的同时，朱元璋下令南线部队全面出战，将南部元朝势力彻底扫除。

朱亮祖首先挥师进讨，兵锋迅速，出其不意间便先克温州。不久汤和、廖永忠的主力部队开过来，两下会师合力进攻。在朱元璋的强大攻势面前，仅仅过了三个月，方国珍便招架不住。方国珍祭出必杀技——遁入海中，想到海外岛屿上重建王国。汤和入海追击，方国珍走投无路，不得不摇尾乞怜，他派儿子方明完到南京请降，并给朱元璋带去一封言辞凄切的信。这封信姿态很低而且富有人情味，在信中方国珍把自己比作孝子，朱元璋读罢击节赞赏，说道："谁说方氏手下无人！"当即决定准许投降，他回信给方国珍，说道："我当以汝诚为诚，不以前过为过，汝勿自疑。"

至正二十七年十二月，当方国珍来到南京跪拜在朱元璋面前时，朱元璋嗔怨道："你怎么这么晚才来呀？"方国珍愧无以对。此时朱元璋正打算新年称帝，心情不错，因此他不仅饶恕了方国珍，还授予他广西行省左丞之职，但方国珍只食禄不上任，几年以后死于南京。

于是浙东之地，遂告平定。群雄俱灭，朱元璋正式确立了其无可争议的霸主地位。这时朱元璋所据有的疆土，大体上据有现在的湖南、湖北、河南东南部、山东和安徽、江苏、上海、江西、浙江，包括汉水流域和长江中下游，是全国人口密度最高、最富庶繁盛的鱼米之乡。但是朱元璋想要君临天下，建立一个新的王朝，还有许多障碍必须扫除：南部地方军阀还在虎视眈眈，元朝虽然失去半壁江山，但是百足之虫死而未僵，军力尚存，随时可以集合起百万大军卷土重来。

此时已近年底，天气寒冷，不利于作战，同时朱元璋要在新年称帝，全体将士都兴奋异常，为了给开国大典让路，各路大军都稍作休整，将士们放下刀枪，养精蓄锐，以便腾出手来为新王朝的诞生鼓掌。大元还未彻底死亡，但是新王朝已经急不可待地要出生了。

# 第八章　帝国雄起

历经磨难，朱元璋终于登上了万众敬仰的九五至尊之位，成为大明帝国的开国皇帝。他大封群臣，册封皇后和太子，希冀大明江山万年永固。为了彻底扫除元朝残余势力的威胁，他向全军发出了勇往直前的檄文……

## 帝尊来临

这一年来，朱元璋大军如天兵天将，所到之处，元军或者投降，或者狼狈逃窜，天下大定指日可待。南征和北伐的各路大军捷报频传，各地夹道欢迎大军的百姓热情似火，处处一副军民鱼水情深的样子。

朱元璋本想天下大定之后再行建国事宜，但是为了号召天下百姓闹革命，打击元朝的气焰，同时也是架不住臣子们的连番奏请，他已经不再那么反对了。虽然早年按照朱升"缓称王"的建议他一直很低调，一再表示自己无意称王，可是全境形势一片大好，众望所归，他就称了"吴王"。如今天下的黎民百姓显然更需要一个汉人皇帝，尤其是像朱元璋这样的盖世明君。各方面条件都已经成熟，天命所定，万事俱备，不称帝似乎也不行了。

至正二十七年（1367 年）十二月底，老成持重的中书省左丞相、宣国公李善长率文武百官再次陈情，他在朝堂上奉表劝进："开基创业，既宏盛世之兴图，应天顺人，宜正大君之宝位……既膺在躬之历数，必当临御于宸居，伏冀俯从众请，早定尊称。"

朱元璋照例依然不受，他严词拒绝称帝。众臣子不依不饶，援引历朝历代诸多典籍和刘邦、李世民、赵匡胤等先例，再次肯劝朱元璋。朱元璋依然面色如水，据而不纳，众臣自然三请。朱元璋依然三次拒绝，以表虔诚倨恭。

其实，这都是中国传统儒家政治规定好的剧本了："三让而后受之"，表示皇帝自己根本就不想做皇帝，闹革命只是为了推翻元朝的残暴统治、拯救天下苍生的，是为人民服务的。臣子们哪能不明白他的意思，但是都装作不懂的样子，一请再请。最后，文武百官跪地不起，痛哭流涕，"为百姓计，为天下计"，朱元璋只好"顺承天意"，下旨文武百官筹备登基大典。

接下来的事情进展顺利，臣子们为这件事早已筹划多时了，大家按部就班准备朱元璋的登基事宜。

奉表 10 天之后，为了表示自己"驱除鞑虏、恢复中华"之志，朱元璋率文武百官祭告上苍："惟我中国人民之君，自宋运告终，帝命真人于沙漠……今运亦终。其天下土地人民，豪杰分争。惟臣帝赐英贤，为臣之辅，遂戡定诸雄，息民于田野……必欲推尊帝号，臣不敢辞，亦不敢不告上帝皇尊。是用明年正月四日于钟山之阳，设备仪，昭告帝尊，惟简在帝心。如臣可为生民主，告祭之日，帝尊来临，天朗气清。如臣不可，至日当烈风异景，使臣知之。"

朱元璋为了表示自己是顺从天意，特别在祭文中的最后两句话里昭告天下：如果老天爷选中我当皇帝，那么就在登位那一天风和日丽；如果不希望我登上帝位，那么就在那一天狂风四起，天气恶劣。

朱元璋似乎将自己的命运交由上天决定了。这么一来，天下百姓都很期待那一天的天气状况了，大家都想知道朱元璋是否得到了上苍的庇佑和承认。朱元璋心里自然有数，别忘了他身边有一个气象专家刘基，对未来一段时日的天气还是把握的很准的。

为了给即将要诞生的新帝国献礼，朱元璋决意兵分三路讨伐陈有定，拿下福建：将军胡廷美、何文辉由江西趋杉关；汤和、廖永忠由明州海道取福州；李文忠由浦城取建宁。这一军事行动是朱元璋实现全国统一的宏大蓝图的一部分。虽然朱元璋已削平群雄，荡平华南已不可避免，但元将陈友定仍决定负隅顽抗，他要做最后的挣扎。

陈友定手下的人早就看到朱元璋军队的强大，不愿做无谓的牺牲，很多人都提前找好了出路，等着义军一到就做带路人。

陈友定怎会不知道属下的小算盘，他要逼着他们上前线。他摆酒设宴，大会诸将及宾客，杀死明使者，将其血沥入酒坛，与众人酌饮。下属不敢不饮，都装作视死如归的样子。酒酣之时，陈友定当众发誓说："我们同受元朝厚恩，若有不以死拒敌者，将受磔刑（把肢体分裂的酷刑），并杀其妻儿。"酒宴之后，所有将领的妻儿老小都被陈友定当作人质扣押起来。

陈友定随即到福州巡视，加固城池，环城而垒。距垒五十步外，筑成一台，严阵以待。朱元璋大军步步紧逼，不久，杉关失陷，福州告急。陈友定急忙将军队一分为二，命一部驻守福州，自率一部防守延平，互为犄角，随时可以互相救援。

当汤和等率水师抵达福州五虎门时，平章曲出在陈友定的激励下，引军迎战，但是失败了，朱元璋大军沿南台纷纷登城而入，守将逃跑，参政尹克仁、宣政使朵耳麻拒降而死，佥院柏帖木儿在楼下堆积柴火，杀死妻妾及二个女儿之后，放火自焚而死。

大军攻入城内，双方进行了巷战，打得十分激烈，死伤无数。

另一路大军胡廷美攻克建宁后，汤和旋即进攻延平，福州逐渐成为孤城。

陈友定想要持久困守，有勇猛的战将则请求出战，陈友定不同意，战将仍不断地请求，陈友定怀疑部将要叛变，便处死请战最积极的萧院判。这样昏庸的领导立刻引起了士兵的不满，许多士兵因而出城投降。明军的奸细又趁乱引燃了军器局，火光熊熊，爆炸声震天。城外的大军获悉城中有变，立刻发动猛烈进攻。

陈友定向其部属诀别道："大势已去，我只有以死报国，诸君继续努力啊。"然后退入省堂，整理衣冠，面向北面两拜之后，吞药自杀。

失去了陈友定的节制，将领们被扣押的家属也就安全了，连忠于他

从乞丐到皇帝：朱元璋

的部队也反水了，所部将士争相打开城门接纳朱元璋大军。大军入城之后，寻到陈有定，发现他仍未断气，便将他抬出水东门，正巧遇上大雷雨，陈有定被雨水一淋苏醒过来，然后被戴上枷锁送往应天。朱元璋接见了他，当面数落其罪过，陈有定不服气，厉声说道："国破家亡，要杀就杀，不必多言。"朱元璋于是将他与其子陈海一起处死。

陈有定死后，福建大部分地区望风投降，只有漳州路达鲁花赤迭里弥实宁死不屈，他穿上官服向北朝拜，并拿起斧子砍断印章，取后拔出佩刀割喉而死。

福建战事旦夕间休矣，朱元璋的地盘扩展至华南沿海。

# 开国大典

至正二十八年正月初四日，也是明洪武元年（1368 年）的第一天。这一天从早晨起就天朗气清，和风柔云，最后是碧空万里，隐隐然有紫气东来之象：开国之日果然上天垂爱，真是大吉大利。文武百官和京城百姓无不拍手称快，心旷神怡。

朱元璋终于放下了悬着的心，对刘基的崇拜如长江之水，绵绵不休。刘基向来以"神机妙算、运筹帷幄"著称，对天文地理、兵法数学，更有特殊爱好，潜心钻研揣摩，十分精通。他根据气象变化和经验早就推算出这一天是个好日子了，为了昭示朱元璋是顺承天意，他们共同设计好了这个环节。古人有许多科技成就，里面的知识其实挺深奥的，我们也不得不佩服古人的智慧和钻研精神。

40 岁的朱元璋喜不自禁，他对着众臣大声表述天命眷顾，他定会为苍生造福等豪言壮语，还希望子孙万代福寿安康。朱元璋终于在"天下归心、苍天眷顾"之下登上九五至尊之位。古代人认为皇帝是"龙吟威武下拜，天下唯我独尊"，故称为"九五至尊"或称"真龙天子"。朱元璋再次向天下人证明了自己是真龙天子。

自古皇帝登基，都要封赠列宗列祖，然后祭告社稷。朱元璋随即追尊高祖考曰"玄皇帝"，庙号"德祖"；曾祖考曰"恒皇帝"，庙号"懿祖"；祖考曰"裕皇帝"，庙号"熙祖"；皇考曰"淳皇帝"，庙号"仁祖"；妣（母亲及母亲辈以上的女性祖先）皆曰"皇后"。

追封了祖宗之后，朱元璋在奉天殿接受百官朝贺，山呼万岁，南面而帝，始为"中国主"。多年的征战，让多少少年郎华发早生，朱元璋封赏宗亲，晋爵功臣，封李善长为左丞相、徐达为右丞相，各文武功臣也都加官进爵。皇亲国戚，不管死活，全都封王，真是"一人得道，鸡犬升天"的感觉。朝堂上纷纷攘攘，喜气洋洋，新朝廷上上下下里里外外充满了蓬勃生机。

## 母子俱荣

大封功臣之后，朱元璋立妃马氏秀英为皇后，世子朱标为皇太子。在朱元璋的一生中，马皇后是一个不可低估的人物，对这一点，朱元璋自己也认识得很清楚。登基大典完毕后，回到宫中，他对马皇后说："非后德齐一，安有今日，其敢以富贵忘贫贱哉！"朱元璋这话说得并不过分，在他叱咤风云的一生中，马皇后一直和他"忧勤相济""备极艰难、赞成大业"。

同甘苦，共患难，可以说是对马皇后的最好评价。

朱元璋创业初期，有一段时期因遇到大灾，军中缺粮，马皇后总是"居常储糗脯供帝，无所乏绝，而己不宿饱"。她还亲自掌管丈夫的文札。无论是行军作战时的军状文书，还是朱元璋随手写下的札记、备忘录，都由她整理保管得"籍簿井井"，"仓促取视，后即于囊中出而进，未尝脱误"。平日随丈夫在军中，马皇后还"时时赞替太祖规画"，常提出一些很好的建议。有一次朱元璋率主力先行渡江，"后多智，恐元兵蹑其后，必相隔"，于是不等朱元璋下令，便迅速带领眷属后勤紧急过江，"而元兵果扼渡如后虑"。由于马皇后的果断决策，避免了一次重大损失。

马皇后认为"定天下在得人心，人心者天下之本也"。她曾多次提醒告诫朱元璋："用兵焉能不杀人，但不嗜杀人，则杀亦罕也。"战争紧张时，马皇后"亲率妾媵完缉衣鞋，助给将士，夜分不寐"。鄱阳湖大战时，朱元璋亲赴前线迎敌，军事上暂时处于劣势的紧急关头，城中有的官员、百姓动摇，打算逃跑，有的忙于窖藏金银、囤积粮食，马皇后却镇静自若，"尽发宫中金帛犒士"，抚慰百姓，稳定军心。

朱元璋经常回忆起早年艰难岁月的经历，"经之芜蒌豆粥，滹沱麦饭，每对群臣述后贤同于唐长孙皇后"。马皇后听说后，诚恳地说："妾闻夫妇相保易，君臣相保难。陛下不忘妾同贫贱，愿无忘群臣同艰难。且妾何敢比长孙皇后也。"

朱元璋多次提出要寻访马皇后的宗族亲戚封赏爵禄，都被马皇后婉言谢绝。她说："爵禄私外家，非法。且妾家亲属未必有可用之才，一旦骄淫，不守法度，前代外戚之覆败，皆由于此。陛下加恩妾族，厚其赐予，使得保守足矣。若非才而官之，恃宠致败，非妾所愿也。"史家称明代"后妃居宫中，不预一发之政，外戚循理谨度，不敢恃宠以病民，汉唐以来所不及"，这和马皇后的表率作用是分不开的。

马皇后对朱元璋道："妾与陛下起贫贱，至今日。恒恐骄纵生于奢侈，危亡起于细微，故愿得贤人共理天下。"

马皇后的担心不是没有道理的。朱元璋从一个贫苦农民变成统驭全国的君王，随着地位改变，思想感情也发生了很大变化。马皇后一向主张对下属不应过于苛刻，求全责备，而"宜赦小过以全其人"。据《明史·高皇后传》记载："帝殿前决事，或震怒，后伺帝还宫，辄随事微谏。虽帝性严，然为缓刑戮者数矣。"一次有人上告参军郭景祥的儿子要持槊杀父，朱元璋下令把这不孝子杀掉。马皇后说："景祥止一子，人言或不实，杀之恐绝其后。"后来一查，果然冤枉。

马皇后一共生了五个儿子，她对孩子管教很严。一次王子的教师李颜因小孩顽皮不听话，用笔管戳伤了他的额角。小王子哭着到父亲处告状，朱元璋大怒，正要发作，马皇后急忙从旁劝解："几有使制锦而恶其翦者，夫曲谨，妇寺之爱也，而以责师傅可乎？"朱元璋觉得有理，不但没有惩办教师，反而提升他做左春坊右赞善。马皇后最小的孩子朱橚，放荡不羁，长大后封到开封做周王。马皇后派江贵妃随往，临行赐以己所御纮衣一，杖一，曰："王有过，则披衣杖之，即违，驰以。"朱樀听了这话，就职后果然不敢胡作非为。

马皇后对朱元璋在生活上十分体贴关心，直到做了皇后，还亲自操持主管丈夫的膳食。她虽贵为"国母"，却依然保持过去那种俭朴生活。"平居服大练浣濯之衣，虽敝不忍易"，并且"命取练织为衾衣，以赐高年茕独。余帛锦丝，缉成衣裳，赐诸王妃公主，使知蚕桑艰难"。遇到灾荒歉收，"辄率宫人蔬食"，"岁凶则设麦饭野羹"。平时她很关心民间疾苦。有一次，马皇后问朱元璋，"今天下民安乎？"朱元璋说："此非尔所宜问也。"马皇后回答："陛下天下父，妾辱天下母，子之安否，何可不问！"

朱元璋非常敬重信赖马皇后，对她提出的建议常能认真听取采纳。他曾赞扬马皇后的见解是至理名言，嘱咐女史官记下，让子孙世代遵守。正因为这样，马皇后才能够在元末明初的政治生活中，以她特殊的身份，卓越的见识和杰出的才能，全力支持丈夫的事业，悉心补救朱元璋政事上的弊病和缺失，顺应历史发展潮流发挥了重要作用，作出了有益的贡献。

朱元璋如此厚爱马皇后，自然和两个人同患难分不开。马秀英最后母仪天下，也是靠自己的青春和热血换来的。当朱元璋还是个穷小子时，她就对他不离不弃，如今贵为皇后，也许这就是自己的福要靠自己来修。

朱元璋家庭幸福，事业有成，一个男人做到这一点，真是无愧于天地。他所建立的明帝国正一步步走向辉煌。

大明的国号，是由刘基提出，经过了朱元璋及其臣僚们的仔细推敲确定的。

"明"，一合于明教教义，二溶于儒家阴阳五行学说。

明教有明王出世的传说，主要有大小明王出世经。经过了五百多年公开的和秘密的传播，明王出世的传说，已为民间所熟知并深信不疑。后来又与元中期兴盛的弥勒教混为一体，老百姓都普遍尊奉明王为救世主。朱元璋原属小明王部将，小明王意外身亡后，他继之而起，国号用

"明"，表明皇朝也是"明王"的继承者，"明朝"是明教徒的"明朝"，天下明教徒是为一家，大家应携手共进，真心拥护大明王朝，积极为大明王朝的稳定繁荣竭诚尽力。

在儒家阴阳五行说来，"明"是光亮的意思，是火，分开来是"日"和"月"，古礼有祀"大明"朝"日"夕"月"的说法，千百年来"大明"和日月都算是朝廷的正祀，无论是列作郊祭或特祭，都为历代皇家所看重，也是儒生所乐于讨论的。而且，新朝起于南方，和历代朝廷起于北方正好相反：南方为火，属阳，奉神祝融，色赤；北方是水，属阴，主神玄冥，色黑。元朝建都北平，起自更远的漠北，那么，以火制水，以阳消阴，以明克暗，正合天理。再者，历史上有大明宫大明殿，古神话中，"朱明"一词正好把国姓和国号联在一起，尤为巧合，更显神秘。这样推演了一番，足以证明朱元璋得位之正，顺承天意。

# 定都南京

洪武元年（1368年）二月，朱元璋率领群臣定郊社（天子祭祀天地的国家大典）宗庙礼（帝王的宗庙制是天子七庙，诸侯五庙，大夫三庙，士一庙，庶人不准设庙），从此以后，逢年节及重大节日必亲自祭祀，成为惯例。

三月，朱元璋将应天改名为"应天府"，作为明朝的京师。

说到这里，我们不妨在此解开一个历史之谜——明朝一国三都之谜。

朱元璋在应天称帝时，在即位诏书中称应天为"京师"，注意不是"首都"，没有出现"定都应天"的字样！将应天改为应天府时，也没有提到"定都应天府"的字样。

此时，朱元璋所建立的这个大明帝国还不够完善，大明帝国确实是有国无都。在与群雄争霸的过程中，朱元璋曾经选择了应天作为根据地。此处地形险要，北有长江天堑，自古为形胜之地。三国东吴、东晋，南朝宋、齐、梁、陈，五代十国的南唐都曾以此地为都城。然而，此时朱元璋并不满意应天，所以没有正式将应天确立为国都，其原因有三：一是历史上以应天为国都的朝代都气数很短；二是应天偏于东南，不便于控制全国；三是应天位于江右，其城防有隐患，作为国都不是十分理想。

后来，朱元璋派兵攻取了开封，有人建议定都开封。朱元璋非常重视，亲自前往开封进行实地考察。他认为开封虽然位置适中，但是无险可守，四面受敌，地形显然还不如南京。不过，朱元璋考虑到开封是宋朝的旧都，当时西北未定，需要将开封作为运送粮草和补充兵力的基地，于是借鉴古代南北二京制度，以应天府为南京，开封为北京。"南京"的名称便从那个时候开始使用。

朱元璋平定陕西后，定都之议再起。主要的候选城市集中在长安、洛阳、南京、汴梁、北平几地，大臣们的意见不一，各自引古论今，提出讨论。朱元璋见众臣意见难以统一，谁也说服不了谁，竟然异想天开地提出以凤阳（元朝时称濠州，洪武七年改称凤阳，今安徽凤阳县）为中都的想法。朱元璋称在凤阳建都，是"取中天下而立，定四海之民之义也"。凤阳是朱元璋的家乡，在此建中都，显然含有朱元璋想要光宗耀祖、荣归故里的私心，但群臣不敢反对。于是，朱元璋下令仿照南京规制在凤阳营建中都。就这样，在明朝建国之初就形成了南京（应天府）、北京（开封）和中都（凤阳）三都并存的情况。

之后，朱元璋一直有将中都凤阳作为大明国都的想法。重臣中只有刘基坚决反对，他认为凤阳根本不适合作为国都，"凤阳虽帝乡，非建都地"。后来，朱元璋突然改变了主意，下令停建凤阳中都。此时，凤阳已经建设了近六年的时间，大部分宫殿都接近完工了。众人对此都大惑不解，朱元璋解释停建的理由是劳民伤财，但这其中显然还有更深层的原因。朱元璋身边的功臣许多都是他的同乡，江淮人在高官中占了很大比重。江淮功臣居功自傲，常有违法乱纪之事，且在朝中结党谋私。朱元璋当上皇帝后不久，便开始着手加强中央集权，对臣下结党之事十分警惕。他担心建都凤阳后，会助长江淮集团的势力。实际上，朱元璋的一生，都在为如何加强皇权煞费苦心，其手下大臣大多不得善终，这其中也包括刘基。到了洪武十一年（1378 年），朱元璋终于下定决心，不再拖了，就在南京定都了，这一年正式宣布南京为首都。

南京为旧朝古都，已经有颇具规模的宫城。但朱元璋却不肯利用旧朝的宫城，打算另起新宫。他主要担心旧宫风水差，怕重蹈前王朝短命的覆辙。刘基奉命为新皇宫选址。经刘基勘测，宫城位置宜在钟山"龙头"之前，因此处有"帝王之气"。刘基所选的风水宝地，正是燕雀湖所在地。

历史上的燕雀湖颇负盛名，周长约 30 里，面积很大。湖边芦苇丛生，各种水鸟常栖息于此，湖水与钟山相映衬，一派生机勃勃的雄姿秀景。就修建宫殿而言，燕雀湖地势低洼，又距离外城太近，战时易受城外敌军威胁，并非理想的地点。然而，就因为刘基判断此地为"龙头"宝地，美丽幽静的燕雀湖从此消失。为了修建新皇宫，朱元璋调集几十万民工填湖。由于湖广势低，填湖工程十分浩大，需要大量的土石，故南京民间有"迁三山填燕雀"的传说。燕雀湖大部分被填平后，为了防止地基下沉，又在殿基下打入无数密集的木桩，上盖巨型条石，然后再在上面建造宫殿，并铺盖砖石结构的大型水道。为了使内宫水源澄清，又在遗留的湖底铺以大量雨花石，让湖水穿城墙而入，在内宫屈曲环绕。

传说南京城及皇宫建好后，朱元璋率领群臣登上紫金山，俯视都城之气派。南京城 96 里，13 个城门，宫殿雄伟，在当时世界上也是少见的。可是，朱元璋对南京并不是很满意，认为风水欠佳，后来燕王朱棣篡位后，把首都迁到了北京。当然，这都是后话了。我们还是回归正题，看看明军如何横扫元军，统一全中国的伟大战争吧！

## 攻心为上

从洪武元年年初到年底，大明帝国捷报频传。南征和北伐大军的军旗都统一换成了鲜红的"明"字旗。南征军气势如虹，雄浑霸道，廖永忠、朱亮祖从福建向西进攻两广；驻扎在江西赣州的陆仲亨直取广东；杨璟则从武昌南下广西，形成三面包夹两广的态势。盘踞在广东的军阀何真非常识时务，明军一到便缴械投降，摇身一变成为明军的地方军。

朱亮祖继续挥师西进，又从广东西进配合杨璟攻打广西。杨璟在湖南、广西遇到顽强抵抗，历时四个月才拿下永州，然后向靖州进发，两路明军会师于靖州城下，用了两个月的时间拿下靖州，随后次第平定广西各地。至此华南已经全部落入朱元璋囊中。

福建两广既平，西南部只剩边远的四川、云南，皆不足为虑。半壁江山已固，朱元璋兵精粮足，正可全力支援北伐。

北伐大军出发前，朱元璋晓谕将士："中原之民，久为群雄所苦，流离相望，故命将北征，拯民于水火。元祖宗功德在人，其子孙罔恤民隐，天厌弃之。君则有罪，民复何辜。前代革命之际，肆行屠戮，违天虐民，朕实不忍。诸将克城，毋肆焚掠妄杀人，元之宗戚，咸俾保全。庶几上答民心，下慰人望，以副朕伐罪安民之意。不恭命者，罚无赦。"

朱元璋一再向世人宣称，明军是王者之师，所以禁止将官们乱杀无辜，降低元军的抵抗情绪，最好兵不血刃就完成使命。

北伐的战略战术和作战计划，事先经过了朱元璋与刘基等人的仔细推敲和商定，并拿到军事会议上与诸将商讨修正，让诸将充分理解其作战意图，以利于和保证朱元璋的指导思想在整个北伐过程中的有效实施。

为了防止手下在实施的过程中各行一套，朱元璋诏来北伐军的统帅徐达耳提面命，详细指导他如何运作。徐达是朱元璋的得力助手，用兵持重，纪律严明，生性谨慎，朱元璋任命他为征虏大将军，统帅全军，甚是放心。

朱元璋对徐达的指挥能力并不质疑，只是告诉他一定要避免常遇春盲动。常遇春是员猛将，冲锋陷阵，所向无敌，被任为副帅。朱元璋担心常遇春勇斗轻敌，特别告诫徐达，如大敌当前，宜以常遇春为前锋，和参将冯胜分左右翼，将精锐进击，右丞薛显、参政傅友德勇冠诸军，可使其独当一面；徐达理应专主中军，只管战略决策，策励将士，不可轻动。徐达十分谦虚，虽然身经百战，还是把朱元璋的话牢牢记在心里，不管对错，都执意遵循。因此，徐达在朱元璋的心目中一直是最值得信赖的臣子。

大军未动，舆论先行！为了瓦解敌军士气，争取北方民众的理解支持，朱元璋发表了告北方官民的檄文：

　　自古帝王临御天下，皆中国居内以制夷狄，夷狄居外以奉中国，未闻以夷狄居中国而治天下者也。自宋祚倾移，元以北狄入主中国，四海内外，罔无臣服，此岂人力，实乃天授……夫人君者斯民之宗主，朝廷者天下之根本，礼仪者御世之大防，其所为如彼，岂可为训天下后世哉！

　　及其后嗣沈荒，失君臣之道；又加以宰相专权，宁台报怨；有司毒虐，于是人心离叛，天下兵起。使我中国之民，死者肝脑涂地，生者骨肉不相保，虽因人事所致，实天厌其德而弃之之时也。古云"胡虏无百年之运"，验之今日，信乎不谬。

　　当此之时，天运循环，中原气盛，亿兆之中，当降生圣人，驱逐胡虏，恢复中华，立纲陈纪，救济斯民。今一纪于兹，未闻有治世安民者，徒使尔等战战兢兢，处于朝秦暮楚之地，诚可矜悯。

　　方今河洛关陕，虽有数雄，乃忘中国祖宗之姓，仅就胡虏禽兽之名，以为美称。假元号以济私，恃有众以要君，凭陵跋扈，遥制朝权，此河洛之徒也。或众少力微，阻兵据险，贿诱名爵，志在养力，以俟衅隙，此关陕之人也。二者其始皆以捕妖人为名，乃得兵权。及妖人已灭，兵权已得，志骄气盈，无复尊主庇民之意，互相吞噬，反为生民之巨害，皆非华夏之主也。

　　予本淮右布衣，因天下大乱，为众所推，率师渡江，居金陵形势之地，得长江天堑之险，今十有三年。西抵巴蜀，东连沧海，南控闽越，湖湘汉沔，两淮徐邳，皆入版图，奄及南方，尽为我有。民稍安，食稍足，兵稍精，控弦执矢，目视我中原之民，久无所主，深用疚心。予恭承天命，罔敢自安，方欲遣兵北逐群虏，拯生民于涂炭，复汉官之威仪。虑人民未知，反为我仇，挈家北走，陷溺尤深，故先谕告：兵至，民人勿避。予号令严肃，无秋毫之犯，归我者永安于中华，背我者自窜于塞外。盖我中国之民，天必命我中国之人以安之，夷狄何得而治哉！予恐中土久污膻腥，生民扰扰，故率群雄奋力廓清，志在逐胡虏，除暴乱，使民皆得其所，雪中国之耻，尔民其体之。

如蒙古色目，虽非华夏族类，然同生天地之间，有能知礼仪，愿为臣民者，与中夏之人抚养无异。故兹告谕，想宜知悉。


这篇檄文是宋濂奉命而为，也是朱元璋幕僚儒生系统的最高杰作，全文气势磅礴，有理有据，令人心服口服，代表了数千年来儒家正统思想，真是一文抵得上十万精兵，让元廷极为震撼，竟然无以为对。

檄文的中心思想有两点：一是民族革命，特别强调夷夏之分，"中国应由中国人自己来治理"。"驱逐胡虏，恢复中华"，比之红巾军提出的"重开大宋之天"，更具号召力和革命性，以此为号召，自然更能普遍获得广大被压迫的汉人的拥护和支持，尤其是引起儒生士大夫们的注意。二是恢复传统道德，尊崇儒家礼仪文化：大到治国，小到修身，从政治到生活，都应规范到千百年的儒家传统文化之中。如今北伐，目的在于"立纲陈纪，救济斯民"，既为恢复一度被蒙古族等少数民族打乱的传统政治社会秩序，也为"救民于水火"，让"各安其土"，恢复生产，发展经济，富国强民。

文告中还痛骂元政府腐败透顶，天理不容。骂元朝大将认贼作父：河洛指扩廓帖木儿，原为汉人，名王保保；关陕指李思齐等四将。他们飞扬跋扈，制造内乱，荼毒生灵，这两种人实力再大都只能是国家的不幸，不可以做中华之主。"妖人"自然指红巾军，"妖言"惑众，扰民太甚，乌合之众，自然也不能做中国主。剩下的只有"江淮布衣"可秉承天意，而为"中华主"，"拯生灵于涂炭，复汉官之威仪"。最后为了最大限度地团结大多数人，减少蒙古色目人的反抗心理，提出了某种程度上的民族平等思想，只要认同中国文化传统，"与中夏之人抚养无异"。

檄文的宣传效果是巨大的，尤其是得到了儒生士大夫的支持。元朝旧官吏们迅速领悟了朱元璋对他们的召唤，积极投入到迎接明军到来的准备活动中。很多地区，明军都无须作战，军队作战的任务变成了接收地方的投诚，恢复生产、安定秩序。稍许的元军装腔作势抵抗一下，然后谈谈投降的条件就羞答答地改旗易帜了。

# 第九章　南征北伐

　　明军势如破竹，所到之处，元兵溃不成军，元帝国就此灭亡。为了防止将领们骄傲轻敌、阳奉阴违，朱元璋一再告诫全军不可自满自大。在他的指挥下，山西、陕西、四川、云南、东北等地相继并入大明版图，一个强大的明帝国开始屹立在东方……

## 收复元大都

　　洪武元年（1368 年）的钟声刚一敲过，各路明军就大干快上，展开了军事反攻，来自南北两线的捷报就像新年的贺电，接连送到朱元璋案前，朱元璋乐得合不拢嘴。

　　北伐军进展迅速，徐达军由山东入河南是主力，征戍将军邓愈由襄阳北略南阳以北州郡是偏师，目的是引诱分散元军主力。

　　正月二十九日，驻扎在荆襄的邓愈率部北上南阳，这名年轻虎将潜伏在西部已有些时日，他经营陈友谅故地的工作和他在洪都保卫战时的表现同样出色，现在是大展拳脚的时候了。他的军队作为偏师北上河南西部和陕南，任务是完成朱元璋有关消灭河南元军并将陕西元军堵在潼关以内的战略构想，为徐达、常遇春北上进攻元大都创造条件，他干得依旧出色，还有些抢风头，并在攻克南阳后继续北上。

　　徐达从济宁出发，大军杀向河南开封。明军到达陈桥后，开封守将李克彝命左君弼出城迎战。左君弼不久前被明军从庐州老巢赶到了开封，朱元璋却将他的老母礼送至开封，令他十分感激，因此他已打定主意投降，拒不出战，反而发动士兵准备献城。李克彝无奈之下只好弃城逃跑，他前脚刚走，左君弼和另一位元将竹昌就把开封城献给了明军。

徐达继续西行，向洛阳进发，一场艰难的战斗即将展开。不久前从山东逃到河南的扩廓之弟脱因帖木儿大展拳脚，他纠集起五万人马加以训练，试图作困兽之斗，双方在洛水北岸展开了激战。这场战斗是元朝灭亡前双方进行的第一次也是最后一次大规模的交战，元军战士个个奋勇向前，视死如归，杀敌无数，但是他们的英勇无法改变因中央腐朽导致的积贫积弱，在厮杀了两天两夜后，最终溃败逃走。

这一仗让垂死中的元帝国看到了希望，他们认为自己的士兵并不比明军差，只要统帅得力，还是能翻盘的。元顺帝把所有的战将都琢磨一遍，最后决定把希望压在最能打的两位名将扩廓帖木儿和李思齐身上，一边给他们放权，一边鼓励他们收复失地。

可是，有些元军将帅不这么想，负责河南地区军事的是察罕之父梁王阿鲁温，他在看到战局后绝望地投降了明军。与此同时，邓愈、冯胜攻克陕州、潼关等地，扼住三秦门户，阻断了驻扎在关陇地区的元军与关外的联系，孤立了元大都。

事实证明，朱元璋攻克潼关，防止关外元军进入中原的想法多虑了。就在河南最危险的时刻，陕西、山西的扩廓帖木儿和李思齐的主力元军并没有"拉他们的兄弟一把"，反而沉湎于内斗不可自拔，明军进逼潼关客观上还帮了扩廓一把，让他获得了很多好处。

五月二十一日，朱元璋亲自来到开封视察部队，这是他一生到过的最北的地方。他此行的目的一是鼓舞正在北方浴血奋战的将士，并对下一步军事行动做统一部署；二是考察开封是否适合建都。

徐达连忙放下手中的工作，赶到开封晋见朱元璋，毕恭毕敬地汇报了这些时日的工作细节。听取完汇报后，朱元璋指出：一、北方地势平旷，利于骑战，要选好精锐骑兵；二、北方遍地荒凉，粮饷供应要加意筹备。

徐达表示遵照执行，并请示道："如果攻克大都，元主北逃，要不要穷追？"朱元璋想了想说："任其自生自灭好了，不必穷追，但是要固

从乞丐到皇帝：朱元璋

守边疆，防止其侵扰。"

徐达把领导的话都牢牢记在心里，朱元璋在发布一系列调兵遣将的命令后离开开封返回应天府，临行前他再次重申明军版"三大纪律八项注意"，特别交代将士克城之日，不烧、不抢、不杀，保护平民，善待元宗室，否则严惩不贷。

摸透了领导的意图之后，徐达吹响了总攻的号角，他率河南明军主力从开封北上河北，歼敌无数，然后折而向东，向临清进发。临清是运河东岸重镇，处于冀鲁豫交界处，交通四通八达，水陆可直达大都，是理想的会兵场所。

七月十一日，明兵攻克临清，徐达命在山东集训的明军"各率马步舟师"到临清集合。几天后明军集结完毕，从临清沿大运河浩浩荡荡进兵大都。

元顺帝似乎看到了自己的末日，他下诏把所有罪过归于太子，恢复了扩廓帖木儿所有的官职，令他与李思齐冰释前嫌，携手拒战明军，然而他已经来不及等到救兵了。

二十五日，明军进抵元大都东的河西务（位于今天津武清区旧城关东北15公里），郭英部追元兵至通州，擒元宗室梁王孛罗。

二十七日，郭英攻克通州。元顺帝得知通州失陷，惊慌失措。第二天夜晚，他带着后妃、太子，打开建德门逃往上都（内蒙古自治区锡林郭勒盟正蓝旗境内）。

八月二日，徐达从齐化门攻入大都，宣告了元朝统治的结束。

收复元大都，是一个久违的使命了。这座被北部少数民族占领的城池已经沦陷430年了，到这一天终于重归汉人怀抱。收复幽云十六州，从宋太祖到宋神宗以来，一直没有能够实现的愿望，算是彻底实现了。消息传来，许多汉人热泪盈眶。

## 赏罚分明

洪武元年八月，公历1368年9月12日，大都更名为北平府，取

· 132 ·

"北方安宁平定"之意，"北平"第一次成为北京的名称。

北平虽下，元顺帝在上都依然可以发号施令，陕西、山西的元军实力仍然强大完整，北部草原和东北地区也有强悍的元军没有出动，随时可以反扑。

为了抓住战略主动，徐达、常遇春移师进取关中，从洪武元年八月到第二年八月，用了整整一年时间，终于歼灭了元军的有生力量。在这一年中，元军不断坚持抵抗，而且还作了几次大规模反攻，这是明军北伐中最艰苦的一段时间。

西征军先是从河北进入山西南部，扩廓遣将来争泽州，大败西征军，又趁北平空虚，亲出雁门关偷袭。徐达得知，也不回救，竟率大军直捣扩廓总部太原。扩廓不得不回救，回师途中，遭遇埋伏，双方杀的昏天暗地，日月无光，将士死伤无数。最后，扩廓兵败如山倒，仓皇之中仅带 18 骑北走，山西得以攻克。

洪武二年三月，西征军进抵奉元路（今西安），李思齐逃奔凤翔，又奔甘肃临洮。西征大军跟踪追击，李思齐损兵折将，深感前途不妙，势穷力竭，只好投降。

两个元朝名将一败一降，国运不久，但是元顺帝仍不甘失败。是年六月，元军又乘虚进攻通州，北平无重兵，眼看着要失守。常遇春、李文忠率步骑九万还救，围魏救赵直捣元上都。元顺帝北逃沙漠，北平转危为安。

七月，明朝第一战将，40 岁的常遇春在进军途中忽得暴病，病死于柳河川。

常遇春一生为将，未曾败北，对朱元璋忠心耿耿，敢于直言，效命疆场，尽瘁而终。朱元璋对常遇春也很爱重，认为常遇春的功勋"虽古名将，未有过之"。《明史》赞曰："开平摧锋陷阵，所向必克，其智勇不在中山（徐达）下，而公忠谦逊，善持其功名，永为元勋之冠。身衣日月剖符锡土若王者，可谓极盛矣！"

朱元璋对常遇春"颁赏赐劳"，曾经表彰他"勤劳于外，南平诸郡，兵不失律，民无所扰"的功劳。常遇春对答颇为得体，他说，这是"皇上成算，所至辄克，非臣所能"。

常遇春英年早逝，朱元璋闻丧大为震悼，赐葬钟山之下，并亲自出奠。封其长子常茂为郑国公，岁禄二千石。追封常遇春为翊运推诚宣德靖远功臣、开府仪同三司、上柱国、太保、中书右丞相，追封"开平王"，谥曰"忠武"，并配享太庙。朱元璋还赋诗："朕有千行生铁汁，平生不为儿女泣。忽闻昨日常公薨，泪洒乾坤草木湿。"此后朱元璋令宫廷画师为常遇春绘制身穿龙袍的全身像。

常遇春死了，北伐的大业还未完成。李文忠接过重担，会合大军后并力西征，大败围攻大同的元军，生擒元将脱列伯，杀孔兴。随后，徐达大军继续西进，张良弼逃奔宁夏，为扩廓所执，其弟张良臣以庆阳降，不久又反，城破被杀，陕西遂告平定。

原来横行河洛关陕的元朝大将，也就是朱元璋北伐檄文中所数骂的人物，这时只剩下一个扩廓帖木儿拥兵屯驻宁夏，不时出兵攻掠，闹得明朝边境守军不得安逸。到此时，扩廓成为明军最主要的作战目标。

刘基警告说："不可轻看扩廓，此人真将才。"朱元璋也告诫徐达等人，不可小瞧扩廓。

洪武三年（1370年）春，朱元璋命徐达为大将军，李文忠、邓愈为左副将军，冯胜、汤和为右副将军，兵分两路北伐。徐达率西路军自潼关直捣定西，寻击扩廓，李文忠率东路军自居庸关北上大漠，追击元顺帝。这次进军的目的是彻底扫荡元朝残余势力，实现天下一统。

扩廓得知明军主力前来，反而欣喜若狂，他集结重兵，亲自率队迎战徐达。双方大战于沈儿峪，扩廓的确是一代名将，指挥作战出神入化，几乎给徐达造成致命伤害。经过十余日苦战，明军终于打败了元军。扩廓只带着老婆孩子和几个亲随向北方逃跑。明军紧追不舍，扩廓跑到黄河边上，苦于无船渡河，正着急时，上游漂来几根木头，扩廓等捞取木头扎成筏子，这才得以渡过黄河。渡河后扩廓逃奔和林，打算与元顺帝汇合，可是，元顺帝连病带吓，已一命呜呼了，其子爱猷识里达腊继位。爱猷识里达腊见到扩廓，抱头痛哭，昔日成吉思汗的子孙难道就这样败了吗？

李文忠率领的右路军十万人马进展十分顺利，明军一路招降纳叛，几乎没遇到像样的抵抗。进军途中，探子侦知元顺帝驾崩，太子爱猷识里达腊在应昌继位的消息，李文忠兼程进兵应昌，打算一举倾覆其巢穴。爱猷识里达腊见势不妙，立刻向北逃跑，消失在茫茫草原。李文忠派精骑穷追至北庆州才返回，来不及逃跑的爱猷识里达腊的嫡子买的立八剌和后妃、宫人、诸王、将相、官属几百人在应昌被俘。李文忠还缴获了宋、元的传国玉玺、金宝、玉册、镇圭、大圭、玉带、玉斧等物品。

这次北伐的胜利沉重地打击了元朝的最后一线希望，各路明军纷纷发出喜报，朱元璋十分高兴，下令有功战将回朝庆功。

洪武三年十一月初，朱元璋召开全军庆功大会，他要给各位英雄授勋，发"红包"。此番封赏具有总结性质，不仅是武将，连文臣也在受封之列。朱元璋共封公六人，侯二十八人，李善长、徐达、李文忠、冯胜、邓愈、常遇春之子常茂等人封公；汤和、廖永忠等二十八人封侯。朱元璋给予他们高官厚禄，并赐予大量庄田和佃户，使之成为王朝的新贵。

此外，朱元璋还制作了"英雄榜"，每个受封者都被颁给铁券，上面记录了他们的战功以及朱元璋对他们的赞扬，制词各不相同，有一些也记载了他们所犯的错误，以示警诫，这体现了朱元璋赏罚分明的特点。这些铁券被悬挂在各位功臣的府门外，供世人瞻仰和膜拜，当然了，这些功臣们所犯的错误也被世人所知。朱元璋此举是借助百姓的舆论力量，让这些功臣随时处在群众的注视中，减少再犯错误的可能。

以往皇帝封功臣，最大奖赏莫过于死后配享太庙，让后世皇帝也时常祭祀怀想，功臣名爵可与整个王朝相始终。但是朱元璋除了让功臣配享太庙之外，还别出心裁弄了个"名人堂排行榜"——功臣庙，把和他一起打天下的人按功劳分成三六九等，供在功臣庙里受人间香火。这份荣誉从古至今可是没有过的，凡是能进入功臣庙里的人无不感到莫大的荣幸和自豪。得入功臣庙乃是从龙功臣莫大的荣誉，从下诏建功臣庙，到洪武八年，功臣庙里一共供奉了三百零九位功臣，当时已经死了的功臣均被塑像祭祀，还在世的则虚位以待。

朱元璋这次大封群臣还是比较公道的，对待有功之臣也是厚道的。"军二代"常茂被封公体现了朱元璋厚道的一面：他并没有因为常遇春一死就人走茶凉，对其后代不予封赏或降格封赏。而汤和、廖永忠的封侯则体现了他严苛的一面：两者原本应该封公，但因小错被取消了封公的资格。

　　汤和镇守常州时，以保边疆为主，承受了张士诚带来的巨大压力，可是又立不了战功，心中不满。有一次喝醉了酒，他抱怨说："吾镇此城，如坐屋脊，左顾则左，右顾则右。"他的身边早就有朱元璋安插的检校人员，这话传到朱元璋的耳里，朱元璋很不高兴，心里就记住了这件事。在统一全国的战争中，汤和率水师平定华南，立有战功，但是他在征讨福建陈有定时，不加请示就释放了其部分投降将士，导致福建八郡出现一些动乱。回师途中，汤和部还被山贼袭击，死亡二名战将，在这次封爵时，朱元璋进行了清算，故不得封公。

　　廖永忠战功卓著，作为巢湖水军方面最杰出的代表，他本应封公，但是他曾经自作主张害死了大宋皇帝韩林儿，又结交朱元璋身边的谋士打探其意向，企图为自己谋取高位，引起了朱元璋的反感，因此没有封公。

　　十一月十三日，朱元璋大宴功臣，酒足饭饱之后，朱元璋对这些当朝新贵发表了重要讲话，他语重心长地说："创业之际，朕与卿等劳心苦力，艰难多矣。今天下已定，朕日理万机，不敢有丝毫安逸，卿等现在都安享爵位，优游富贵，也不可忘掉艰难之时。人之常情，每每是谨于忧患而忽于宴安，而不是忧患之来常始于宴安，今与卿等饮宴极欢，恐怕久而忘其艰难，故相诫勉。"

　　朱元璋的中心思想是：革命尚未成功，同志仍需努力！要戒骄戒躁，保持革命本色！

　　朱元璋在封赏后的第一时间表达了他对诸将享乐主义的担忧，体现他对功臣懈怠和居功不法的预见和高度重视，他担心这支队伍会因为天下逐渐太平了而变色，担心功臣们争权夺利。这一讲话仅仅是一个开始，在后来的统治中，有关讲话还常见于史册。当然，必要的严惩也是他经常采取的手段，比如大杀有功之臣等，这是后话，先搁置不提。

表彰大会非常成功，受到激励的文臣武将纷纷投入到火热的统一战争中，他们按照预定的部署全线出击。

## 将军百战

洪武四年正月，朱元璋大军出兵四川，准备讨伐夏政权。明军以汤和为征西将军，周德兴、廖永忠为副将军，率舟师由瞿塘峡攻重庆；傅友德为征虏前将军，率步骑由秦陇取成都。

夏国自明玉珍死后，子升年幼继位，大权旁落权臣，国势竟一天不如一天。得知明军压境，夏国便依仗瞿塘天险，以铁索横断关门，两岸置放大量硝石铁铳，层层布防，以为固若金汤。汤和水军果然被阻，三个月不能前进一步。

夏人把重兵配置于东线，北边防务不免空虚。傅友德趁机南下，连据名城。傅友德原本就是夏国的将领，后来辗转投降了朱元璋，对夏国的防务非常了解。他把作战的时间和计划写在木板上，投于汉江中，顺流漂下，为廖永忠所知。按照约定，廖永忠即从山路绕过敌后，两面夹攻，断飞桥，毁铁索，占领了瞿塘天险，然后水陆并进，夺了重庆。

夏兵抵敌不住，明升乞降。傅友得进攻成都，守军知重庆已失，抵抗无益，也就投降了。十月，汤和等全定川蜀郡县，夏国正式宣告灭亡。西南平定。

洪武五年（1372年）正月，朱元璋命徐达为征虏大将军，李文忠为左副将军，冯胜为右副将军，各率五万人马，向东、西、北三路再次出兵扫荡漠北。

徐达率军从山西雁门关出发，向北跨越沙漠直奔和林，寻击盘踞在那里的扩廓，这是本次北伐的主要目标。徐达的军队在春季越过了沙漠，虽然前锋蓝玉在土剌河击败了元军，但是中了扩廓的诱敌深入之计。扩廓使用的是蒙古人传统的战术：让对手进行无效的行军，消耗他们，等到对手疲惫之后再在自己选定的时间和地点进行决战。

第九章 南征北伐

徐达等人处境十分危险，但他们对此并没有充分的认识，在此后的一个月，扩廓东躲西藏，诱使明军在茫茫草原消耗体力和粮草。五月，明军已经很疲惫了，扩廓的军队突然出现，双方展开大战，结果明军被打得大败而逃，损失几万人。曾经战无不胜的徐达遭到了平生第一次失败，他辉煌的军事生涯从此有了污点，扩廓则一雪前两次惨败给徐达的耻辱。

朱元璋说："吾用兵一世，指挥诸将，未曾败北，致伤军士。正欲养锐，以观胡变。夫何诸将日请深入沙漠，不免疲兵于和林，此盖轻信无谋，以致伤生数万。"连同过去几次损失，死在扩廓手里的明军大概有四十多万人。

朱元璋一直对扩廓又敬又恨，曾多次遣使通好，想要招揽他，但扩廓就是不表态，总是扣留使者，也不回信。既至北走塞外，扩廓家属被俘，朱元璋又遣使劝降，扩廓仍然不为所动。

朱元璋想了很久，决定派李思齐劝降。李思齐和扩廓向来是死对头，而且多次兵戎相见过。李思齐是降将，皇帝交代下来的任务，哪敢不去？只好硬着头皮前往。

扩廓见李思齐来劝降，竟然以礼相待，就是不提投降的事。李思齐见劝不动他，只好告辞。临走时，扩廓还派自己的卫士送上一程。正要分别，卫士说："奉总兵令，请留下一点东西作纪念。"李思齐不知所措："我为公差远来，无以留赠。"卫士道："我要你一只手臂！"李思齐情知难免，乃挥刀砍下自己一只手臂而去。朱元璋得到消息，派人安慰李思齐。可是李思齐受此侮辱，不久就死了。扩廓依旧操练新兵，调集人马，时刻准备着。

朱元璋曾问："我朝谁为奇男子？"众人都推常遇春。朱元璋则说："常遇春虽然是人杰，我还可以臣服他。可是扩廓就决不肯，这人才是奇男子！"直到五年后，扩廓病死于军中，西北守军才得以安宁，朱元璋和他的将军们才大大地松了一口气，方敢收复北疆。

李文忠从北平居庸关出发，他遇到的情况与徐达类似，元人先是示弱逃遁，诱其深入，进至胪朐河的时候，李文忠立功心切，令部将韩政等守辎重，自率大军疾驰直追，每人只带二十日口粮。

元军且战且退，李文忠步步跟进，一直追击到称海，这时敌兵大量汇集，李文忠见无把握取胜，就停止追击，敛兵据险。此时军中粮尽，明军如果不马上撤离就会陷入重围，但如果仓促撤离，敌军就会乘胜掩杀。李文忠面临着如何收场的难题，他的小聪明再次拯救了他：他下令把俘获的马畜散放在原野，元军见状心生疑窦，以为明军搞什么阴谋诡计，向后撤退，李文忠乘机迅速撤回。

这一仗，两军杀伤相当，由于李文忠的轻进，宣宁侯曹良臣，指挥使周显、常荣、张耀等多名大将战死，虽然他回朝后吹嘘了自己的机智勇敢，但是朱元璋对他军事冒进十分不满，差一点就革了他的职，让他步朱文正的下场了。

冯胜率副将军陈德、傅友德等出西道，向西北攻取甘肃未附地区，他此行有将功赎过的意味。洪武二年，冯胜随徐达进军西北，平定陕西后，朱元璋召徐达回南京参加常遇春的葬礼，留胜冯总领大军，冯胜却擅自撤军东归，没有继续西取甘肃，使得扩廓等残元势力得到喘息，也使这一地区未能归入明朝的版图，朱元璋对此十分恼火，痛批了冯胜一顿。

这次由于阻力较小，冯胜没有让朱元璋失望。三路明军只有他取得了辉煌的胜利，明军一直挺进到敦煌，降元将上都驴、卜颜帖木儿、平章长加奴等二十七人，俘获马驼牛羊十余万，从此将河西走廊纳入明的版图。但冯胜却在经济上犯了错误，私吞了一些战利品，朱元璋听到汇报后很生气，没有给他任何封赏（会有言其私匿驼马者，赏不行）。

此次北伐从总体上看失败了，蒙古人地缘优势再一次显现，朱元璋认识到明军无法在茫茫草原彻底消灭北元势力，从此不再轻易深入草原，战略目标由大一统转为谨守内地，工作重心也从军事转为经济建设。在国防方面，大明军队以屯田设卫、修筑城池为主要工作，对蒙古人采取守势，只有在迫不得已的情况下才发动战争。

这时，元朝残留的军事力量还有两支：一支是云南的梁王，一支是东北的纳哈出。两者仍用元朝年号，孤军割据。朱元璋灭夏以后，迅速

把注意力转向云南。云南与元朝本部远远隔绝，势单力弱，孤立无援，朱元璋想以武力为后盾，争取和平解决。他先后派遣使臣王祎、吴云前往招降，都被梁王所杀。

朱元璋不急于收复云南，而是稳扎稳打，直到洪武十四年（1381年），他才决意用武力收复云南，分派傅友德、沐英、蓝玉三位将军分两路鼓勇继进。仅用了三个多月时间，就于洪武十四年年底平定昆明，梁王兵败自杀。昆明既下，东路军又迅速回师与北路军会攻乌撒，附近东川乌蒙艺部诸夷族完全降伏，昆明附近诸路政府也都以次归顺。此后，明云南地方政府着手大力改善交通状况，开筑道路，设立驿站，把川滇黔三省的交通联结起来，建立军卫，控扼粮运。然后以大军西向攻占大理，灭段氏王国，经略西北和西南部诸地，招降各少数民族，分兵勘定各土司，分云南为 52 府 54 县。

明军持戈待旦，云南边外的各国政府也纷纷遣使修好，敬表臣服。明廷又设缅中、缅甸和老挝八百诸宣慰司，以示慰抚。朱元璋又加封大将义子沐英为西平侯，统兵镇守云南。沐家世代英才，在云南三百多年，竟与明朝国运相始终。

## 东北归顺

对于盘踞在辽东的元将纳哈出，朱元璋多次派人到辽东招降。纳哈出是元朝"宗室王"之一、元朝开国功臣木华黎的第九世孙。元代至正十五年（1355 年）农历六月，朱元璋率领起义大军从和州渡过长江，直抵元朝"太平路（安徽当涂）"时，纳哈出为元朝"太平路"的"万户"。结果，纳哈出被朱元璋俘获。尽管纳哈出身陷囹圄，却待遇不错，每日三餐鸡鸭鱼肉、美酒名茶。然而，出身蒙古贵族却沦为阶下之囚，实属奇耻大辱。纳哈出终日郁郁寡欢、不思茶饭。朱元璋打算感化纳哈出，消除元朝蒙古贵族对他的疑虑，以便分化瓦解元朝统治。不久，朱元璋释放了纳哈出，并厚赠银两，准许他回到北方元朝。可是，纳哈出并不领朱元璋的人情，他对自己的被俘始终充满恨意。

如今，面对朱元璋递出的橄榄枝，纳哈出非但拒绝招降，反而乘机扩大势力，占据了原元朝辽阳行省辖区内的"开元路（开原）"等地。当时，纳哈出拥有4万多骁勇善战的蒙古族骑兵，管控10余万蒙古族人口，部众多达20余万，形成了与明朝对抗的东北割据势力。看到纳哈出的实力后，遁逃到内蒙草原的"北元"（元统治者败退后在漠北草原存在的地方性的蒙古族政权，享国35年，后分裂为鞑靼和瓦剌两部分）皇帝，开始拉拢纳哈出，任命他为"太尉""署丞相"，并封为"开元王"，以期纳哈出为复辟元朝卖力。

纳哈出这支强大的势力，是明朝攻打北元时的掣肘之患。明朝招抚纳哈出屡遭碰壁，让朱元璋不禁回忆起往事："当年，纳哈出在安徽太平府被俘时，大将徐达等人就曾指出，纳哈出的心思很难揣度，一旦放虎归山，必将留下后患。不如一杀了之。如今来看，徐达等人的建议果然应验了。"想到此，朱元璋感到事态严重，遂当即决定：给纳哈出最后一次归顺机会。如果纳哈出依然冥顽不化，必将武力解决。于是，朱元璋派遣黄俦，带着明朝皇帝诏书前往纳哈出驻地，规劝纳哈出归顺明朝。然而，纳哈出却下令扣押了黄俦。自此，朱元璋彻底醒悟，决心与纳哈出兵戎相见，进而统一东北。

洪武四年(1371年)，朱元璋设立了"辽东都卫指挥使司"，任命马云、叶旺为"都指挥使"，并增兵防守。朱元璋采取"施加军事压力"与"招抚"相结合的方针，对付坚持分裂割据的纳哈出。

那时候，辽东经济凋敝，后勤物资供应疲惫。明朝便多方筹集军用物资，加强后勤储备。除了户部征购商人粮米之外，明朝还命令大将廖永忠"督运定辽粮储"，"以苏州府粮十二万石，由海道运赴定辽；十万石运赴北平"备用。经过一番后勤储备，明军实力有所增强。明军攻打纳哈出大战在即。

洪武五年(1372年)六月，纳哈出率军从大本营"金山（勃勃图山，吉林双辽东北一带）"出发，侵入辽东。纳哈出军队刚一露头儿，就被明朝"都指挥使"叶旺所率军队打败。同年冬季，纳哈出率领数万军队，偷袭明军的辽东军需仓库牛家庄（昌图镇），烧毁十余万石粮食，杀死数千名明朝将士。

然而，第二年十一月，当纳哈出再次寇掠辽阳时，却被"千户"吴寿率兵击败。鉴于纳哈出惯于冬季突袭的规律，洪武八年（1375年），朱元璋给"辽东都指挥使司"下令：今冬一旦纳哈出偷袭，我们必须坚壁清野，不给纳哈出留下一粒粮食。与此同时，明军在地势险要之处设下伏兵，截断纳哈出军队后路，力举全歼。

果然，当年冬季，纳哈出又率军南下，偷袭拿州城（大连金州）。戒备森严的明军立即反击。结果，纳哈出的骁将乃剌吾被明军擒获。纳哈出被迫折返盖州时，又遭到盖州城明军伏兵的痛击。仓皇失措之中，纳哈出向连云岛（盖州西）逃窜。纳哈出万万没想到，"辽东都指挥使"叶旺的伏兵早已久候多时，并在盖州城南，沿清河沿岸垒砌了一道高大的冰墙，一直向西延伸到清河口的连云岛。纳哈出逃窜到连云岛之后，只见一道白晃晃的冰墙拦住去路，纳哈出的军队立即大乱。明军奋勇出击，纳哈出军队溃不成军。纳哈出只好带着少数人马，一路逃回"金山"驻地。

盖州兵败之后，纳哈出似有醒悟，深感在武力上难与明朝抗衡，不觉锐气大减。与此同时，朱元璋仍在期待着纳哈出最终归顺明朝。于是，洪武十年（1377年）之后的10年间，纳哈出与明朝一直相安无扰。

十年间，明朝不断发展经济，实力逐渐增强，而纳哈出的内部却祸乱迭出。纳哈出手下大将哈剌章、蛮子阿纳失里等人互相猜忌，并且极为不满纳哈出的飞扬跋扈，大有归顺朱元璋的迹象。

洪武十九年（1386年），朱元璋等得实在不耐烦了，便决定再次采用武力彻底征服纳哈出。当年年末，明朝征用了20万民夫，运粮123万石，送到松亭关（长城喜峰口北）、会州等地备用。

洪武二十年（1387年）正月，朱元璋命冯胜为大将军，傅友德、蓝玉为左右副将军，统兵20万征讨纳哈出。与此同时，明朝派出降将乃剌吾，劝说纳哈出归顺明朝。同年三月，冯胜率军出长城松亭关，建筑大宁、宽河、会州、富裕等4座城池，并留兵屯守，以便保障前方将士后勤供应。五月，冯胜率军直扑纳哈出大本营"金山"。在辽河东岸，明军俘获了纳哈出的屯军300余人、战马400余匹。纳哈出闻讯后，急忙向北逃窜。降将乃剌吾紧随其后，一直追到松花江畔，才与纳哈出照面。见到乃剌吾后，纳哈出不禁惊叫："我以为你已经死了，没想到我们又见面啦！"随后，乃剌吾向纳哈出转达了明朝招抚诚意，纳哈出不觉心动。

冯胜率领明军势如破竹，步步逼近纳哈出大本营金山。同年六月，纳哈出部将观童归降。冯胜又遣使招抚纳哈出。当时，纳哈出的各个部族人众均厌恶分裂割据，向往统一。面对众叛亲离、极端孤立、明军压境的局面，纳哈出被迫派遣使者，到冯胜的营帐约降。

受降仪式上，为表诚意，副将军蓝玉脱下衣服赠送给纳哈出：只要他穿上汉人的衣服就意味着投降了。不料，纳哈出却坚辞不受。常遇春长子常茂见状，误以为纳哈出不肯投降归顺，便当即抽出马刀，砍伤纳哈出手臂。纳哈出大怒，以为明军玩弄阴谋诡计，遂立即遣散了准备投降归顺的部众、将士。情况危急，冯胜立即命降将观童安抚纳哈出，排除误解。纳哈出弄清真相后，重新召回部众、将士，宣布归顺明朝。

受降仪式风波平息之后，经过整编，冯胜率领纳哈出及其所部二十余万将士南迁。经过亦迷河（饮马河）时，明军又收编了纳哈出流散当地的两万余名将士、马车五万余辆。至此，盘踞金山地区三十余年的纳哈出，终于归顺了明朝。东北地区最终得以统一。

纳哈出到达明朝首都南京之后，立即受到朱元璋的亲切接见。考虑到纳哈出在东北地区的威望和影响，太祖皇帝朱元璋晋封纳哈出为"海西侯"，赐"铁券丹书"。纳哈出属下官员也各有赏赐、各授官职。

此后，明朝大力开发东北，设置奴儿干都司，其管辖范围西起鄂嫩河，东至库页岛，北达外兴安岭，南濒今日本海和图们江上游，包括黑龙江流域和乌苏里江流域至库页岛的广大地区。大致包括了现在的吉林省、黑龙江省、内蒙古东北部分及以西广大地区、俄罗斯远东局部、乌苏里江以东、外兴安岭及以北。辖区内广置卫、所，作为都司所属的地方军政建制，有效地管理着这一广阔疆域的版图。

东北战事结束，奴儿干都司的建立，标志着朱元璋轰轰烈烈的军事进攻大潮基本宣告结束。他和他的战将、幕僚以及大明军队所创造的伟大成果是前无古人后无来者的。

# 永不兴兵

和前朝一样，大明帝国拥有许多属国和藩国，可以说是傲视群雄，独步天下了。洪武二十五年，东面的高丽发生政变，大将李成桂推翻了亲元王朝，自立为王，改国号为朝鲜，并宣誓永世效忠大明王朝。众多藩国中东南有琉球国，西南有安南（越南）、真腊（今越南南部地区）、占城（今柬埔寨境内）、暹罗（泰国）及南洋群岛的诸岛国，内地和边疆周边则有许多部族和土司接受封赠，听从明朝节制。

按照旧制，藩属国必须在接受帝国新政权的印授册诰的同时缴还先朝的印授册诰，尊奉明帝国为大统正朔，然后遣使称臣入贡，表示永做藩臣，万世通好。明帝国承担藩国遭受危险时的保护义务，对其内政则不干涉，任其自立。为此，明帝国政府特设立三个市舶司管理沿海三个通商口岸：宁波市舶司指定为日本通商口岸，泉州市舶司通琉球，广州市舶司通暹罗南洋诸国。

朱元璋吸取元朝屡屡兴兵海外而得不偿失的"教训"，确立了致力于大陆经济发展、子子孙孙不要海外扩张的政策。他在《皇明祖训》中郑重告诫儿孙们：四方诸夷皆险山隔海，僻在一隅，得其地不足以供给，得其民不足以使令。若其不自揣量，来挠我边，则彼为不祥。彼既不为中国患，而我兴兵轻犯，亦不祥也。吾恐后世中国子孙恃中国富强，贪一时战功，无故兴兵，杀伤人命，切记不可。但胡戎与中国边境密迩，累世战争，必选将练兵，时谨备之。

综观历朝历代，中国政府的对外政策总是奉行一种保土安民，努力防御而非积极进取的和平政策，这是一种农耕文明的鲜明特征。这一方面固然是几千年崇尚"温良恭俭让"的儒家传统文化强烈影响的结果，不可否认也是一种妄自尊大、自我陶醉的优势心理体现，同时也同人们对海洋的经济价值、军事潜力认识肤浅密切相关。几千年来，我们的民族总是在"地大物博，人口众多"的自我感觉中陶醉，逐渐失去了独步世界的锐气，不断丧失了自己的海洋权益。这不能不说是一种民族的悲哀。

# 第十章　政通如水

为了一扫元朝遗留下来的弊政，朱元璋按照自己心中理想的治国模式进行了全新变革，他重视农业，大力推行农村建设，提倡节俭，严查贪官污吏，并对官吏渎职行为严惩不贷，恩威并施，缓和了国内矛盾，促进了民族大融合……

## 推行新政

早在洪武元年，朱元璋就开始尝试把工作重心转到政治和经济建设上来。朱元璋是中国历史上最勤政的皇帝之一，他从来不惮给自己增加工作量。从登基到去世，他几乎没有休息过一天。在遗诏中他说："三十有一年，忧危积心，日勤不怠。"史书记载，洪武十八年（1385）九月十四日至二十一日，八天之内，朱元璋批阅内外诸司奏札共一千六百六十件，处理国事计三千三百九十一件，平均每天要批阅奏札二百多件，处理国事四百多件。仅此一端，即可想象他是多么勤奋。

在古代，所有的汇报都要通过奏札逐级上递，每个官员不同的做事风格，其呈上的奏札也大不相同。刑部主事茹太素有一次上奏稿，洋洋洒洒有一万多字，极力炫耀文采，卖弄风骚。朱元璋让内侍一连念了三遍，最后发现其中有用的不过五百来字，其他全是一些歌功颂德、溜须拍马的废话。朱元璋叹了一口气，说："做皇帝难，做大臣也不容易，朕之所以要广开言路，是想得到那些切中要害、有益于国家的话。这些虚浮华丽的语句，只会扰乱视听罢了。太素所说的事，五百字就可以说清楚了。"于是朱元璋让有关部门制定一种固定的建言格式，颁示全国，并亲自作序，序言中要求以后凡有建言，都要按照这种格式书写，只需把中肯的意见列出来就行了，不许没话找话地无病呻吟（因令中书定奏对式，俾陈得失者无繁文。摘太素疏中可行者下所司，帝自序其首，颁示中外）。从那以后，明朝官员的奏札都和发电报似的，言简意赅，效率大大提高。

朱元璋取消了许多繁文缛节，他迫切地希望改变因多年战乱导致的人口锐减，经济凋蔽，土地抛荒，国防积弱的现象。"道路皆榛塞，人烟断绝。"面对满目疮痍的国土，朱元璋迫切想要迅速医治战争创伤，发展经济，改善民生。从为民着想这一点来说，朱元璋是一个难得的好皇帝，处处为农业生产着想，这也许和他本身就是农民出身有关吧！

朱元璋对各地方来京朝觐的官员说："天下新定，百姓财力都困乏，像新生的鸟儿和刚栽的树苗，拔不得毛，也动不得根。重要的是安养生息。"他下令：农民开荒种植的，不限亩数，一律免去三年租税（避乱民复业者，听垦荒地，复三年），无论这田以前是谁的，现在谁开垦的归谁所有。这一措施使得许多贫苦农民敢于开荒种田，都有了属于自己的土地，有了安身立命之本。当朱元璋推行的这些"土改"政策消息流传到元统治区时，广大的老百姓无不盼着明军的到来，好得到他们日夜祈盼的土地。

要开荒就得有人手，为了解决人力资源短缺的问题，朱元璋下令，释放在战乱中沦落为奴的人，给予他们平民身份（曩者兵乱，人民流散，因而为人奴隶者即日放还，复为民）。元朝统治时期，带来了落后的奴隶制度，使得蓄奴大盛，大量农民沦为奴隶，元末战争中，又有不少人因丧乱流离失所，沦为奴隶。朱元璋下诏解放奴隶，并下令由国家出钱赎回因饥荒典卖为奴的人口，使大量奴隶获得自由，有利于发展生产。出于同一目的，朱元璋还出台了限制僧尼数目以及禁止普通地主富户蓄奴的政策。

除了释放奴隶外，朱元璋还采取迁移人口的办法，把农民从人多地少的地方迁到人少地多的地方。洪武三年六月，迁苏州、松江、嘉兴、湖州、杭州无业农民 4000 多户到濠州，又徙山后民一万七千户屯北平；洪武四年，迁北平山后民 35000 多户散处各府卫，军籍者给衣粮，为民者给田地，又徙沙漠遗民 32000 户到北平屯田，置屯于大兴、宛平、良乡、固安等县。

朱元璋说："以前汉高祖徙天下富豪于关中，我当初不以为然，现在看来，凡事都有它的理由，京师是天下的根本，不得不这样做。"这些富户被强制迁徙时，只能带走金银细软，其原有的房屋土地等不动产则被收归官有，迁徙后不准随便离开凤阳回到原籍。一些被迁徙到凤阳的江南地主，思念故土，常常扮成乞丐回家去扫墓探亲，为了发泄对朱元璋的不满，他们自编了一个凤阳花鼓词，边走边唱："凤阳本是个好地方，自从出了朱皇帝，十年倒有九年荒。"这一民谣一直流传至今。

最著名也影响最深刻的移民当属山西移民了。元末战乱时，蒙古地主武装察罕贴木儿父子统治的"表里山河——"山西，却是另外一种景象，相对显得安定，风调雨顺，连年丰收，较之于相邻诸省，山西经济繁荣，人丁兴旺。再者，外省也有大量难民流入山西，致使山西成了人口稠密的地区。朱元璋收复山西后，从洪武初年至永乐十五年，五十余年间组织了八次大规模的移民活动。

晋南是山西人口稠密之处，而洪洞又是当时晋南最大、人口最多的县。据记载，明朝时在洪洞城北二华里的贾村西侧有一座广济寺，寺院宏大，殿宇巍峨，僧众很多，香客不绝。寺旁有一棵"树身数围，荫遮数亩"的汉槐，车马大道从树荫下通过。汾河滩上的老鸹（乌鸦的俗称）在树上构窝筑巢，星罗棋布，甚为壮观。明朝政府在广济寺设局驻员集中办理移民，大槐树下就成了移民集聚之地。

晚秋时节，槐叶凋落，老鸹窝显得十分醒目。移民们临行之时，凝眸高大的古槐，栖息在树杈间的老鸹不断地发出声声哀鸣，令别离故土的移民潸然泪下，频频回首，不忍离去，最后只能看见大槐树上的老鸹窝。为此，"大槐树"和"老鸹窝"就成为移民惜别家乡的标志。"问我祖先何处来，山西洪洞大槐树。祖先故里叫什么，大槐树下老鸹窝。"这首民谣数百年来在我国许多地区广为流传。

明初从山西洪洞等地迁出的移民主要分布在河南、河北、山东、北京、安徽、江苏、湖北等地，少部分迁往陕西、甘肃、宁夏地区。从山西迁往上述各地的移民，后又转迁到云南、四川、贵州、新疆及东北诸省。如此长时间大范围有组织的大规模迁徙，在我国历史上是罕见的，而将一方之民散移各地，仅此一例而已。明政府推行移民垦荒振兴农业的政策，虽然其目的是巩固封建王朝的统治，但客观上缓和了社会矛盾，调动了农民的生产积极性，使农业生产逐步得到恢复，边防巩固，社会安定。

对于迁移之家，朝廷给予耕牛、种子、路费，还免去三年赋税。边区人口内迁，既是为了发展经济，也有和敌对势力争夺人力资源、巩固国防的目的。

## 农业为本

朱元璋不仅鼓励老百姓开垦荒地，还鼓励军屯（士兵种地，自给自足）和商屯。明初军屯的规模很大，基本解决了军粮问题，减轻了农民负担。商屯是指由商人将粮食卖给军队，换取盐引（卖盐的许可证），这一措施也刺激了边区土地的开发，因为商人道远不便，就有许多农民自发或被强制迁往边地垦田屯种，这叫移民实边。

朱元璋自小就种过地，是一个标准的农民，他知道光有人有地还不够，要保证粮食丰收，必须有发达的水利和交通等基础设施。他非常重视兴修水利，他命令地方官，凡坡塘湖堰可蓄水防旱的地方都要修治；如果老百姓提出有关兴修水利的要求，必须马上呈报，否则给予处罚。在他的督导之下，全国各地大规模兴修水利，国子监的学生也被分派到全国各地督修水利，到洪武二十八年年底，全国共计开凿塘堰40987处，修河4162处，筑陂渠堤岸5048处。此外，洪武朝在修路、筑桥等基础设施建设的成就为明代之冠。朱元璋的这一做法不仅功在当代，即便是现在，我们很多地区的农业还享受着当年留下来的红利。

民以食为天，但是靠天吃饭始终有不可抗拒的天灾，遇到水灾旱灾歉收也是常有的事情。想到自己年轻的时候在灾荒之年的无助，想到老百姓四处讨饭的痛苦，朱元璋命令各地务必重视赈济灾民，加强社会保障，规定遇到荒年，要减免赋税，丰年无灾伤的，也要挑选一些地瘠民贫的地方给予特别优免，灾重的地方除了免交税收之外，还由官府贷米，或者是赈米、施布、给钞。明朝的许多地方都设有粮食预备仓，由地方耆老经营，准备大批粮食救灾。根据《明史·太祖本纪》记载：朱元璋在位三十一年，赏赐民间有布钞数百万，米百万多石，下诏减免租赋和赈济灾民达 70 多次。灾伤州县，如地方官不报告灾情，粉饰太平的，特许耆民越级申诉，朝廷会处地方官以死刑。就此一点，可以看到朱元璋对官僚主义的不满，他选择允许群众告御状的办法，这让所有的地方官都不敢怠慢，一心一意为地方老百姓服务。

在农村道德建设方面，朱元璋也下了一番苦心。《教民榜文》规定，本里有孝子贤孙、义夫节妇，里长老人可以直接上奏朝廷，同时文报官府转奏，地方官员在接报后也要上报，否则就以失职论处。每里每乡都设立申明亭和旌善亭，分别用来榜示好人好事和坏人恶事。为此，朱元璋发布了"六谕"，内容包括：要孝敬父母；要敬重尊长；要友爱邻里；要教育好子孙；让每个人都安居乐业；勿为非作歹。为了宣传"六谕"，朱元璋要求每一个里准备一种特殊的铃（木铎），村里的残疾人士时常手持木铎，巡行于乡里道路上大声宣读"六谕"。朱元璋发布的"六谕"是很容易做到的，都是身边的寻常事，也是一个人做人最基本的道德品质，通过这样的宣传和规定，明朝人骨子里的做人标准就这样一点点锤炼出来。

洪武十九年，朱元璋下令有关部门调查民间老年人口，并给予优待（诏有司存问高年）。规定：贫民年八十以上，月给米五斗，酒三斗，肉五斤；九十以上者，岁加帛一匹，絮一斤；有田产者罢给米。应天、凤阳的富民年八十以上的老人赐爵社士，九十以上的老人赐爵乡士；天下富民八十以上里士，九十以上社士，都和县官享受同等礼仪，免其家人田税劳役，仅此一点，就让天下百姓欣喜。自明朝起，中国孝道深入人心，家里有老人，全家受益。此外，鳏寡孤独等不能养活自己的人，政府每年给米六石。朱元璋所尝试和推行的社会保障即便现在看来也是非常超前的，实在令人尊敬！

老百姓不再为填饱肚子发愁，这是千百年来少有的事情，说朱元璋是古代最爱民、亲民的皇帝一点不为过。他不仅要让老百姓吃饱，还要让老百姓穿暖。早年深受苦寒的朱元璋大力推广桑、麻、棉等农作物的种植。战争年代他就曾下令：有田5至10亩的必须栽种桑、麻、棉各半亩，10亩以上加倍，田多的以此类推，凡不执行的要受处罚。

建国后朱元璋采用经济和法律手段在全国范围内推广这一政策，经济手段是：凡种麻的每亩征8两、种棉每亩征4两，种桑的免税四年，不种桑的要交纳绢，不种麻的要交纳布。洪武二十七年又下令扩种棉花，免其赋税，种植桑、麻、棉的成绩纳入官吏治行考核之中。

法律手段体现在《大明会典》中规定：如今天下太平，老百姓除了按照自己的本分交公粮和当差之外，没有什么其他的麻烦，因此，你们务必要按照国家号令，依法栽种桑树、枣树、柿子树和棉花。这样，每年养蚕生产的丝棉，可以丰衣，枣、柿子可以卖钱，遇到歉收年景可以当粮食，此事对你们老百姓有好处，乡村里甲老人务必要经常监督检查，若胆敢违背，家迁化外。朱元璋通过国家强制力推进种植，以收防灾减灾之效，他的心思可谓缜密，替老百姓考虑得十分周详。

桑棉的种植更是功在当代，利在千秋的事情。早在南北朝时期，棉花就已经传入中国，但直到南宋灭亡，一直没有很广泛种植，原因就是棉纺织技术太落后。那个时候南方人过冬一般穿麻布，而北方人过冬则主要用皮毛所制的裘衣，也就是我们今天所说的皮草，东北人爱穿貂的传统就是这么传下来的。宋朝末年的棉布制品比羔羊皮、狐狸皮都要贵重，只有帝王将相、达官贵人才能穿上轻暖温柔的棉衣，但他们的棉衣也不多，破了以后也是多次补缀，继续使用。元朝时从中亚引进新的棉花品种后，棉花种植进入一个新的发展阶段，海南黄道婆为棉纺织业做出了重大贡献，被载入史册，但棉布在元代仍是王公贵族的奢侈品。经过朱元璋的大力推广，棉衣在明朝才成为百姓的寻常衣料。到了今天，各种化纤产品做的衣物尽管时尚多样，但是大家最喜爱的还是穿着舒适的棉织品。

# 民风建设

吃得饱，穿得暖，老有所依，老有所养，老百姓可以安居乐业了。朱元璋又表示，老百姓只有物质生活还不够，必须要有良好的社会风气和老百姓公约。

朱元璋提倡邻里守望，劝导农民开展互助合作，大家互相帮助，有福同享，有难同当。户部劝谕：一里之内，有婚姻死丧，疾病患难，有钱出钱，有力气的出力气。春耕秋收的时候，一家无力，百家帮忙。每里有一鼓，农桑时日，清早击鼓催人起床做工，有懒惰的由里老督责，里老不管事的要受到处罚。为了做到"出入相友，守望相助，疾病相扶持，百姓亲睦"，朱元璋专门发布了乡里之间互助互济的文告，说："乡里人民，贫富不等，婚姻死伤吉凶等事，谁家无之。今后本里人户，凡遇此等，互相周给，比如某家子弟婚姻，某家贫窘，一时难办，一里人户，每户或出钞一贯，每里百户就是百贯，每户五贯，百户即是五百贯。如此资助，岂不成就。日后某家婚姻亦依此法，轮流周给。"朱元璋让大家给新人出钱财，听起来很像现在结婚随的份子钱呢！

为了增加村民们的交流和集体学习的机会，教民榜文规定，每年正月和十月，全国各乡村都要举行两次全体村民大会餐，名曰"乡饮"。届时，全体村民必须在进餐之前，聆听年高望重者发表训词讲话和宣读朝廷最新发布的法令文件，所有行为不轨者将在此受到批评教育，其中屡教不改及态度恶劣的人，将被宣布为"顽民"，扭送到县政府去，甚至包括他的家人都将被发配或充军到边远地区。这是朱元璋规定的全村人的集体生活方式，相当于全体村民大会召开了，一年的光景，该表扬的表扬，该批评的批评，大家一起帮助落后分子进步，先进带后进。这个方式确实太有效了，村民们不仅统一了思想，还增强了活力和凝聚力，中国农村许多优良传统就是从明朝时开始奠基，一扫数百年来因战乱导致的风气不正，传统道德缺失。这种"乡饮"的习俗如今在我国南部少数地区还保有，比如在广西京族聚居区，就有这个习俗。

朱元璋认为，所有的流动人口都是不稳定因素，规定：凡行医卖卜之

第十章　政通如水

---

人，只能在本乡活动，不得远游，否则治罪。村民互相监督，只允许在一里地范围内活动，出入作息，家里有几口人，都从事什么职业，邻里间必须互相知晓（人民邻里互相知丁，互知业务，俱在里甲）。对那些行踪诡秘、不务正业、游手好闲之人，允许四邻、里甲、亲戚诸人拘拿送官，若坐视不问，一旦作奸犯科，上述人等全部都要受到牵连。朱元璋还在全国推行了一套极有创意的凭引（大约相当于现在的户口本或身份证）制度，对各行各业的活动方式及范围，作了严格规定：商人要有商引，无引者以奸盗论处；贩盐要有盐引，卖茶要有茶引，无引者以走私论，处死刑。除了这些职业证件，百姓外出还要有路引（相当于介绍信），凡去到百里之外，而无官府发放的路引者，均可擒拿送官，告发、擒拿者有赏，纵容者问罪。这样，全国人口就被牢牢固定在土地上，被安居乐业了。

朱元璋的这个做法保证了每一个村子都是铁桶一个，什么坏分子都混不进来，那些想要搞窜连、想要搞群众运动的简直没有任何生存空间。这种以牺牲活力来换取稳定的方式并不完全是消极的，繁荣、稳定密不可分，只有稳定，才能繁荣，尤其是在农业社会对流动性要求不高的情况下，利大于弊。不过事情都有正反面，朱元璋的这个做法到了明朝中后期，就显得不合时宜了，极大地限制了中国资本主义的萌芽，束缚了劳动力的自由流动，使得中国逐渐落后于世界发展潮流。

朱元璋以法律的形式出台了很多政策，保障村民自治，严禁地主官员干涉居民事务，他严禁官吏下乡考察、调研、慰问等，依靠里长治理村民，以防官吏扰民、害民。朱元璋看透了官吏的本质，权力是可怕的猛虎，缺少了约束就会伤民。他认为村里老人洞查世事，人情练达，德高望重，而且清心寡欲，值得信赖，因此村里的里长大多由老人担任，称为里老。他还建立了一种老人断案理讼的乡村自治制度，一些次要的司法事务例如户婚、田土、斗殴、争占、失火、盗窃、骂人、钱债、赌博、擅食田园瓜果、六畜践踏禾稼、亵渎神明等可由老人和里长来审断，只有严重的案件如通奸、偷盗、诈骗、仿冒和人命案件才报告地方政府审理。朱元璋明白人言可畏的分量，也知道舆论力量是非常可怕的，村里人的冷眼就足够逼死一个恶人了。所以朱元璋的这个方法确实是可取的，保持了民间百姓的淳朴和观念里的对与错。许多事情大家都循规蹈矩，约定俗成，形成一个良好的社会风气。朱元璋认为里老和普通村民住在一起，比较了解情况，因此裁决会比较公正而且切合实际。在审讯时可以使用打板子等轻刑，但不得设置牢狱，不得拘禁，白天审问，晚上必须放回，第二天再接着审。如果乡老里长也犯了罪行，应由其他乡老里长审理。他专门规定上述惩恶扬善的过程，地方官员不许干预，官员的职责就是如实向皇帝报告，若地方官员敢于干预，一并治罪。

为了让大明帝国的建设后继有人，朱元璋大力兴办基础教育，采取国家培养人才的方式，解决了生员本人及其家庭的生活来源。洪武十三年（1380年）八月，朱元璋颁制天下，规定：学校师生的廪膳（公家发给生员的膳食津贴），为每人每天一升米（约2斤米），鱼肉蔬菜之类的副食，也都由官府负责供给。洪武十五年（1382年）四月，朱元璋诏告天下都要祭祀孔子，又赐给学校钱粮，以扩大师资力量，扩招学生，应天府增加一千六百个名额；地方各府分别增加一千个名额；地方各州分别增加八百个名额；地方各县分别增加六百个名额。师生每月供给廪膳米一石（约153斤米），教官的薪俸不变。从政府对师生的膳食津贴可以看出是非常高的，不仅可以让读书人能够吃得饱，甚至还可以接济、补贴家里人，这才是真心做教育。

朱元璋上述各种举措，主观目的在于实现社会的稳定和人民群众的安定团结，从而实现江山世代永固，客观上有利于社会的和谐进步，许多创新性的改革，特别是在居民自治和社会保障等方面的探索，前无古人，罕有来者，至今仍有借鉴意义。

## 节俭务实

朱元璋非常痛恨贪污腐化，他提倡清廉做官，务实工作，多做实事，为此做了许多探索。为了减轻农民的负担，也为了提高官府的办事效能，朱元璋尽可能地压缩政府衙门和官吏的数量。据洪武四年底统计，全国设置府、州、县共一千三百四十六个（府一百四十一个，州

从乞丐到皇帝：朱元璋

一百九十二个，县一千零一十三个），官员共四千四百九十三个。据洪武十三年统计，京城六部门官吏总共有五百四十八人，全国文职官吏不过五六千人，每个县的平均负担不过五六个人。这个官员比例即便在欧美国家也是非常低的。在中央机构，出于同一理念，朱元璋在建国初期就取消了中书省内副丞相平章的职位设置，大大削减了权臣的数目。许多官员都被历练成全能型人才，身兼多职。事实证明，这些官员都做得很好，完全不会因为工作量大而顾不过来。

对于官员的俸禄，朱元璋奉行适当的以薪养廉，同时避免官员奢侈浪费。原则是既不"虚费天禄"，又使官员得以制禄养廉，为朝廷管理百姓。他说，不预先给以养廉之费，便难以责其奉公守法。洪武二十五年（1392年），一个正七品知县月俸七点五石、年俸九十石，一个正九品县主簿月俸五石，年俸六十石，相当于四十亩田的中小地主进益，从理论上可以实现小康生活，但又不至于奢侈。朱元璋要求官员们"量入为出，裁省妄费，宁使有余，毋令不足"，过一种恬淡节俭的生活，不要奢侈腐化。

朱元璋的节俭，在历代皇帝中也堪称登峰造极。当了皇帝后，他每顿吃饭，只用蔬菜，外加一道豆腐。他所用的车舆器具以及卧具等，并无金龙在上。他睡的御床与中产人家的睡床没有多大区别。他命工人给他造车子造轿子时，按规定应该用金子的地方，都用铜代替。主管这事的官员说："这用不了多少金子。"朱元璋说："朕富有四海，岂吝惜这点黄金。但是，所谓俭约，非身先之，何以率天下？而且奢侈的开始，都是由小到大的。"

洪武三年（1370）正月的一天，朱元璋拿出一块被单给大臣们传示。大家一看，都是用小片丝绸拼接缝成的百纳单。朱元璋说："此制衣服所遗，用缉为被，犹胜遗弃也。"

在朱元璋的影响下，宫中的后妃也十分注意节俭。她们从不盛装打扮，穿的衣裳也是洗过数次的。有个内侍穿着新靴子在雨中行路，被朱元璋发现了，气得痛骂了一顿。一个散骑舍人穿了件十分华丽的新衣服，朱元璋问他："这衣服用了多少钱？"舍人回道："五百贯。"朱元璋痛心地说:"五百贯是数口之家的农夫一年的费用,而你却用来做一件衣服。如此骄奢,实在是太糟蹋东西了。"

朱元璋不喜欢喝酒,他多次发布限制酿酒的命令。他不爱奢华,讲究实际。他命令太监在皇宫墙边种菜,所产供膳房使用。他终生严格要求自己,不懈怠、不腐化,像一个普通农民那样生活着。

对自己严格要求,但是对于新赴任的州县官员及其家属,朱元璋却很慷慨。他会给予上任的官员们绸绢、罗布以及路途盘缠,因为新上任的地方官员多是布衣百姓,到任之初,如果向人借贷,难免渔猎百姓。这一点实在是考虑的太周到了,解决了许多贫困家庭出身的官员上任做官的尴尬和实际问题。官员回乡迎养父母,或是官员在远方任职,死于任上,老婆孩子不能回到故乡,政府部门都派车船接送(有司给舟车咨送)。这样就把许多事情放在官面上,由官家出面解决,即照顾了官员,避免了许多迎来送往的客套,更重要的是,避免了官员趁此机会收取贿赂。可谓是一举数得!

# 大棒加胡萝卜

为了提高官员的工作效率,为了约束、钳制官僚队伍,使他们不乱纪、不害民,朱元璋大力开展制度建设,明确政府职能,规范官员行政行为,并建立了一套监督考核体系。他亲手编定《诸司职掌》《责任条例》《到任须知》等规章条例,明确规定各级官员的职责、责任和禁令,他命令将《责任条例》刻板印刷,广泛张贴宣传,要求官吏永远遵守。

有了工作尺度和标准,还需要有严格的法律制度来监督官员们才是长治久安之举。朱元璋出身平民,对官吏巧立名目、横征暴敛、贪赃害民、仗势欺人的行为有切身感受,对贪官污吏和不法乡绅祸害百姓十分痛恨。洪武二年,朱元璋说:"从前在民间,见州县官吏大都不体恤百姓,贪财好色,饮酒废事,对老百姓的疾苦漠然视之,心里恨透了,如今要立法严禁,凡有官吏贪污蠹害百姓的,决不宽恕。"

《明律》规定:监守自盗,赃至四十贯绞。洪武四年,朱元璋下令:

凡贪赃六十两白银以上，就要将犯者枭首、剥皮示众。明初的一两银子，按当年的米价折合计算，相当于现今人民币 600 ～ 800 元之间。由此推算，在明代官员贪赃 5 万元左右的财物，便会被处以极刑。当时在各地县衙附近都设一土地庙，作为剥皮场，又称皮场庙，被剥下的贪污案犯人皮，填满草，悬挂在官府公堂座旁。事实上，剥皮场并没有剥过太多的贪污的官员，许多官员只是看到这个制度就已经胆战心惊了。有些意志不坚定的人，宁可不去做官，免得不小心犯了大错，被酷刑惩处。实际上，在建国初期，朱元璋出于休养生息的需要，采用了刘基的建议实行宽政，颁行了量刑较轻的洪武七年律，剥皮场等主要取其震慑意义，极少实施。

对于那些不小心犯了错误的失足官员，朱元璋并不完全一棒子打死，他特别重视给予名誉上的惩罚。古人都好面子，朱元璋就撕下他们的伪面目。他命人在专门修建的亭子里或是犯者的家门口张榜公示其罪行，"揭诸司犯法者于申明亭以示戒。"又命刑部："凡官吏有犯，宥罪复职，书过榜其门，使自省。"只有那些屡教不改的才按法律罚处（不悛，论如律）。舆论力量很可怕，官员们大多夹起尾巴做人，兢兢业业，不敢怠慢老百姓，用心为百姓服务。

由于明初官场极缺人手，出现一个有趣的现象，许多犯官戴着镣铐在办公。洪武年间，在各级府衙中，这种戴罪办事的人，一度达到 328 人之多。于是，在大明帝国的官场上，便出现了这样一道罕见的风景：坐在公堂之上的官员，问案时铁面无情，而他脚上却戴着镣铐。因为他本人已被判了罪，只是在提着脑袋干活，如果干得不好，脑袋真的就保不住了，这样的处境，哪个官员还敢不好好干呢？这种情景与战争年代朱元璋刻意处罚将领让其戴罪立功的做法和思路是一脉相承的。

在处罚之前，朱元璋很注重预防和教育工作，使其知所进退。他的宗旨不是杀掉犯官，而是惩前毖后，治病救人，处罚官员多以劳改为主，一般官吏犯罪的，鞭打一顿后发配到凤阳种地。如洪武八年，"宥杂犯死罪以下及官犯私罪者，谪凤阳输作屯种赎罪"，洪武九年以前到凤阳屯田的犯官累计有一万人之多。洪武十八年，朱元璋又下令逮捕历年侵害百姓的官员到南京修筑城墙。

为了让官吏有自我追求，辛勤工作，朱元璋下令对官员要进行考核。考核又分为"考满"和"考察"两种形式，考满是在官员任内进行，考核的依据是《诸司职掌》中规定的内容，根据官员的表现，给予"称职""平常""不称职"的评定。"考察"是针对全国官员进行定期考察，每六年举行一次，又被称为"大计"，在大计中不称职的官员分为八类情况：贪、酷、浮躁、不及、老、病、罢、不谨，这种划分法被称为"丽以八法"，凡被列入八法之中的，都要降级或是撤职，是京官的还要调出京城。在大计中受到处分，被官员认为是最大的耻辱，有的终身不再任用。洪武十八年对天下地方官员四千一百一十七人的考核结果是：称职的四百七十一人，贪污的一百七十一人，无能的二百四十二人。称职的只占百分之十多一点，可见考察是十分严格，绝不走形式主义。朱元璋十分重视精神层面的奖惩，对大臣的名誉进行处罚，使其产生愧疚，是朱元璋整顿吏治的一大特点。

地方官员每三年一次进京述职，朱元璋照例都要赐宴，他规定：凡考核称职的，赐座，坐着吃；平常的，有宴无座，站着吃；不称职的，排好队站在门口等着，看着人家吃，等里面酒足饭饱退席后，才可以离去。凡称职而做了好事的，把事迹写在家乡的旌善亭；做了坏事的，则书写于家乡的申明亭。让父母妻子儿女同荣共耻，让家乡百姓传美传刺，口赞口詈。对于廉洁的官员，不仅有赐米赐绢，还有鼓乐开道的恩荣，使其美溢远扬。廉洁的官员，即使因他事犯法，可以获得减刑或赦免，有的已经批捕入狱，往往因为地方百姓的吁请恳留，而得以官复原职。洪武二十九年，四川定远知县高斗南等人因事被关入监狱，当地老百姓认为不公，就到京城上访，讲述高斗南等人的善政，要求撤销对其处罚。朱元璋听到报告后，不仅撤销了处罚，还对这几个官员进行了奖励，赐给袭衣、宝钞，仍任原职，这几个人后来政绩更加显著。他经常表扬和越级提拔清介自持、忠勤不贪的官员，树立典型。福建按察使陶垕（音同"后"）仲惩治赃吏数十人，尽除弊政，抚恤军民，朱元璋下令表彰他。对于善始善终的循吏清官，朱元璋给予厚赏，并为他们修建府第，他们寿终时，朱元璋亲自写祭文，以彰其德，还将廉吏、清官的事迹列入《彰善榜》和《圣政记》中。

依靠群众监督官僚是朱元璋整顿吏治的另一大特点。朱元璋深知官员队伍难以治理，考核有时不能奏效。他认为官员的好坏，只有当地老百姓最清楚，朱元璋要老百姓帮他鉴定官员的善恶廉贪，向朝廷报告本地官员的贤愚，鼓励老百姓进京告状，并且将这项权利写入具有法律效力的御制《大诰》中，规定："自布政司到州、府、县官吏，私自巧立名目，害民取财的，许境内诸耆宿人等，与乡村市井连名赴京状奏，明指实迹，以凭议罪。"朱元璋要求各地关津、隘口的把守者，对于进京告状的老百姓，即使没有通行证也要放行，阻拦者以"邀截实封"处罪，即等同扣压奏章治罪。

允许老百姓到京城上访，越级上告，这是一个多么神圣的权力！

老百姓对不作为的官不仅可以控告，还可以直接捉拿捆绑。河北乐亭县的主簿汪铎伙同其他人，打着促进发展经济的旗号，巧立名目，向老百姓摊派敛钱，要求老百姓每人捐出相当于当时副县长一个月工资（6石米）的钱财，引起民怨沸腾。农民赵罕辰率领三四十个农民将汪铎等8个污吏捉拿，押往南京告状。半路上，汪铎苦苦哀求道："我从14岁开始寒窗苦读，才有今天的地位，饶了我这一次，休坏我前程。"赵罕辰不依，仍将他送到京师，朱元璋下令将其斩首。当然这种扭送捆绑都是要有真凭实据的，如果查无实据，老百姓可是要承担责任的。老百姓有了扭送贪官酷吏的权力，试问哪个官员还敢不作为或者胡作非为呢？

以往历朝历代，都是皇帝命官吏监视百姓，治理百姓，现在却是皇帝请百姓监视官吏，告发官吏，有冤情的官吏也要请百姓辩诬保全，官民的地位完全颠倒过来了，这一做法颇有些现代民主的色彩。

# 重典治吏

照规定，每年各布政使司和府州县都得派上计吏（会计）到户部，计算钱粮军需等账目，府合省，省合部，层层上报，一直到部里审核报销，才算手续完备。钱款数字有分毫不合，整个报销册便被驳回，得重新填造。由于各布政使司远离京师几千里，为了免得部里挑剔而来回奔波，上计吏照例都带有预先备好的盖有骑缝章的空印文书，遇有驳回，随时填用。这本无可厚非。洪武十五年，朱元璋忽然发觉此事，以为其中定有弊端，大发雷霆，下令将地方各衙门的长官主印者一律处死。一时间，因为"空印案"而被处死的官员非常多。

洪武十八年三月二十八日，朱元璋怀疑北平二司官吏李或、赵德全等与户部侍郎郭桓、胡益、王道亨等互相勾结，合伙贪污，便下令法司严刑拷问，查出郭桓等人贪污官粮达七百余万石，于是大兴冤狱，史称"坐盗官粮案"，又称"郭桓贪污案"。参与者礼部尚书赵瑁、刑部尚书王惠迪、兵部侍郎王志、工部侍郎麦至德全部伏诛。由此案而下狱拟罪的达数万人，很多无辜的官吏都被牵连进去了；追赃的时候，又任意扩大范围，百姓中产以上之家几乎都因此而破产；而且下诏指明对贪官污吏的惩罚永远不能赦免。民间一时怨声载道。

由于"郭桓贪污案"乃有明开国以来第一大贪污案，朱元璋不免借以造势，以儆效尤。御史余敏、丁廷举等上疏奏报民情不平，朱元璋就亲自下诏列举郭桓等人的罪状。余敏等又奏郭桓案所指证的都是法司严刑拷打逼他招供的，大多是冤案。朱元璋只好一面将郭桓等人的罪状用皇榜示于天下，一面将制造冤案的右审刑吴庸等处以极刑，借以平息人们的怨恨。

在郭桓贪污案中，朱元璋虽然借之生事，株连了无辜，但却反映了他对这件开国以来最大的贪污案的警醒与重视，想用严刑杜绝官吏的贪赃之风。

朱元璋不仅借郭桓一案大开杀戒以儆效尤，而且颁行书册，以警告各级官吏。洪武十八年颁布《大诰》律，对官吏贪赃违法，施用重刑；又于洪武二十五年八月颁布《醒贪简要录》，让食禄者多多体恤百姓，不要贪暴。

在朱元璋严刑打击和书面警示的两手治理之下，确实起到了一定的效果，但却不能从根本上对官吏之间的贪污之风加以抑制，甚至出现府州级官员贪污赈灾款的案件。

洪武十六年至十八年，河南连续三年发生水灾，民不聊生。朝廷连续三年发派官员携钞到河南，会同当地布政司、按察司及府、州县对灾民进行赈济。洪武十八年，郑州知州康伯泰、康武县丞柴琳等将赈济灾民的救济款贪污为己有。康伯泰贪污1500贯，柴琳贪污200贯，布政使杨贵是700贯，参政张宜为4000贯，王达8万贯，典吏王敏1500贯，张岩500贯。赈灾款被这些贪官据为己有之后，灾民生活艰难。他们居无定所，食不果腹，衣不遮体，不得不典妻卖儿以求度过灾年。上述官吏的贪污事件暴露之后，相关人员立即被逮捕下狱。各贪污之人，除了参政张宜等为功臣之子，免死充军之外，其余官吏一律处决。此案反映了朱元璋推行的"重典治吏"的国策。

但它发生在郭桓贪污案之后，本身也就说明了，朱元璋的两手政策固然有一定积极作用，但对官吏的贪污之风，却没有根治的疗效。

朱元璋常叹道："我处乱世，不得不用重典。"

"我欲除贪赃官吏，奈何朝杀而暮犯？今后犯赃的，不分轻重都杀了！"

"国初至今，将二十载，无几时不变之法，无一日无过之人。"

"天下初定，民顽吏弊，虽朝有十人弃市，暮有百人而仍为之。"

从朱元璋的哀叹中可以看出，虽然杀了许多贪官污吏，但后起者仍层出不穷，大有"野火烧不尽，春风吹又生"之势，可看作他用重典的不得已而为之的苦衷。

## 民族大融合

如果说，元朝是一个民族大交流时期，大批蒙古、色目、回回人移民到内地生活，那么，明朝就是一个完成民族大融合的时期。不少进入内地生活的不同民族成员，在明朝的强力政策影响下，经过200多年的融合，民族差异逐步消失了，滚滚洪流汇入了汉族主旋律之中。

众所周知，元朝统治者根据"入伙时间"的前后，把当时的族群分为四类，第一类蒙古人，第二类色目人，第三类汉人（北方汉人），第四类南人（南方汉人）。入伙越靠前，地位越高，享有法律上的一些特殊优待和特权。

表面上看，汉民族处于最底层。但实际上，这并不妨碍部分汉族中的优秀人士出仕为官，享有特权。但是，元朝存在民族压迫是事实。蒙古人地位最高，色目人其次，尤其是一些色目人奸商利用蒙古地方长官文化水平较低的缺点，上下其手，包办税收，欺上瞒下，攫取超额利润，也是元朝社会最终走向崩溃的重要原因之一。红巾军起义以后，正所谓"手持钢刀九十九，杀尽胡儿方罢手！"红巾军在激进的政策下，想必也杀了不少好人！等到朱元璋定鼎天下的时候，留在内地的蒙古人、色目人惶惶不可终日。

在这种情况下，朱元璋下令："如蒙古、色目，虽非华夏族类，然同生天地之间，有能知礼义，愿为臣民者，与中夏之人，抚养无异，故兹告谕，想宜知悉。"他宣布实行公民平等政策，这样很快安定了人心。

当明各级政府急需人才的时候，朱元璋又下令："蒙古、色目人既居我土，即吾赤子，有才能者，一体擢用。"这等于宣布，蒙古、色目人重新获得了进入帝国官僚统治集团的国民平等权利！

朱元璋积极推进民族通婚和民族融合，并带有一定的政策强制性。洪武七年二月，正式颁行的《大明律》中，卷六《户律·婚姻》明确规定：凡蒙古色目人，听与中国人为婚姻，务要两相情愿，不许本类自相嫁娶，违者杖八十，男女入宫为奴。他以法令推进民族通婚，来加强民族融合，速度是很快的，往往两三代人，就可将其汇入主流民族。

当时大量蒙古、色目人改易姓氏，从多字姓改成了单字姓，而不少人干脆改成汉族大姓如张、王、李、赵、刘等，与汉族人混同，这也是如今这五大姓人口众多的原因之一。朱元璋站在儒家宗法角度，对此提出了严厉警告，提醒姓氏是家族的本源，不能因改姓而让子孙忘记祖宗的出处！在此精神下，很多蒙古、色目人根据祖先名字的谐音单独取一个字，创造出一些新姓，如"达"姓，"火"姓等等。所以，尽管过去了 600 多年，今天一些汉族人，只要把姓名写出来，一看便知，是这批

蒙古、色目人的后代。而那些已经改成了张、王、李、赵、刘等汉族大姓的家族，就真的难以分辨了。

对于南方少数民族地区和地方土司，朱元璋则恩威并施。

一是不吝封赐。对于土司酋长封以官位，允许其有一定的辖地和土民，利用他们倾心内向，维持地方秩序，发展生产，征缴赋税。土司衙门有宣抚司、宣慰司、招讨司等，封官可以世袭。

二是实现"改土归流"。"土"即"土官"，指当地部族酋长；"流"即"流官"，指由朝廷派任的有一定任期的非世袭的地方官。实际上也就是用流官监视土官，将其政治经济行为尽力纳入朝廷规范。对于极边远的地区，朝廷采取放任自流的愚民政策，只要土司肯听话，军政大事全凭其定夺。在内地则取积极的同化政策，如派流官协同治理，开设官路驿道，选拔土司子弟到国子监读书等。如此潜移默化，逐步将其改建为朝廷直接治理的州县。

治理西北羌族等少数民族也有两种办法：一是用其酋长为卫所长官，世代承袭；一是因其土俗，建设寺院并赐予蕃僧封号，利用宗教来统治边民。羌族力量分化，兵力分散，西边的国防就可高枕无忧了。现在的西藏和西康当时都是西北少数民族的宗教中心，僧侣兼管政事，明廷仍袭元制，封其长老为国师法王，令其抚安蕃民，定期朝贡。为了永图入贡和通商利益，就得世代保持袭官和受封的权利，因此僧侣法王都表现得服服帖帖，尊奉朝廷。明朝三百年，西部羌族大体平静，没有发生什么大的变乱，可见这些政策行之有效。

朱元璋大力经营甘肃宁夏一带，招抚西部各羌族回族部落，给以土司不同名义或王号，极尽分化瓦解、拉拢利用之能事。在长城以北今内蒙古内，就各个军事要害处，建立军事据点，逐步推进，用武力压迫蒙古人不得不退缩漠北，不敢靠近边塞，扰乱边境群众的经济生产和安宁生活。至此，西北的问题算是很好地解决了，至于东北问题，那就是奴儿干都司的设置，有效地管理着白山黑水地区的广大少数民族。

由于朱元璋宽松得体的民族政策，一些民族差异消失了，语言差异消失了，教派融合了，民族数量减少了，中华民族的基础却更壮大了。

# 第十一章　强化皇权

朱元璋感到相权的威胁，更担心自己死后太子无法驾驭群臣，便着手布局废弃丞相制度。为了显示自己仁至义尽，他给了胡惟庸充分的暴露时间，为此不惜牺牲掉刘基这位良臣谋士。最后，朱元璋借胡惟庸案，废除了丞相制度，一举拔除了淮西集团这个隐患，强化了皇权……

## 首兴文字狱

朱元璋对朱氏江山的传承非常重视，他希望大明朝可以子子孙孙地绵延下去，为此，他出台了许多值得称赞的法律、制度以及全民公约，防止他的江山变色，皇权易主。但除了我们前面提到的他在政治、经济、军事、文化、教育、公共事业等方面的改革之外，他还在如何加强皇权，巩固皇权方面做了许多探索。最让后人感叹的，就是他对有功之臣举起了屠刀，几乎杀光了为他出生入死、运筹帷幄的文臣武将。

除了用重典治国之外，朱元璋偶尔还会随性发挥，随便拟个罪名就处死令他恼火的人。有些人被杀的一点都不冤，可是也有确实被冤杀的，其中最令后人诟病就是他放出了文字狱这个恶魔。

明朝以往的朝代虽然也有文字狱，但却没有作为一种惯例或是制度长期悬在文化人头上。直到朱元璋时期，文字狱正式列入诏狱（锦衣卫设的监狱）的一种，罪状由朱元璋或者当权者对文字的歪曲解释而起。一个单字或一个句子，一旦被认为诽谤皇帝或讽刺政府，即构成刑责。文字的含义不在客观的意义，而在当权者的主观解释。说得简单点，就

是朱元璋通过丰富的想象力和荒诞的逻辑推理，就可以定罪。

朱元璋憎恨读书人玩弄文字游戏讽刺当权者其实是有缘由的。当年朱元璋的死对头张士诚，一向对读书人不薄，养着一批文人，可这帮文人表面上对张士诚谦恭有礼，骨子里却根本看不起他。张士诚原名张九四，称王以后，觉着这名字俗气，想取个官名。他们便替他起了个官名叫士诚。后来有人查阅《孟子》一书，见上面有"士，诚小人也"一句，也可读做"士诚，小人也"。

朱元璋听了这故事，回去一查《孟子》，果然如此，于是对读书人更为憎恨。从此以后他每次翻阅臣下所上的表笺，就留了个心眼儿，凡是里面有影射嫌疑的一律砍头。其实，这些文字是不是真有那么严重的鄙视的意思，朱元璋心里也没底，但他总觉得所有文字的背后都有可能暗藏着数不清的挖苦、挪揄和讥讽。确有其事的，杀了活该；被冤杀的，权当是一种震慑吧。

当时的江淮方言，"则"与"贼"读音相似，内外文武大臣呈递表笺时，朱元璋对这些表笺格外在意。如浙江府学教授林元亮因所作《万寿增俸表》中有"作则垂宪"句被杀，朱元璋以为这是在讥讽自己有落草为寇的经历。其他因为"则"字被杀的官员还有北平府学训导赵伯宁、福州府学训导林伯璟和桂林府学训导蒋质等。

尉氏（河南尉氏）县学教授许元，在奏章上有"体乾法坤，藻饰太平"。这两句话是千年以前的古文，但朱元璋却解释说："法坤与'发髡'同音，发髡是剃光了头，讽刺我当过和尚。藻饰与'早失'同音，显然要我早失太平。"于是许无被处斩。

杭州府学教授徐一夔（音同"葵"）的表文中有"光天之下""天生圣人"等语，朱元璋牵强附会，说文中的"光"指光头，"生"是"僧"的谐音，徐是在借进呈表文骂他当过和尚，结果徐一夔因这两个字被斩。

有个叫释来复的印度高僧，受到邀请给朱元璋讲授佛学。朱元璋对他十分礼敬，赏赐了很多财物。释来复回国之前，写了一首谢恩诗，其中有两句："殊域及自惭，无德颂陶唐。"意思很明显，他生在异国（殊域），自惭不生在中国，觉得自己还没有资格歌颂大皇帝。但是朱元璋是天生做"福尔摩斯"的料，看到这首诗马上展开了丰富的联想：殊，这不就是"歹朱"吗？无德，明明指没有品德。朱元璋当即翻脸，释来复也不用千里迢迢坐马回印度了，直接被一根绳索送回老家了。

朱元璋如此的滥杀无辜，实在是一种白色恐怖，不仅压制了学术研究，也遏制了思想的进步。但是，朱元璋的做法对巩固皇权，加强中央集权还是有作用的，任何与他背离的想法和行为都是严禁的。按照朱元璋规划的路线和要求，大明帝国渐渐呈现出他期望的模样。

## 特务横行

朱元璋是个疑心很重的人，他不轻易相信别人，能在他心里占据地位的基本都是他的同乡，或者是他的养子，还有为数不多的猛将。朱元璋投身反元义军的时候，一直处在郭子兴的阴影之下，还几乎死在郭家人的手里，这对朱元璋的刺激非常大。当他首次脱离了郭子兴的控制之后，便开始极力组织自己的帮派，最初从郭子兴那里带走的 24 个人就是他最初的"近卫军"。

身处乱世，又没有军队护驾，朱元璋的处境十分危险，尽管他是个公关能力非常强的人，结识了许多地主富豪，但是自身的实力才是最重要的。他一步步招揽、吞并其他地主武装，在逐渐壮大的过程中，他发觉到情报的重要性。许多战争的胜负早在双方搜集情报的时候就决定了各自的命运，这让朱元璋不得不重视建立一支效忠于自己的情报组织——不仅仅用于军事，还可以监视身边那些拥兵自重的军事将领。为此，朱元璋开设了一个独特的特务机构——检校。他重用检校人员为其政治、经济、军事服务，监视控制危险分子，监听臣属幕僚的言行举止，提前发现子民的危险倾向，这是朱元璋政治、军事崛起的一大特色。他的特务组织由检校到后来的锦衣卫，其掌控的特务网络遍布全国。

检校早在朱元璋占领南京之初就已经设立了，"专主察听在京大小衙门官吏不公不法及风闻之事"。检校一般由文官担任，也有亲卫军官

第十一章 强化皇权

作检校的，也有和尚被选拔作检校的，甚至乡村里甲也被赋予巡检的权力。朱元璋手令"要人民互相知丁"，"知丁"就是监视的意思。对于邻里乡亲的出入远行必须随时掌握和报告，若发现图谋不轨者，必致邻里连坐。

杨宪是检校中非常厉害的一个角色，作为文官中的一员，杨宪在朱元璋心目中的地位并不低，并且他很有能力。杨宪是检校一员的事情对于众人来说是公开的秘密，都知道他是朱元璋的暗哨。

1367年，朱元璋打败大敌张士诚后，随即就将其地盘改称浙东行省，派外甥李文忠担任行省右丞，总管军务，杨宪名义上作为属官随行辅佐。临出发前，朱元璋告诫杨宪说："李文忠是我外甥，他年纪还小，没有什么历练，浙江方面的事务都由你做主。如果出了问题，我只拿你问罪。"

杨宪名义上是李文忠的属官，更是朱元璋不放心外甥掌管军务而派出的检校。果然，杨宪并没有因为李文忠是朱元璋所宠爱的外甥而有所顾忌，不多久就向朱元璋报告说李文忠不听他的话，任用儒士屠性、孙履、许元、王天锡、王橚五人做谋士。那时浙江作为前敌占区，许多读书人都在张士诚手下做过事，如今虽然归为了朱元璋的地盘，但对这些人，朱元璋却始终不大放心。一听到杨宪的报告，他立刻派人把这五个人押解进京，结果屠性、孙履被杀，其余三个人则充军发配。李文忠呆在浙东时间并不长，杨宪在短时间内迅速掌握了李文忠手下官员的动向，并一一向朱元璋汇报，他可称得上是个合格的情报人员。

洪武二年九月，有丰富情报工作经验的杨宪被朱元璋调回南京，随即进入中书省，担任中书省右丞相（相当于国务院第一副总理）一职，这是朱元璋最擅长的"掺沙子"手段。此前，另一位权臣汪广洋也调任南京，他被任命为中书省参政（相当于国务院总理助理）。但是，汪广洋职位在杨宪之下，一起共事的半年间，彼此相处得很不愉快。究其原因，杨宪是一个飞扬跋扈的人，这样的人谁能喜欢？

杨宪一进入中书省，就像是变了个人似的，以前他做检校工作，向朱元璋报告某人某事还都有凭有据，如今却不一样了。可能是他的兄弟杨希圣被罢黜的事情对他的打击太大，他面对左丞相李善长表面上恭恭敬敬，私下里却一直想扳倒这棵枝繁叶茂的大树。杨宪多次向朱元璋进言说："李善长无大才，不堪为相。"李善长是何等人物？在朱元璋心里，十个杨宪也抵不上一个李善长。可是，假话说多了，也会变成真话，尤其是杨宪这样的情报人员说出来的话。朱元璋本来就想限制李善长的相权，加上杨宪三番五次进言，他也就有了撤换李善长的想法。不过李善长很聪明，他巧妙地把自己的门徒胡惟庸安排进中书省之后，便主动退居二线。

洪武三年七月，杨宪被晋升为中书省左丞相（相当于现在的国务院总理），算是接了李善长的班，成为大明开国第二任丞相。乍看起来，风光无限。杨宪升任左丞相后，汪广洋则补了他的缺。

杨宪是浙东人，本应该重用浙东人，可是他成为左丞相后，并未把浙东派人士提携起来，反而处处打压，这让浙东派非常不满。杨宪喜欢原情报系统里的吴印、华克勤等老部下，指挥起来得心应手，但是对浙东派，以及包括李善长留在中书省的一些淮西派文官指挥起来，就不是那么容易了。

不久，杨宪唆使侍御史刘炳弹劾汪广洋事母不孝，将其罢官赶回了老家高邮。杨宪还不放心，又上奏朱元璋进一步将其赶到海南琼崖之地，远远离开政治权力中心。同时，杨宪加快步伐，大量更换中书省官员，换成自己认为不错的人。杨宪对于中书省的大换血，同时激怒了淮西派、浙东派两大势力，成为众矢之的。结果，李善长参奏弹劾杨宪排斥异己，图谋不轨，作为杨宪密友的浙东派代表人物刘基则提供了关键证据（见《明太祖实录》），矛盾重重的两大派居然协调无比地打了个漂亮的配合，最后杨宪身首异处！

杨宪之死，心中最清楚不过的其实是朱元璋，纯属统治集团内部的派系斗争使然。大明建国定鼎之时，统治集团内部人员需要分配新的位置，这种摩擦和争斗自然是无法幸免的。在中书省，杨宪整日与李善长、胡惟庸明争暗斗，他的躁进为自己招来了灭顶之灾。另外，官僚们对于情报人员有一种天然的反感，都担心自己的把柄不小心落入这些人

第十一章 强化皇权

之手，随时可能被引爆，后果不堪设想，所以杨宪不得不死。

史书上对杨宪之死含糊其辞，只说是犯事被诛，犯的什么事？没人知道，只知道他迅速从政治舞台上消失了。他消失得很蹊跷，其内幕几百年后仍然不为人所知。

## 锤炼太子

明朝建立后，朱元璋江山日益巩固，但是他发现，很多功臣太张扬了，而太子又实在是太忠厚老实了，无论是对官吏还是百姓都文质彬彬的，虽然这也是优点，但放在太子身上就显得懦弱了一些，尤其是面对那些开国功臣，太子很显然驾驭不了他们。如果自己百年之后，这些人有异变，大明江山岂不是要易主？

有人可能不理解，这些开国有功之臣怎么敢不尊敬太子或者未来帝位的继承人呢？举个例子就明白了，一个有能力的带头大哥带着几个年轻一些的哥们做成了一个年产值几个亿的大企业。等带头大哥年纪大了或者死了，把总经理的位置让给他的儿子坐，可是那些企业里的老家伙们不给这位太子哥面子，甚至架空他，或者把他一脚踢开都是常有的事情。一个企业是这样，一个国家也是这样，赵匡胤陈桥兵变就是个先例。因此，朱元璋一定要知道他的臣子们都在想什么，和谁是一伙的，他们的目的是什么。这就是他倚靠检校秘密监视群臣的一个目的所在。

太子朱标出生在攻占太平府的军旅之中。长子的出世，给酣战中的朱元璋带来了莫大的欣喜。得报后，朱元璋兴奋地在当地的一座山上刻石曰："到此山者，不患无嗣。"兴奋之余，他也对儿子抱以极大的希望。稍长，便让其拜宋濂等名儒为师，接受教育。

吴元年（1367 年），朱元璋令朱标赴临濠祭拜祖墓，希望借机训练他将来为人君的本领。临行前，朱元璋教导说："古代像商高宗、周成王，都知道小民的疾苦，所以在位勤俭，成为守成的好君主。你生长富贵，习于安乐。现在外出，沿途浏览，可以知道鞍马勤劳，要好好观察百姓的生业以知衣食艰难，体察民情的好恶以知风俗美恶。到老家后，要认真访求父老，以知我创业的不易。"

洪武元年（1368年），大明王朝建立后，朱标亦被立为太子，从而开始了他长达二十五年的储君生涯。为了训练出理想的继承人，能干的守成之君，朱元璋处心积虑，费尽心机。建国后，他广聘名儒，在宫中特设大本堂，贮藏各种古今图书，让诸名儒轮班为太子和诸王讲课，并挑选才俊青年伴读。在教学中，太子的一言一行，都被要求按礼法行事。

朱元璋自己也时常向太子赐宴赋诗，商榷古今。他曾特地对教育太子和诸王等人的儒臣说："我的孩子们将来是要治国管事的……教育的方法，要紧的是正心，心一正万事就办得了，心不正，诸欲交攻，大大的要不得。你要用实学教导，用不着学一般文士，光是记诵辞章，    无好处。"故此，除了让太子诵习儒家经典，又专门选了  批德行高雅的端人正士，作太子宾客和太子谕德，让他们把"帝王之道，礼乐之教和往古成败之迹，民间稼穑之事"，朝夕向太子讲授。

同时，为了避免前代经常出现的东宫官僚自成体系，与朝廷大臣闹意见，甚至宫廷对立的弊端，太祖就命李善长、徐达等朝廷重臣兼任东宫官僚。朱标尽管生于安乐，但并无纨绔之习，应该说，他没有辜负朱元璋的寄托。他生性聪颖、忠厚，颇能领会，而且还尽心受教，对宋濂等人言必称师傅。长大后，朱标温文儒雅，慈仁殷勤，颇具儒者风范。史籍中多称他："为人友爱""孝友仁慈，出于至性"。方孝孺曾称颂他："三朝兼庶政，仁孝感婴孩。""懿文光典册，善美过昭明。"虽不无溢美，但也反映了一定的事实。

洪武十年（1377年），朱标二十二岁，朱元璋见他年纪已长，遂令今后一切政事并启太子处分，然后奏闻。有意让太子"日临群臣，听断诸司启事，以练习国政"。并告诫说："我之所以要你每日和群臣见面，听断和批阅各衙门报告，学习办事，要记住几个原则：一是仁，能仁才不会失于疏暴；一是明，能明才不会惑于奸佞；一是勤，只有勤勤恳恳，才不会溺于安逸；一是断，有决断，便不致牵于文法。我从作皇帝以来，从没偷过懒，一切事务，唯恐处理得有毫发不当，有负上天付托。天不亮就起床，到半夜才得安息，这是你天天看见的。你能够学我，照着办，才能保得住天下。"从此，朱标开始学习并协助其父处理日常政务。在这过程中，他每每希望实行"宽通平易之政"，但终多因与朱元璋意趣不合而难行其道。作为储君，他的任务只能是学习和协助，最终的权柄无疑都操之于朱元璋之手。

朱元璋虽雄才大略，但生性猜忌，权力欲望极强。太子对一些政事处理，常常与朱元璋意见相左，显得太仁慈，这必然更会促成他的顾虑和不满。

有一日，朱元璋又大开杀戒，太子劝谏说："陛下杀人过滥，恐伤和气。"朱元璋不做声，心里不是滋味。

第二天，朱元璋故意把一条棘杖放在地下，叫太子拿起，太子面有难色。朱元璋说："你怕有刺不敢拿，我把这些刺都给去掉了，再交给你，岂不是好。我所杀的都是天下的坏人，内部整理清楚了，你才能当这个家。"

皇太子说："上有尧舜之君，下有尧舜之民。"意思是说有怎么样的皇帝，就有怎么样的臣民。朱元璋大怒，拿起椅子就朝他掼，并继续追打，后来终因感念马氏的旧情而宽恕了他。

朱标忠厚仁慈，但并不是没有主见和原则的逆来顺受之辈。他明明知道朱元璋喜好严猛之政，但仍始终不改自己凡事宽仁的主张，甚至不顾冒犯龙颜的危险，屡屡据理力争。洪武七年，孙贵妃去世，朱元璋令太子服齐衰（孝服的一种，以粗疏的麻布制成）杖期（一年），太子以其不合礼法而拒绝执行，气得朱元璋要用剑击他。后来在众人的劝解下，事态虽得以平息，但父子君臣间的嫌隙还是由此形成了。

父子俩出身不同，所受教育不同，生活境遇不同，思想作风和处事方式自然也就不同。朱元璋主张以猛治国，运用法庭、监狱、特务和死刑震慑官民，使人知惧而莫测其端；太子却生性忠厚，又长期接受儒家教育，所以往往讲仁政、讲慈爱，认为杀人愈少愈好；朱元璋要用全力消灭内部的敌对力量，巩固皇家统治，太子却要照顾将相过去的汗马功劳，照顾亲戚情谊，兄弟友爱，向父亲说情争执。

朱标越是谨慎、仁慈，朱元璋越是不放心。囿于传统，太子之位传与嫡长子，这是不可改变的事实，所以朱元璋从来没想过更换太子。他想做的，还是帮助朱标"进步"，至少不要这么迂腐。

而此时，朝廷里面的一些有功之臣开始桀骜不驯，拉帮结派，欺上瞒下，这让朱元璋察觉到一丝不妙。有一段时间，朱元璋甚至怀疑有人意图造反，很多文臣武将似乎都牵扯其中。不管是不是真的，他都要详细调查，以确保自己百年之后，太子继位不会受到影响。

朱元璋担心那些身经百战、骁悍不驯的将军，还有出身豪室有社会声望的文臣，忠厚仁义的皇太子对付不了，他成天和腐儒们坐而论道，根本不是驾驭群雄的角色。

## 相权之患

为了替太子斩除荆棘，扫清障碍，朱元璋一直借用特务机构，有目的有步骤地对文臣武将实施监控。他不希望属下有异变，然而恰好在这个时候，胡惟庸跳了出来。

胡惟庸，定远人，他审时度势，在和州时就归附了有远大抱负的朱元璋。虽然他加入朱元璋阵营的时间很早，但因为是文官，所以表现并不突出。他凭借卓越的才干先后出任宁国主簿、宁国知县、吉安通判、湖广佥事等职。战争年代重武轻文，刘基、汪广洋等人尚且不能与诸将相提并论，作为地方官员的胡惟庸更是微不足道。很长时间，胡惟庸都是远离政权的核心区域，他做梦也没想过会来到朱元璋身边工作。

吴元年（1367年），胡惟庸察觉到朱元璋实力的发展超过了乱世群豪。他不甘心做一个无名的小吏，他在积极等待机会，让自己的仕途更加顺畅。他的偶像是定远老乡李善长，如果能进入李善长的法眼，那么自己就会飞黄腾达。他积攒了一些财物，以学生之礼拜见李善长，两个人交谈甚欢，从此他成为李善长忠实的粉丝。

通过贿赂，在李善长的协助下，胡惟庸从地方官空降至中央部委工作，担任了太常寺卿，实现了他人生规划的第一次飞跃。

第十一章　强化皇权

太常寺原本只是个分管礼仪祭祀的清水衙门，没有什么实权。但是这个职务却是能经常抛头露面的，就像是企业代言人一样，处处都能看到他的身影，听到他站在万众瞩目的高台上大声吟诵。明朝建立前后，各种典礼、祭祀、赏封活动繁多，胡惟庸的工作就显得十分重要。胡惟庸的顶头上司就是李善长，这使得两人关系越来越亲密，机灵的胡惟庸得到了李善长的青睐，并逐渐从小老乡变成他的亲信。

　　还在朱元璋称吴王时，李善长便出任右相国，充分展现他裁决如流的才干，为功臣之首。洪武元年李善长升任左丞相，封韩国公，在朝廷上位列第一。徐达常年带兵在外作战，实权掌握在李善长手中。之后，他的儿子李祺又被朱元璋招为驸马，权势更加显赫，成为朝廷中掌握实权的淮西集团首领。

　　淮西集团势力的日益膨胀，已经开始有威胁到皇权的架势，朱元璋对他颇存顾忌。李善长是个非常聪明机警的人，他察觉到了朱元璋对他的不安，便开始预留后路。

　　洪武三年，胡惟庸被调到权力中心中书省工作，成为一名冉冉升起的政坛新星，这显然是李善长幕后运作的结果。这一动作的背后寓意再清楚不过，李善长这是在给自己培养接班人，既增加了亲信的实力和分量，也利于自己躲在幕后操控。有了胡惟庸这个"亲传弟子"后，李善长完成了他退休之前的政治布局，他便正式向朱元璋提出告老还乡，而且是"裸退"。这一年，李善长只有五十八岁，正是经验老到的时候，急流勇退表明其不贪恋权力。朱元璋表面上还要挽留一下李善长，其实，他巴不得李善长早早离开。

　　李善长退了，谁接左丞相一职呢？朱元璋求教刘基。

　　刘基说："善长为元勋旧臣，能调和诸将，不宜骤换。"朱元璋道："善长屡言卿短，卿乃替他说情么？朕将令卿为右相。"刘基连忙顿首道："臣实小材，何能任相？"可能刘基预料到在淮西集团当权的情况下，必然会受到排挤，故而坚决不肯任相职。朱元璋又问："杨宪何如？"刘基答道："宪有相材，无相器。"朱元璋又问："汪广洋如何？"刘基道："器量褊浅，比宪不如。"

朱元璋又问及胡惟庸，刘基连连摇头道："不可不可，区区小犊，一经重用，偾辕破犁，祸且不浅了。"朱元璋默然无言。

朱元璋还是选定了他信任的杨宪做左丞相，结果不到一个月，就导致中书省内乱，最后被杀。后来朱元璋还是根据李善长的推荐，任用了善于逢迎的胡惟庸为左丞相。

刘基叹道："惟庸得志，必为民害。"胡惟庸得知后，便对刘基忌恨在心。不过，后来的事实证明，刘基的话还是有道理的。

李善长离开朝堂后，他暗中全力支持胡惟庸，并让自己原先的门徒都集结丁胡惟庸的门下，听从他的号令。在李善长的教导下，又有那么多的好哥们鼎力支持他的工作，胡惟庸的业绩做的十分出色，深得朱元璋的喜爱，其威望和权势不断攀升。

随着职务的升高，胡惟庸的心态也发生了变化，原先夹着尾巴做人，谨小慎微的处事风格在不经意间转变。他开始感受到权力带来的幸福，体味着凌驾于其他臣子之上的快感。虽然他在朱元璋面前表现的像个京巴犬，得到了朱元璋的多次肯定（惟庸亦自励，尝以曲谨当上意），但是只要离开了朱元璋的视线，他就放松了"演员的自我修养"，不法行为时有发生。在洪武六年到洪武十年独相期间，有些生杀予夺的大事自作主张，不奏报朱元璋，各部门的奏章胡惟庸都先看一遍，对自己不利的就压下不报。"独相数岁，生杀黜陟，或不奏径行。内外诸司上封事，必先取阅，害己者，辄匿不以闻。"

胡惟庸的胆子越来越大，野心也越来越大，那些官场上的失意者和野心家纷纷拎着重礼走进他的大门，以求政治上的进步。胡惟庸借机大敛钱财。"四方躁进之徒及功臣武夫失职者，争走其门，馈遗金帛、名马、玩好，不可胜数。"

胡惟庸一时间权倾朝野，许多人都看他脸色行事，敢怒不敢言。

## 龙争虎斗

对于异己者，胡惟庸必定会打击报复。之前，因入相问题，胡惟庸

就与刘基有过节，胡惟庸有了实权之后，最想做的就是除掉刘基。

刘基口才十分了得，常慷慨陈词论天下大势（论天下安危，义形于色），文章也写得好。朱元璋对他十分信任，刘基也自认为是不世出的人才，知无不言，在危难时刻，刘基常能果断决策。刘基通晓阴阳之术，对预测天气变化有一定的经验，带有巫师的色彩（基博通经史，于书无不窥，尤精象纬之学），因此人们将其视为诸葛亮转世（以为诸葛孔明俦也）。那是一个相信天命的年代，能掐会算的本事很吃香，尽管它是带着迷信色彩的屠龙之技。在老百姓眼里，刘基是一个前知五百年，后知五百年的"半神半仙"，可是在胡惟庸这些人眼里，刘基不过是一个高明一点的江湖术士罢了，都是些雕虫小技，蒙蒙老百姓的手段罢了。

不过，刘基还是有些门道的，朱元璋也很信任他。刚加入朱元璋集团时，刘基就对红巾军及其首领韩林儿充满了敌意，不屑与其为伍：他曾多次劝说朱元璋与龙凤政权划清界限。这些话可是说到朱元璋的心坎里了，尽管他没有采纳。

鄱阳湖大战期间，朱元璋坐在胡床上督战，刘基在旁侍立，激战正酣的时候，刘基忽然跃起来大呼，催促朱元璋马上换乘别的船。朱元璋不知怎么回事，仓促转移到另一艘船上，屁股还没坐稳，只见远处飞来一发石炮，将原来那只船砸得粉碎（飞礮击旧所御舟立碎）。这件事更加让世人觉得刘伯温能预测未来，给他蒙上神秘色彩。

刘基经常以天象来影响朱元璋的决策，或是借天象来提一些合理化建议。有一年大旱，刘基请求清查冤狱（时人认为天降灾祸是有冤情或是人主做错了事），朱元璋于是命他审理并平反冤案。做这些事的时候，天果然下起了大雨，于是刘基乘机建议完善司法，避免滥杀无辜。

有一次，朱元璋做了一个噩梦，想处决一批犯人以应景，刘基问明情况，说道："这是得到土地和人口的好梦，应该立刻停刑等候好事到来。"三天以后，海宁城守将来降，朱元璋十分高兴，把抓起来的囚犯全部交给刘基释放了。

朱元璋对刘基的工作十分认可，时常给予赏赐。当初制定处州粮税的时候，参照宋代税制，每亩多加了五合，但是朱元璋特意免去青田县应增加的部分，因为青田是刘基的故乡。朱元璋说：要让伯温乡里世代感谢他的恩德，传颂他的美名。

空闲时，刘基也对朱元璋讲授帝术，朱元璋每次都认真听讲，称刘基老先生而不叫他的名字。朱元璋多次对人说"刘基是我的张良"，又说"刘基多次用孔子的话教导我"。

但是，刘基实际工作做得少，只动口不动手。在人才辈出的明初，他的功勋并不卓著，不及李善长的十分之一，甚至少于汪广洋、杨宪这样干实事的义臣。

洪武元年初，明军攻下开封，朱元璋前往开封督战，并想考察在那里建都的可能性。临走之前朱元璋命御史中丞刘基与李善长辅助太子居守南京，在留守期间，刘基与李善长产生了矛盾。当时刘基认为宋、元以宽政失天下，当前应吸取教训严肃纪纲，令所有御史大力监察群臣，然后禀报皇太子处理。这样就搞得人人自危，得罪了很多人。"纠劾无所避，宿卫宦侍有过者，皆启皇太子置之法，人惮其严。"

中书省都事李彬贪污犯法，依律当斩，然而李彬是李善长的亲信，奉李善长的指示干了许多不法之事。李善长找到刘基，请他暂缓治罪，然而刘基没有给他面子，将李彬逮捕下狱，并派人驰报正在开封的朱元璋。不久，朱元璋批准处死的文书发回，李善长还企图拖延行刑时间，等朱元璋回来后再当面讲请，于是对刘基说当前大旱，高僧们正在求雨，不宜杀人。

刘基却说，杀了他，天必定下雨，于是杀了李彬。李善长十分生气，朱元璋从开封回来后，李善长立刻控告他在祭坛下杀人，大不敬，李善长的亲信和其他一些仇恨刘基的人也纷纷跟进告状。上天似乎也不向着刘基，处死李彬之后，一直没有下雨，刘基关于"杀之，天必雨"的预言没有兑现。

在古代，天灾被认为是上天的警示，这时君主应该反省自己的过错。自己的地盘长时间干旱，朱元璋为此广泛征求意见，刘基给朱元璋提出三点建议：一是解散安置阵亡士卒妻的寡妇营，听任改嫁，或送还

第十一章 强化皇权

回乡与家人团聚；二是死亡工匠官府代为安葬；三是原张士诚手下将吏免于充军。

为了得到上天的原谅，朱元璋对刘基的提议全部照办，但雨还是没下。朱元璋不免迁怒于刘基，这时恰好刘基的妻子死了，他借机申请回乡办理丧事，朱元璋批准了他的请求，同时把他手下的一些御史、按察司官员贬往开封，以示薄惩。李善长算是出了一口恶气。直到这年冬天，朱元璋才将刘基召回。

但两人的矛盾并没有结束，李善长随时准备要刘基付出更大的代价。

建国后，李善长和刘基都处于半退休状态，但是两人似乎并不愿放弃手中的权力，也不愿意看到对方复出后取得对自己的优势地位。他们的矛盾仍在发酵，蓄势待发。原因在于：政治斗争是残酷的，不是你死，就是我活，处于政治斗争中的人，无论在朝还是下野，都不可能放弃权力，因为一旦失去权力，他们都会受到政治对手的残酷清算，难以保命。

刘基显然不是李善长的对手，李善长不仅树大根深，实力雄厚，还拥有一大批手握实权的亲信，而刘基除了与朱元璋关系密切外，再也找不到一个外援。两人实力上的差距，也体现在洪武三年的那次封赏中，在那次封赏中，李善长荣膺功臣之首，刘基则不在功臣之列，两人的功劳可见悬殊。

洪武四年，李善长和刘基正式退休。但事实上两人都是退而不休：李善长推出了他的亲信胡惟庸，间接掌握了中书省大权；刘基虽处江湖之远，但仍通过长子刘琏，越过中书省直接上书朱元璋，维持两人的密切关系。

但是，胡惟庸掌权后，他对刘基说的"使我言不验，苍生之福也"这句话耿耿于怀，十分愤恨，一直寻找时机报复刘基。这个机会后来还真出现了。

浙江和福建交界处有一块地方叫谈洋，历来是盐盗的老窝，也是方国珍以前的地盘。刘基上书朱元璋，请在这里设巡检司加以管辖，然而当地老百姓不愿搬迁，产生了矛盾。胡惟庸得知此事后，指使他人控告刘基，说谈洋地有王气，刘基想霸占这块地作为自己的墓地，但当地老百姓不给，所以刘基才请立巡检司驱逐老百姓。

这一控告击中了刘基的命门，也犯了朱元璋最大的忌讳：他最不能容忍大臣图谋不轨，无论是付诸言行还是思想上的意淫，都是不可接受的。刘基精通风水，这一控告将刘基的特长和朱元璋的禁忌巧妙地结合起来，简直就是为两人量身定做的。

朱元璋听后十分生气，立刻罚了刘基的俸禄。刘基深感担忧，便进京解释，此后为了自证清白，一直居留南京。

洪武八年（1375年）正月下旬，刘基感染了风寒，朱元璋知道了之后，派胡惟庸带御医去探望。御医开了药方，他照单抓药回来煎服，觉得肚子里好像有一些不平整的石块挤压在一起，让他十分痛苦。

二月中，刘基抱病觐见朱元璋，婉转的向他禀告胡惟庸带着御医来探病，以及服食御医所开的药之后更加不适的情形。朱元璋听了之后，只是轻描淡写地说了一些要他宽心养病的安慰话，这使刘基相当心寒。

三月下旬，已经无法自由活动的刘基，由刘琏陪伴，在朱元璋的特遣人员的护送下，自京师动身返乡。回家后，他自知命不久矣，拒绝亲人和乡里为他找来的一切药石，只是尽可能的维持正常的饮食。

几天之后，刘基找来两个儿子交代后事。交代完后事后，又让刘琏从书房拿来一本天文书，对他说："我死后你要立刻将这本书呈给皇上，一点都不能耽误；从此以后不要让我们刘家的子孙学习这门学问。"又对次子刘璟说："为政的要领在宽柔与刚猛循环相济。如今朝廷最必须做的，是在位者尽量修养道德，法律则应该尽量简要。平日在位者若能以身做则，以道德感化群众，效果一定比刑罚要好，影响也比较深远，一旦部属或百姓犯错，也较能以仁厚的胸怀为对方设身处地的着想，所裁定的刑罚也必定能够达到公平服人和警惕人改过自新的目的；而法律若能尽量简要，让人民容易懂也容易遵守，便可以避免人民动辄得咎无所适从，又可以建立政府的公信力和仁德的优良形象，如此一来，上天便会更加佑我朝永命万年。"

刘基又继续说道："本来我想写一篇详细的遗表，向皇上贡献我最后的心意与所学，但胡惟庸还在，写了也是枉然。不过，等胡惟庸败了，皇上必定会想起我，会向你们询问我临终的遗言，那时你们再将我这番话向皇上密奏吧！"刘基最后于洪武八年四月十六卒于故里，享年六十五岁，死后葬于乡中夏中之原。

刘基究竟是死于胡惟庸之手还是死于朱元璋之手，众说纷纭，无法定论。


## 自寻死路

刘基的死，让大将军徐达异常痛惜。他对胡惟庸的擅权乱政，深恶痛绝，便把其劣迹上告朱元璋。谁知竟被胡惟庸闻知，忌恨在心，企图诱使徐达家的守门人福寿谋害徐达，但因福寿揭发，未能得逞。可见胡惟庸气量狭窄、心计毒辣。

徐达不愿报复杀人，只是时常提醒朱元璋：胡惟庸这种人不适合当丞相。

胡惟庸胆大妄为，敢谋害刘基和徐达，完全是仗着有李善长撑腰。徐达一生骁勇有谋，善治军，战绩及筑边功勋彪炳史册，但他更令人景仰的不是战功，而是他的人品。徐达最后因病而死，年仅五十四，朱元璋为此辍朝，临丧时悲恸不已。追封徐达为中山王，谥武宁，赠三世皆王爵，赐葬钟山之阴，御制神道碑文，配享太庙、肖像功臣庙，位皆第一。

为了使自己更加安全，胡惟庸夯实了与李善长的关系，把自己的侄女嫁给了李善长的侄子，两人遂成为间接的亲家。此外，胡惟庸还和淮西勋贵其他成员来往密切，巩固了自己的人脉基础。这样一来，胡惟庸俨然成为淮西集团在朝中的代理人。

这时又有天降祥瑞，胡惟庸在定远老家的一口井中突然长出石笋，高出水面数尺。一些小人借机大肆奉承，更有拍马屁的人说看到胡惟庸祖父三世坟上夜里放光，象征大富大贵，胡惟庸听后十分得意。

这件事不免通过检校的调查传到朱元璋的耳中。朱元璋是什么人，他早有防备之心，对于李善长退休前所做的人事安排，朱元璋心里很清楚，他懂得官场原则，不想对此做限制，只要是好官，他都欢迎。近几年，朱元璋察觉到胡惟庸很放肆，不仅贪污腐化，权倾朝野，而且对自己阳奉阴违，已经成长为一个毒瘤。

但是，胡惟庸的罪过说到底也是他个人的问题，即便杀了他，还会有另一个恶人出现。胡惟庸一派的根基是李善长，后面还有淮西集团，淮西集团里面还有许多将士，如果简单粗暴地杀掉他并不能解决后患，反而会带来不可控的风险。朱元璋是一个战略大师，在胡惟庸还没有引起公愤前，他决定让其党羽都充分地暴露出来，好一网打尽。

朱元璋采取了"养猪"计划，他耐心地等待胡惟庸走向自我膨胀，自我毁灭，从而彻底扫除淮西集团的威胁。头脑清醒的朱元璋视而不见地看着胡惟庸权势越来越大，他故意让其权力滔天，装作对胡惟庸言听计从的样子。朱元璋的策略应验了，独大的胡惟庸一派引发了朝中其他派系的强烈不满。群众基础有了，朱元璋开始收紧绳索，胡惟庸一手遮天的日子快要到头了。

洪武十年六月的某一天，朱元璋开始抱怨他的视听系统不灵，他对群臣训话："凡是清明的朝廷，都是上下相通，耳目相连；凡是昏暗的朝廷，都是上下隔绝，聪明内蔽。国家能否大治，其实和这点有很大的关系。我经常担心下情不能上达，因此不能知道治政的得失，所以要广开言路，以求直言。"胡惟庸沉默不语，朝堂之上，其他大臣也无人敢挺身而出。

朱元璋心里有数了，一个月后，他设置了通政使司，简称通政司，规定："凡在外之题本、奏本，在京之奏本，并受之，于早朝汇而进之。"这个新部门的横空出世，是朱元璋在制度上削弱相权的开始。"做皇帝的人深居独处，能明见万里，主要是由于他兼听广览，了解民情。胡元之世，政令都出于中书省，凡事必先关报中书，然后才奏闻给皇帝，元朝又多昏君，所以民情不通，以至大乱。这是我们要深以为诫的。"以往所有奏章都先进中书省，一般的小事就由中书省直接处理了，

第十一章　强化皇权

· 179 ·

若是大事，再呈给皇帝裁决。什么奏章能让皇帝看到，什么奏章不能让皇帝看到，都由中书省来决定，这就是丞相制度最大的权力所在，也是朱元璋最不能容忍这个制度存在的根本原因。设置通政司后，所有的奏章转由通政使司收纳处理，中书省处理公文的职能被剥夺了。这么一来，朱元璋就把中书省和地方官吏之间的联系割断了。

朱元璋又下诏，诸司奏事不用同时抄报中书省，直接奏报皇帝即可。这样，中书省连知情权也被取消了，这就为向皇帝呈递密报打开了方便之门。很快，关于胡惟庸结党营私的奏章就递上来了，数量之多令人惊讶，很多奏章都提供了真凭实据，朱元璋看了之后，直接就留在了宫里，准备日后用作证据。

除了制度上制约以外，朱元璋还不时对胡惟庸进行敲打，胡惟庸的儿子坐马车不慎摔死，胡惟庸一气之下将车夫杀死。朱元璋得知此事后要求胡惟庸偿命，胡惟庸请求赔偿钱财，朱元璋不允许，一定要严查此事。胡惟庸非常害怕，但他没有选择离职，而是选择了对抗，他和御史大夫陈宁、中丞涂节等人暗中串联，等待时机。

洪武十二年（1379 年）九月，占城国来使进贡，中书省接到报告后应该上报朱元璋，也可以由礼部负责人直接汇报给皇帝。然而这两个单位都没有报告朱元璋，朱元璋是从一个外出办事的宦官口里得知此事。

这一瞒报事件完全违反了朱元璋不久前关于确保信息畅通讲话的精神，是明目张胆的打脸啊！朱元璋龙颜大怒，下令彻查此事。然而中书省和礼部踢起了皮球，互相推诿（惟庸及广洋顿首谢罪，而微委其咎于礼部，部臣又委之中书），朱元璋更加生气，把中书省所有相关大臣全部抓捕下狱，严加审讯，务要把案子做实。

御史中丞涂节看到中书省被一锅端，感到自己机会来了，他感觉向朱元璋表忠心的机会来了，于是落井下石，向朱元璋告发刘基是被胡惟庸毒死的，汪广洋是知情者。朱元璋就此事质问汪广洋，汪广洋矢口否认。

占城贡使和毒死刘基这两件事都查无实据，但瞒报却是实实在在的，必须有人对此负责，汪广洋因此丢了性命。汪广洋死后，他的一个陈氏小妾自杀殉夫，本来是一个寻常小事，可是这件事情又牵扯出一桩违法事件。

古时丈夫死了，没有子女的妻妾殉死，是贞洁的行为，应予以表彰，但这个陈氏女子是犯官的家属，她的父亲曾是个县令，因犯了法，她和家中女眷都被卖为官奴。明制，犯官家属只能赏给功臣（开国武将），这个女子却成了汪广洋的妾室，其中必有不法行为。朱元璋得知此事后大怒道："从来官奴只能赏赐给功臣之家，汪广洋这样的文官怎么能纳之为妾呢？"他立刻下令有司彻查此事，调查的结果牵涉广泛，胡惟庸和六部各官都有类似问题，都应受到处罚。

涂节原本想来个一箭双雕，但是朱元璋只处死了汪广洋而没有处死胡惟庸，他的目的没有达到，于是决定再加一把火，向朱元璋告发胡惟庸欲谋反。原御史中丞商暠不久前被胡惟庸贬为中书省小吏，也乘机落井下石，告发了胡惟庸的一些阴事，朱元璋大怒，将胡惟庸下狱审讯。

胡惟庸经不住刑讯，承认了罪行，同时反咬涂节一口，揭发他也曾参与密谋。在定罪时，廷臣认为："涂节本参予预谋，见事不成，始上变告，不可不诛。"

洪武十三年正月初六，朱元璋将胡惟庸、陈宁、涂节三个人一起杀了，同时受到诛连的人数甚多。胡惟庸被处死后，胡惟庸案远没有结束，对于胡惟庸的罪状一直都在搜集查证——朱元璋要把淮西集团连根拔起。

## 淮西覆灭

洪武十五年，和朱元璋患难与共的马皇后死了，朱元璋陷入深深的痛苦中，性格变得更加古怪、多疑。

洪武十八年（1385 年），有人告发李善长之弟李存义及其儿子李佑，不仅是胡惟庸的至亲，还曾经伙同胡惟庸谋逆。胡惟庸虽已被诛，李存义也必须连坐。这可是祸从天降，并且为祸不轻，李家惴惴不安。

第十一章 强化皇权

但是朱元璋对此事并未严惩，还特别下诏，李存义与李佑都免于死罪，只是被贬到崇明岛闲住。可能是因为李善长为功臣元老，朱元璋念及旧情，因而特地从轻发落。按理李善长受到如此殊遇，应该上书谢恩，但是李善长对此事全然不予理会，反倒有一股我是功臣我怕谁的倨傲，这种态度令朱元璋感到非常不快。

胡惟庸案的查证还在继续着，并且有了新的进展。洪武十九年（1386年），明州卫指挥林贤通倭事发，经审讯得知，他是奉胡惟庸的命令下海通倭的，胡惟庸谋反案有了进一步的证明。洪武二十三年（1390年），又捉拿到奸人封绩。封绩本是元朝的旧臣，后来归降于明，据说他经常往来于北元、明之间，曾经为胡惟庸给元嗣君送过信，胡惟庸在信中称臣，并请元嗣君出兵为外应。其实早在洪武二十一年（1388年），大将军蓝玉出塞时，在捕鱼儿海地方就捕获过封绩，但是由于李善长施加影响，并未上奏，就把封绩给放了。直到这次，由于封绩再次被捕入狱，李善长终于也被牵连进来了。

恰在此时，李善长为了欣赏歌舞，很想建一个歌舞馆，大兴土木，因缺少人手，向信国公汤和借用卫卒三百名，以供营建。以营卒为工役干私活是不允许的，不过这种事情民不举官不究。汤和胆小怕事，又不敢得罪李善长，因而表面应允，暗中却向朱元璋报告，这无疑是说李善长私自集结兵力。

凑巧，京中吏民为党狱诛累，坐罪徙边，约有数百人，中间有一个叫丁斌的，为李善长私亲，李善长便替他求免。由于朱元璋对李善长的猜忌之心日重，他不但没有答应李善长的请求，反而命令将丁斌拿获。经审讯得知，丁斌偏巧曾经供事胡惟庸家，于是供出不少李、胡两家的往来之事。这样，便认定了李存义、李佑父子伙同谋叛的罪状，立即将他们从崇明岛拘捕进京，重新审理定罪。

朱元璋颁布严敕说，李善长以"元勋国戚，知逆谋不举，狐疑观望怀两端，大逆不道"。真是欲加之罪何患无辞！于是，七十七岁的李善长被赐死，其妻、女、弟、侄等一门七十余人被杀。只有李善长的长子李祺及两个儿子，因为临安公主的缘故，得以免死，流徙江浦。与此同时，朱元璋又策划陆仲亨的家奴告发陆仲亨与唐胜宗、费聚、赵雄三名侯爵，曾串通胡惟庸"共谋不轨"。一场"肃清逆党"的政治运动铺天盖地而来，到处侦捕，牵连蔓引，前后共有三万余人被诛戮。连一向与胡惟庸关系疏远的"浙东四先生"也未能幸免，叶昇以"胡党"被杀，宋濂的孙子宋慎也牵连被杀，宋濂本人则贬死于四川茅州。

宋濂教育太子十多年，太子的一言一行，他都以礼法讽劝，使归于正道，每每讲到有关政治和前代兴亡得失的事，宋濂就郑重其事地拱手说道："应当这样，不应当那样。"而太子总是神情庄重地专心听讲，他受宋濂影响很大，以至一开口说话就是"我师父说如何如何"。

洪武六年九月，朱元璋授予宋濂中顺大夫的头衔，并打算外派任职。宋濂推辞说："臣没有其它长处，能在禁地听命就很知足了。"朱元璋听后非常感动，仍将他留用在身边。

朱元璋之所以考虑把宋濂调走，是有原因的。宋濂长期出入禁宫，耳闻目见许多机密，而他本人和李善长为首的淮西集团关系密切，当年他正是受了李善长的推荐才得以受到朱元璋的重用。朱元璋十分担心他把皇家机密外泄给淮西集团的人。

为杜绝此事，朱元璋给宋濂打了预防针。有一次宋濂家里来了客人，他设宴款待，朱元璋在宋家安插的眼线将宴会的情况报告了朱元璋。第二天，朱元璋见到宋濂，问道："你昨天请人喝酒了吗？客人是谁呀？吃得什么菜？"宋濂如实作答，朱元璋听后笑道："的确如此，你没有骗我。"很显然，朱元璋是用一种婉转的方式警告宋濂，潜台词是：你的一举一动都在我的掌握中，你要小心点，管好自己的嘴！

对此宋濂也心知肚明，他在居室上挂"温树"二字，"温树"有一个典故：西汉的御史大夫孔光，奉行"多磕头，少说话"的做官原则。有一次，他的妻妾们听说皇宫里盖了一间温室，里面种了许多树木，就好奇地问老公："宫内温室树皆何木？"孔光只是嘿嘿一笑，一句话也不说。孔光此举背后体现的精神是：皇家最无谓的小事也不能告诉最亲密的人。后人就有赞道："忠慎有余逾温树。"从此，"温树"就成了为官谨慎、嘴巴严实的代名词。

朱元璋对宋濂"忠慎"的精神非常欣赏，曾当着群臣的面表扬说："我听人说皇上是圣人，其次为贤人，其次为君子。宋濂事朕19年，从来没有跟我说过一句假话，也没有向我说过别人一句坏话，不止是君子，应该称得上是贤人了。"

朱元璋十分宠爱宋濂，并爱屋及乌，恩及其子孙。宋濂的次子宋璲擅长作诗，尤工书法，朱元璋将其召为中书舍人；宋濂长子的儿子宋慎也被录用到仪礼序班。宋氏祖孙三代一起在内廷做官，成为皇帝近侍，这一盛况很罕见，百官都非常羡慕（祖孙父子，共官内庭，众以为荣）。宋氏叔侄经常出入大内的便利条件被一些别有用心的人看中，宋璲和宋慎后来都被牵连到逆案中，双双被处死。宋濂因为马皇后和太子出面申救，免于一死，被发配茂州，走到夔州时病死。

宋濂似乎与胡惟庸党案中那些手握兵权的将领比起来显得无辜，事实上他比别人罪行更大。他的子孙出入禁宫，完全是出于朱元璋对他的偏爱，然而这一偏爱却被利用来图谋不轨，宋濂本人无论是否知道他的子孙参与密谋一事，他都不可避免要负连带责任。

史书上没有记述胡惟庸党案涉案人员的犯罪细节，宋氏叔侄的具体过错不得而知。一般情况下，包括谋逆在内的政治斗争一般都进行得十分隐秘，大部分"行动"都是口头串联，细节在当时就很难查证，因此，仅凭参与密谋和知情不报就可以定罪了。

虽然朱元璋因谋反之罪处罚了宋濂及其子孙，但却没有给他打上谋反的烙印，而是进行了隐匿，史书没有记载宋濂被安置茂州的原因，直到洪武二十三年大兴党狱时才将其列入名单。由此可见朱元璋对过往情谊的珍惜，也可以看出洪武二十三年大兴党狱屠杀功臣必有其不能隐忍的原因和不得已而为之的苦衷。

为了平服人心，朱元璋特地颁布《昭示奸党录》，刊印多册，发往各地，晓谕臣民，以此为戒。胡惟庸案至此才算告一段落，前后迁延近十年。

# 终结相权

朱元璋如此煞费苦心，兴此大案，究竟是何用意？

明朝之初，设有宰相制，宰相都称为丞相，当时丞相共有左、右二员，左比右大，分任左、右丞相的是李善长和徐达两人。

朱元璋即帝位后，逐渐感到帝权与相权的冲突，唯恐臣下权力太大，会导致元末"宰相专权""臣操威福"的局面重演。有鉴于此，他几次设法试图调整，以加强皇权。最早被杀的是杨宪，后来是胡惟庸，连退居二线的李善长都不能幸免，也就是说，二任丞相全都被送上断头台。

由上可知，朱元璋对于相权的存在实际上已深为反感，他不能容忍相权过大，绝不希望有凌驾于众人之上的权臣存在，废相只是时间问题。然而胡惟庸的独断专行，使相权与皇权的冲突更为明朗化了。胡惟庸之前，李善长小心谨慎，徐达经常带兵在外，皇权与相权的矛盾尚不突出。但胡惟庸为相七年，擅权乱政，使得朱元璋感到相权的可怕，除了剪除别无选择。刘基当年推辞右丞相不受，也是品到了其中的危险，凭借他的才学，最后肯定能做到左丞相的位置，但只怕结果也难逃胡惟庸的下场。

自古相权和皇权总是相对立的，朱元璋这一次是对相权的彻底终结。从这以后，朱元璋废除了丞相一职，仿周官六卿之制，提高六部的地位：吏、户、礼、兵、刑、工，每部各设尚书一人，左右侍郎各一人；吏部掌管全国官吏选授封勋考课，甄别人才；户部掌户口田赋商税；礼部掌礼仪祭祀僧道宴俗教育贡举和外交；兵部掌卫所官军选授简练和军令；刑部掌刑名；工部掌工程造作和水利交通。

统军机构则改枢密院为大都督府，节制中外诸军。最值得一提的是监察机构，原来是御史台，洪武十五年改为都察院，分设左右都御史，下有监察御史一百十人，分掌十二道（后为十三道）。职权是纠劾百司，辨明冤枉，凡大臣奸邪，小人构党作威作福，祸乱朝政，百官徇私贪赃舞弊，学术不正，和变乱祖宗制度的，都可随时举劾。它是替皇帝监视官僚的衙门，是替皇帝检举反动思想、维护传统纲纪的衙门。

通过机构改革，朱元璋从根本上取消了千百年来的相权。皇帝除了是国家元首之外，又是事实上的政府首脑，直接领导和推进庶务，皇权和相权合一，加上军队的指挥权、立法权、司法权、赋税加免权以及超越法律的任意处分权，人类所能想到所能运用的一切权力，都集中到了朱元璋一人之手，不对任何个人和团体负责。真可谓到了"为所欲为"的程度了，达到了"礼乐征伐皆出于君"的皇权极峰。

平心而论，胡惟庸的被杀完全是咎由自取，但是所谓的"胡党"却未免牵强附会。胡惟庸案实际上成为朱元璋整肃功臣的借口，凡是他认为心怀怨望、行为跋扈的大臣，都被加上"胡党"的罪名，处死抄家，包括开国功臣李善长。

胡惟庸案真相到底如何？明代法令严峻，多讳言此事。即使到清朝修《明史》时，也只是说胡惟庸被诛时"反状未尽露"，这不免让人生疑。有专家考证胡惟庸谋反是一个莫须有的罪名，完全是朱元璋制造的借口，历史真相到底如何？恐怕永远都是一个迷了。

# 第十二章　清洗悍将

朱元璋从军队底层士兵一直奋斗到军队最高统帅，又倚靠各方战将东征西讨、连年血战夺得天下，他深知"水可载舟，亦可覆舟"的道理，因此对军队中的实力派悍将防范甚严，他抓住个别武将的过错不放，不惜扩大诛连范围，将众多劳苦功高的将士斩杀殆尽……

## 杀鸡儆猴

在打天下的过程中，朱元璋杀人不多，但是治天下的过程中，各级官员的人头就像切西瓜一样滚滚而落，这似乎可以说明，治天下并不比打天下容易。事实上，朱元璋不仅杀了许多文臣，还杀了很多武将。从表面上看，胡惟庸案的涉案人员都是文臣，没有武将什么事，这非常不符合逻辑，事实上胡惟庸案早在初发之时即有一些功臣牵涉其中，如朱亮祖。

武将们出生入死，帮助朱元璋夺取天下，功劳卓著，建国后，朱元璋给了他们殊荣和优厚的待遇，还给了他们一些文官没有的特权。但朱元璋也很担心他们居功自傲、为非作歹，经常教育他们要善持功名。

洪武五年（1372 年），朱元璋命工部铸造了申戒公侯的铁券，券文前言告诫："不以功大而有骄心，不以爵隆而有怠心，故能享有荣盛，延及后世。大抵敬谨为受福之本，骄怠为招祸之源，惟知道者可以语此。"

券文共分九款，其内容在赋予公侯特权的同时，也有一些禁令，禁令内容分两方面：一方面是防止功臣拉拢部下，培植势力，另一方面是对其及其家人奴仆的日常行为进行约束。

一、中下级将领不得私受公侯赏赐，征战期间除外；

二、公侯不得擅自役使官兵；

三、公侯之家强占官民山场、湖泊、茶园、芦荡及金、银、铜、铁冶场，犯案两次的均可宽宥，犯第三次可免死一次；

四、官兵不得在非战争时期侍立于公侯家门口听候差遣；

五、公侯之家的仆役佃户等人不得倚势在乡欺殴人民；

六、公侯仆役佃户等人及其亲属倚势凌民、侵夺田产财物的，按倚势欺殴人民条款处理；

七、私自依附寄挂在公侯之家，以逃避赋税差役的农户一律处斩；

八、公侯之家仗势以不义手法或不履行契约而从平民那里取得土地、房产和牲畜，初犯无惩罚，再犯的应罚该功臣一半俸禄，第三次罚全部俸禄，第四次犯和庶民一样依法处理；

九、公侯之家不得接受别人赠送的田地以及各种物业。

朱元璋之所以用铁券的形式公布这些律令，就是要让这些桀骜不驯的武将们都能高度重视，并深刻领会贯彻条文的内容。为了防止武将叛乱，朱元璋还命儒臣像唐僧给孙悟空念经一样去给他们讲述"上古以来忠臣烈士""忠君报国之义，事上死长之节"等。

虽然利剑高悬，仍有一些人熟视无睹，朱亮祖就是其中之一。

朱亮祖，六安人，元末乱世中，他组建了一支地主武装帮助元政府镇压红巾军起事，因为骁勇善战，元政府授予他元帅的称号。朱元璋曾两次俘获朱亮祖，第二次被俘，朱亮祖才投降朱元璋。朱元璋问他："你又被我抓了，打算怎样？"朱亮祖知道这次如果不投降的话脑袋就会真的没了，便回答："如果让我活着，我将效忠于你，如果杀了我，那就算了。"朱元璋大喜，将其释放，对他很信任，让他统兵。此后朱亮祖追随朱元璋效命沙场，立下赫赫战功，洪武三年受封为"永嘉侯，食禄一千五百石，予世券"。

立功受赏后，朱亮祖骄怠之心油然而生，开始腐化堕落。他显然没有很好地领会铁券文的精神，没有真心实意地学习领导指示，反而仗势欺人，不把法律制度放在眼里。

洪武十二年，朱亮祖出镇广东。到广东以后，朱亮祖骄横霸道并很快与番禺知县道同发生了矛盾。道同是河北河间人，蒙古族，洪武初年任太常司赞礼郎，后出任番禺知县。道同就任知县以后，严格执法，保护群众利益，对于军队的非法要求，一概不从，对军人的态度十分强硬。永嘉侯朱亮祖来到广东后，照例默许军队胡作非为，纵兵吃拿卡要，为祸乡里，道同当即在街上缉捕闹事的士兵。朱亮祖径直来要人，并威逼利诱道同，但是道同并不屈服（数以威福撼同，同不为动），朱亮祖非常不满。

番禺县城有几十多个土豪欺行霸市，市民稍有抵抗，就被他们诬告陷害下狱（稍不快意，辄巧诋以罪）。道同抓捕这群恶霸的头头，并将其游街示众（械其魁通衢）。于是这些恶霸豪强纷纷贿赂朱亮祖，请他出面说情。朱亮祖请道同吃饭，并请他高抬贵手。然而道同很不给面子，他大声说道："您是大臣，怎么受小人役使呢？"朱亮祖脸上挂不住，见道同不吃软的就来硬的，命人砸开枷锁，放了被抓的恶霸（破械脱之），并且找了个借口，将道同抓去鞭打了一顿（借他事笞同）。

县里有一个姓罗的富民，将女儿献给朱亮祖，他的弟弟仗势欺人，怙恶不悛，道同将之依法治罪，朱亮祖又故伎重演，强行抢人，无视法律。

道同再也不能忍受，于是将朱亮祖的不法之事写成奏章，上报皇帝（条其事奏之）。然而朱亮祖恶人先告状，在道同之前也写了一封信，弹劾道同"讪傲无礼状"。朱元璋不了解详情，派使者前往诛杀道同，旨意刚下达，道同的奏章也到了，朱元璋看后恍然大悟，认为道同能以小抗大，其人骨鲠可用，于是又派使者快马加鞭前去赦免。

赦使虽与杀使同日抵达番禺，由于道同先前得罪过广东布政使徐本雅，赦使被有意拖延，直到处死道同，赦使才被放进县衙。对于道同的冤死，番禺百姓都十分痛惜，纷纷在家中设立他的牌位祭祀。据说直到今天，番禺地方仍在祭祀道同神。

第十二章 清洗悍将

道同事件使朱元璋对朱亮祖十分不满，根据《明实录》和《明史》等史料记载，洪武十三年九月，朱元璋召朱亮祖进京，并把他和他的长子府军卫指挥使朱暹当廷鞭死。从这些记载上看，似乎朱元璋是因为道同事件才杀了朱亮祖，与胡惟庸党案无关，他是后来被追认为胡党的，然而事实并非如此。

如果朱亮祖是给道同赔死，那么其子朱暹不应同时被杀，史书中没有给出朱暹被杀的原因，可见此处必有隐没。况且朱亮祖和其他功臣一样拥有朱元璋赐给的免死铁券，除谋反外，一般的刑事案件是无法判处他死刑的。

## 秋后算账

其实朱亮祖并不是第一个被杀的功臣，"拔得头筹"的是功勋更大的廖永忠。

廖永忠，巢湖人，与其兄廖永安同为巢湖水师旧将。巢湖水师归附朱元璋后，廖永忠在诸将中年纪最轻。朱元璋对他说："你也想大富大贵吗？"廖永忠说："跟随明主，扫除寇乱，垂名竹帛，是我所愿。"朱元璋听了很高兴。

和那个年代的许多功臣一样，廖永忠征战四方，功勋卓著，明军水师的历次征战都可见到廖永忠的身影，尤其在鄱阳湖水战以及围攻武昌的战斗中表现突出，朱元璋赐给廖永忠一块牌匾，上书"功超群将，智迈雄师"八个大字，以示嘉奖。

清扫元军战争中廖永忠先是跟从汤和在南方攻城略地，后又跟从徐达征讨西北，均有建树。洪武三年，受封"德庆侯，食禄一千五百石，予世券。"

廖永忠原本可以作为巢湖水师将领的代表获封公爵，但他做错了一件事，与公爵失之交臂。那就是廖元忠将韩林儿船凿沉，使其丧命之事。有些人认为这件事是朱元璋授意廖永忠干的，事实上是廖永忠揣摸上意，自作主张之举。当初赵匡胤发动陈桥兵变夺取后周政权，对于后周的小皇帝以及周氏子孙尚且厚待，熟读史书的朱元璋不可能不知此事，他的江山是自己打下来的，又不是从韩林儿手中抢来的，没有任何道义负担，况且韩林儿对他称帝构不成任何威胁。如果想让韩林儿死，当初就不必救援他。从朱元璋将陈理和明升流放域外的情况看，他没必要采取如此低劣的手段害死韩林儿。

朱元璋得知韩林儿死去的消息十分生气，无端背负了害死韩林儿的骂名，他向众人表白道："如果韩林儿来了，我可以封他一个爵位，为什么要杀死他呢？"可是，韩林儿这件事朱元璋永远没办法澄清了。此后，朱元璋就对廖永忠极不放心，无论是在灭元还是平蜀战争，从未让他独秉大军，而是让他作为副手跟随汤和、徐达或是其他将领作战。朱元璋的心情是可以理解的，廖永忠害死韩林儿是一次明目张胆的弑君，有了这个先例，谁能保证他不会再干第二次呢？

洪武三年大封功臣之前，廖永忠试图通过朱元璋身边的人为他说好话、表忠心，以期获得上赏，被朱元璋厌恶。《明史·廖永忠传》记载，朱元璋对诸将说："永忠战鄱阳时，忘躯拒敌，可谓奇男子。然使所善儒生窥朕意，徼封爵，故止封侯而不公。"朱元璋讲话说所说的"所善儒生"指的是宠臣杨宪，廖永忠与杨宪关系密切，洪武三年大封功臣之前，杨宪被杀，廖永忠很可能受到了影响。杨宪又和刘基关系密切，三人都不属于庞大的淮西集团，这是他们走到一起的原因。刘基对韩林儿和红巾军深恶痛绝，一贯视之为匪盗，当年张士诚围攻安丰时，刘基就反对救援，主张借张士诚之手除掉韩林儿，因此韩林儿之死的另一种可能是刘基通过杨宪指使廖永忠所为。

廖永忠没有如愿封公，但他对功名地位的热忱却没有稍减，这一愿望只能通过意淫得到满足：他偷偷穿用绣有龙凤图案的衣服。洪武八年三月，廖永忠被人揭发，以"僭用龙凤诸不法事，赐死，年五十三。"

廖永忠和杨宪都是很有野心的人，一个为了邀功不择手段，一个为了升官排陷同僚，杨宪是开国后第一个被杀的丞相，而廖永忠则是第一个被杀的武将。殊途同归。

# 蓝玉大案

杀掉廖永忠之后，朱元璋更加不放心统兵众将，他需要更多关于他们的秘密。洪武十五年，为了适应大规模的清洗需要，朱元璋特设锦衣卫，把侦伺处刑之权交给武官。锦衣卫前身是吴元年设立的拱卫司，也叫亲军都尉府，统领左右前后中五卫和仪鸾司，掌管侍卫法驾卤薄。由于锦衣卫是由皇帝直接管辖，朝中的其他官员根本无法对他们进行干预，因而使得锦衣卫可以处理牵扯朝廷官员的大案，并直接呈送皇帝。所以，朝中官员多畏惧锦衣卫。

由于权力缺乏限制，他们为了邀功请赏而罗织罪名，不择手段地扩大牵连范围，制造的冤假错案不胜枚举。锦衣卫制造的最大一起案件就是"蓝玉案"，里面有没有冤假不好说，但是株连甚广，与胡惟庸案合称为"胡蓝之狱"。经两个案件发生后，明朝元功宿将被屠戮殆尽。

洪武二十三年李善长谋反案爆发时，朱元璋处死了一公七侯，牵连屠杀达三万多人。蓝玉也被涉入案中，但朱元璋并没有追究他，因为帝国当时还需要能征善战之将。

蓝玉从军的时候，一开始在开平王常遇春帐下效力，就任管军镇抚，做事有胆有谋，面临敌人勇敢，只要征战都是成功的。后来因蓝玉大破北元，基本摧毁其职官体系而名震天下。

蓝天北征元军回来时，半夜敲击喜峰关关门，关吏没有及时开门接纳，蓝玉纵容士兵打破关门长驱直入。朱元璋听说这件事很不高兴。先前，朱元璋想封蓝玉为梁国公，因他屡次犯错改封凉国公，还把他的过错刻在铁券上。蓝玉仍然不知悔改，在侍奉皇上的宴会上出语傲慢。蓝玉在军中擅自罢免和提拔军官，独断专行，朱元璋因而多次责备他。

洪武二十三年、二十四年，蓝玉两次率大军平定了西北的少数民族叛乱。再立新功，朱元璋待他十分优厚，蓝玉又渐渐骄傲自满，畜养了很多庄奴，这些人都仗着蓝玉的威势暴虐凶横。蓝玉曾经抢占了东昌的民田，御史查究追问此事，蓝玉发怒，赶走了御史。

西征回师后，朱元璋封蓝玉为太子太傅，而宋国公冯胜、颍国公傅友德却被封为太子太师，蓝玉对此大为不满，说道："难道我配不上一个太师吗？"后来，蓝玉上奏的很多事情，朱元璋都没有听从，他更加愤愤不平（比奏事多不听，益怏怏）。

洪武二十六年二月，锦衣卫指挥蒋瓛（音同"环"）告发蓝玉谋反。朱元璋即刻将蓝玉抓捕下狱审问，审问的结果是："（蓝）玉同景川侯曹震、鹤庆侯张翼、舳舻侯朱寿、东莞伯何荣及吏部尚书詹徽、户部侍郎傅友文等谋为变，将伺帝出耤（音同"急"）田举事。"结案后，蓝玉被灭族。许多功臣名将也因涉案被杀。

朱元璋亲自捉刀，一条条罗列涉案人员及其罪行，编写成《逆臣录》。列名《逆臣录》的共有一公、十三侯、二伯，包括曹震、张翼、张温、陈桓、朱寿、曹兴等人。以同党连坐被杀的还有都督黄辂、汤泉、马俊、王诚、聂纬、王铭、许亮、谢熊、汪信、萧用、杨春、张政、祝哲、陶文、茆鼎等十余人，这些人大多是蓝玉部下偏裨将领，其中有很多人是已逝功臣的儿子。《明史》对此评论：军中勇力武健之士被芟（音同"删"）夷略尽，罕有存者。

为了安抚人心，以免激起变故，伤及国运，九月朱元璋下诏说："蓝贼为乱，谋泄，族诛者万五千人。自今胡党、蓝党概赦不问。"

杀了一万五千多人以后，朱元璋似乎还觉得自己已经很宽容了，并承诺不再追究了。对于蓝玉之死，普遍认为他是被冤枉的，蓝玉不过是一个脾气粗暴的将领，骄傲跋扈，不善于讨好人，引起了朱元璋的怀疑，终于招致杀身之祸。这种说法的可信度很低，因为朱元璋完全可以以骄横之罪杀了蓝玉，而不必强加给他一个谋反的罪名。

有人说，蓝玉被杀与太子朱标之死有关。这个理由也说不通，蓝玉手握重兵的时候都没造反，为什么班师回朝之后不带兵了还谋反呢？显然，他没有任何要同朝廷作对的准备，也就是说，他并不想谋反。与之相反，朱元璋却早为这次杀戮做了长期的精心准备，蓝玉只是这个事件的导火索罢了。

# 再开杀戒

蓝玉案爆发前一年，洪武二十五年（1392年），朝中发生了一件大事：四月二十五日，年仅三十九岁的太子朱标死了。皇位继承人的死，对朱元璋的打击太大。他在皇宫东角门召见群臣时说："朕老矣，太子不幸，遂至于死，命也！"不禁大哭，这时他已经六十五岁了。

按嫡长子继承制，皇位只能由皇太子的长子接任，而朱标的长子早已夭折，这时排行老大的朱允文才十五岁。朱元璋诛杀权臣，本来想要为子孙铲除后患。当年，朱元璋曾对朱标明确表示，铲除权臣如同除掉荆杖上的棘刺，是为了便于掌握，但是他没想到太子朱标会死在自己的前面。

朱元璋把一切都设计得很美妙，但是唯一没想到的就是朱标早逝，死在了他的前面。朱元璋把荆棘上的刺拔得再干净又有什么用呢？朱标生性敦厚仁柔，他的儿子，朱允文则更为孱弱，更令人不放心。朱元璋在位，尚且感到如狼似虎的悍将难以驾驭，一个十五岁的孩子，没有任何政治经验，将来怎么能保证坐稳皇位？

淮西集团垮了，浙东派也完蛋了，但是还有一些老当益壮的将帅支撑着大明的军事版图，这些人能征善战，强悍桀骜，不能不令人担心。为了防备不测，有必要清理一下武将。蓝玉恰好就是一个引爆点，所以蓝玉这样的悍将，怎么也躲不过这一劫了。蓝玉等人的引颈就戮，恰恰说明了他们并没有谋反的意图。

蓝玉死后，洪武二十七年（1394年）十一月，朱元璋不顾皇帝一言九鼎的诺言，自我否定，又找借口杀了宋国公冯胜；洪武二十八年（1395年）二月，又杀了颍国公傅友德。

冯胜被赐死的原因据张岱《石匮书》记载为："冯胜妻家的亲戚告发，他在家中埋藏兵器。"《明通鉴》记载了赐死的过程："上召（冯）胜饮之，酒归而暴卒。"洪武中期以后，朱元璋鉴于天下太平，下令禁止生产武器，甚至连铁矿也不允许开采，《明史》记载："洪武十四年正月，罢天下岁造兵器。""收藏甲兵，示不复用。"在这种情况下，冯胜却私自埋藏大量兵器，这的确是难以容忍的事情。

傅友德被赐死的原因，《明史》没有明讲。《明通鉴》有所补充：定远侯王弼与冯胜、傅友德同时从军中召回京师，适逢蓝玉被处死，傅友德内心恐惧，王弼对他说："皇上年纪大了，疑心重，早晚要把我们都杀了，怎么办呢？"

由此可以推见，王弼是傅友德被赐死的一个重要引线。王弼是蓝玉的副手和亲信干将，在蓝玉案中，其手下大将多被处死，王弼是唯一的漏网之鱼，而且是一条大鱼，他内心的惶恐可想而知，于是他找到傅友德商量此事。对于两人的沟通的内容，史料只留下一句话，"上春秋高，旦夕且尽我辈，奈何？"这些谈话的内容被人告发，传到朱元璋的耳里，后者遂决定赐死傅友德。

这样，终洪武一朝，在明初开国功臣中，身为公侯而得以幸存的人仅有长兴侯耿炳文、武定侯郭英二人。

胡惟庸案、蓝玉案让我们看到，一个社会最底层的赤贫农民、一个游方僧，一旦登上皇帝的宝座，要实现绝对集权，并欲使之传之久远，表现出了怎样的残忍，而他的残忍又让多少人断送性命、付出鲜血！飞鸟尽，良弓藏，狡兔死，走狗烹。这个道理再也明显不过。

有人认为，朱元璋一生受到了太多的精神冲击，地位的卑下、处境的恶劣、战斗的艰苦、牺牲的惨烈，在他的心里留下了太多的创伤。一旦黄袍加身，过大的落差使他有恍然若梦之感，他常常幻想这不是一种真实的存在，唯恐得而复失。经历了长期战争岁月的朱元璋，本能地倾向于一种较为彻底的解决办法，从肉体上消灭他想象中的潜在对手，这就是他一再地制造冤狱，有计划地进行大规模屠杀的根本原因。

为了强化专制皇权，为了维持朱家皇朝的长治久安，朱元璋举起了野蛮杀戮的屠刀，将民主精神扼杀净尽，导致中国再次陷入长期专制统治的深渊，影响了中国历史的发展。

"胡党""蓝党"都杀完了，朱元璋大大松了一口气，下令以后一切案件都由朝廷司法处理，内外刑狱讼事不再经由锦衣卫，他终于卸脱了残暴屠杀的责任，表示从此以后要依法治国。但是锦衣卫组织机构并未

从乞丐到皇帝：朱元璋

撤销，在有明王朝的统治中仍然占有举足轻重的地位。在明代二百余年的历史中，锦衣卫始终扮演着特殊的角色。它听命丁皇帝，后又受制于宦官；它对加强皇权居功赫赫，又因特权妄为而劣迹斑斑；它力图维护明朝的统治，却又为明朝的灭亡种下了祸根。

朱元璋取天下依靠的是武力、进取和冒险精神，然而一旦天下安定，朱元璋立刻恢复了农民的保守本性和自私性：他宁可自己一个人摸着石头过河，也不肯相信他的谋臣，这源于他那颗多疑的心。

# 第十三章　家国天下

　　朱元璋很担心自己死后，朱允文无法驾驭他的皇叔们，他一再嘱咐双方和平共处，可是他心里最不愿看到的事情还是发生了。幸运的是，朱元璋创立的大明帝国没有受到影响，反而走向辉煌的盛世，他的千秋功业几百年后依然散发着熠熠光辉……

## 大封藩王

　　朱元璋对任何人都抱着强烈的猜忌之心，唯独对自己的血亲却无条件地倚重信任。与屠杀功臣以及功臣的儿子相对照，朱元璋费尽心机培养着自己的儿子，用他们取代老将掌握军权，这一想法也是他建立宗藩的宗旨之一。

　　自古帝王，三宫六院七十二嫔妃，自然大多儿孙满堂。朱元璋也不例外，其一生共有 26 个儿子，16 个女儿，曾孙一辈无法胜数。到明朝灭亡时，据不完全统计，朱元璋的直系子孙有十几万人。

　　朱元璋对孩子的教育特别看重，在宫中特建大本堂，贮藏古今图籍，征聘四方名儒轮班讲授，教育太子诸王；挑选才俊青年伴读，时时赐宴赋诗，谈古说今，讨论文字。师傅中最重要的是宋濂，前后十年，专负教育皇太子的责任，一言一行均以礼法讽劝。博士孔克仁奉命讲授经书，诸功臣子弟奉诏入学。朱元璋明确教育方针要"因材施教，培养出人才来"。并强调教的方法第一是心正，教学要灵活，切忌死记硬背。

　　在教授儿孙学问的同时，朱元璋更注意德性的教育培养。除儒生经

师外，又选了一批德行端庄之士担任太子宾客和太子谕德，把"帝王之道，礼乐之教，和往古成败之迹，民间稼穑之事，朝夕讲说"。到皇子们成年后，则教育他们历练政事。

洪武二年四月，朱元璋编《祖训录》，定封建诸王之制。在朱元璋看来，分封皇室子孙控驭各地，防止外姓臣僚跋扈，便足以"外卫边陲，内资夹辅"，使国家固若金汤。

明朝初年的主要强敌是北元残部，攻防驻守的重点在北线，朱元璋便把他的几个年龄大些的儿子摆在西安、太原、北平一线，而后又在西起甘州（甘肃张掖）、银川、大同，东至大宁、广宁等地封王建藩，一则监督节制北方将帅，二则千里呼应联络，为国家戍边。朱椿封蜀王镇成都、朱楩封岷王改镇云南，同样具有加强边防，控制少数民族聚居区的意义。

朱元璋的分封与汉高祖刘邦比起来，区别在于各藩王不分封土地，不直接过问民事，诸王没有实权，由朝廷颁给"宗禄"，只能拥有少数护卫军，少则3000人，多则9000人。这叫"列爵而不临民，分藩而不锡土"。但是根据《祖训录》的规定，藩王依然享有军事行政的巨大权力：藩王封地内的地方官员每月初一、十五都要朝见藩王，报告各自管辖的政务，若藩王认为需要，对上述长官也可以随时召见，查询地方利弊得失。

在军事上，藩王除亲自指挥的护卫之外，也参与地方军队的控制与调动。遇有战事，朝廷调发军队，要同时发布两道命令，一道给镇守军官，一道给藩王，镇守官只有在同时接到两道命令后才能发兵。如果镇守官只收到朝廷的命令，必须立即向藩王报告，如果有人阻拦，以奸恶论处。这就造成各地藩王对地方军政事务的干预和钳制，甚至有可能对中央政府造成麻烦。朱元璋对此心知肚明，拱卫和威胁同时存在，就像一把双刃剑，他的政策是在两者之间尽量寻求平衡，在实际操作过程中，一旦两者的矛盾不可调和，朱元璋往往会选择"拱卫"，牺牲"威胁"。

生活在众多功臣悍将的包围中，朱元璋不能不给他的儿子们以更大的权力，更多的倚重，洪武十一年（1378年）以后，几个年长的儿子逐渐被派到封国去，震慑一方。洪武十八年，贵州铜锣、思州等地区少数民族作乱，朱元璋命信国公汤和、江夏侯周德兴率部征讨。在这两个统兵将领之上，朱元璋第一次安排他的儿子作总统帅，这就是他的第六子楚王朱桢。

朱桢这年二十二岁，有他的6500名护卫甲士护行，还特派都督刘宁负责总体安全保卫。朱元璋特意嘱咐汤和："楚王尚幼，未能练达军务，军旅之事，卿自裁决，然后启王知之。"汤和自然不敢怠慢，这一仗打得非常漂亮，当然，功劳全挂在朱桢身上。朱桢在诸兄弟中才能平平，他的出师告捷，增强了朱元璋的信心，他决定把北方军镇的驻防征战的担子逐渐压在诸王身上。

洪武二十三年（1391年）正月，北元丞相咬住、太尉乃尔不花、知院阿鲁贴木儿等拥兵犯边，朱元璋正式任命燕王朱棣、晋王朱棡率将出征。征虏前将军傅友德、左右副将军南雄侯赵庸、怀远侯曹兴，左右参将定远侯王弼、全宁侯孙恪，悉听二王节制。

燕王朱棣确实是个军事奇才，虽然初出茅庐，即表现了杰出的指挥才能。军抵古北口，他召集诸将议事，说道："我与诸将军受命，提兵沙漠，扫清胡虏，今虏无城廓居止，其地空阔，午里行师，必有耳目，不得其所，难以成功。"诸将唯唯听命，便发一支轻骑前面哨探，待发现乃尔不花的庐帐所在地，部队进发之际，突然大雪纷飞，诸将想暂停前进。

朱棣不同意，告诉大家："天降大雪，固然行军艰苦，然而正是因这恶劣天气，虏敌才不加防备。我们正应踏雪速进。"部队逼近敌营，正好有一个大沙丘遮拦，作了很好的屏蔽，这时朱棣派蒙古降将观童只身前往会见乃尔不花。观童作出逃离虎口的艰难跋涉的样子与乃尔不花相见，二人倾诉间，抱头痛哭。这时朱棣的部队一下子猛压过去，将敌人团团围住，乃尔不花、咬住等挟持观童上马急走。观童反复劝降，乃尔不花、咬住等被迫来见朱棣。朱棣设宴款待，好言抚慰，乃尔不花等举众投降。这一仗共俘获男女数万，牲畜十万。

消息传到南京，做父亲的朱元璋喜出望外，不禁说道："清沙漠者，燕王也。朕无北顾之忧矣。"

虽然晋王朱棡在西路出师无功，未见敌而还，但朱元璋对他的儿子们还是信心倍增。这年闰四月，他令晋王驻守山西北部的天成、白登等地，操练兵马，留燕王朱棣于上都，并将征进部队分驻上都、兴和等地，听朱棣统一调度指挥，而随征诸公侯则一概奉调回京。

北方的防务就这样基本交给了燕王和晋王。燕王和晋王实际成了地方守军的总负责人，是皇帝在地方的军权代表，严防地方守军轻举妄动犯上作乱。晋、燕二王每年秋天都要勒兵巡边，把蒙古部族赶得远远的，这叫肃清沙漠，每年都屡立战功。

儿子们一个个都顶起来了，那些老将们也就不中用了，遂有诸公侯的放遣还乡和吉安侯陆仲亨、延安侯唐胜宗、平凉侯费聚、南雄侯赵庸等人的处死。

## 教导皇孙

为了防止死后军权旁落，朱元璋开始授予藩王更多的权力，并让他们带兵打仗。虽然有历代藩王作乱的前车之鉴，朱元璋还是视而不见，固执地让他的孩子们分享皇帝的权力。他的孩子都被封为藩王，拥有雄厚的兵力，"带甲八万，革车六千"，以此防止帝国大权落入外姓之手。大臣们指出他大封诸王之策的严重弊端，他却认为这是离间他的骨肉，把进言者抓来囚死狱中。

朱元璋认为只要在兄弟间加强教育、增进感情，做到上亲下敬，就可以避免汉代七国之乱那样的兄弟相残。为此他对太子和诸王进行了有针对性的教育。对太子，主要是教育他不要削藩，要与弟弟们和睦相处。有一天，老师为太子讲汉朝七国之乱，朱元璋问朱标："七国之乱错在哪里？"朱标回答："错在七国。"朱元璋纠正道："这是讲官的片面之词，汉景帝做太子时，以博局游戏杀吴王世子，做皇帝以后，又轻信晁错的主意，削黜诸侯，这才造成了七国之乱。当太子的，要敦睦九族，隆亲亲之恩，为诸王者，应夹辅王室，尽君臣之义。"

如果太子没有早死，或许朱元璋的做法也不见得不妥，可惜太子的早逝把朱元璋的谋划全部打乱了。朱元璋是个思维僵化的人，他希望一切都按部就班，一成不变，不喜欢变化，因为稳定带来和平，而流动易产生动乱。这不仅体现在他对国家政治体制和帝国基层社会结构的安排上，也体现在他对藩国的安排上，他希望太子一系永远是皇帝，而诸王一系永远是藩王，这样才不会出现混乱，以为万世垂范。

思前想后，朱元璋宣布立朱允文为皇太孙，这一决定带来了许多后续问题。

这时朱元璋已是接近七十岁的老翁了，内部强臣悍将的问题虽然解决了，但是朱允文还太稚嫩，对付自己的叔叔们缺乏经验。虽然朱元璋精力衰颓，但仍然不辞辛苦，手把手、一招一式地教他应对之道，这些凝聚了朱元璋毕生经验和聪明才智的制敌之策，也成了朱允文成长的营养元素。朱允文是一个弱主，而他的几个叔叔却历经战阵、年富力强，中央与藩王实力对比不利，这产生了两个问题：一是藩王有窥视皇位的野心；二是朱允文有削藩的动机。这两件事都是朱元璋所不能接受的，因此在他执政的最后时期，花了大量的精力去做有关的教育，劝朱允文不要削藩，劝藩王不要窥视皇位，两下各安生理，以免发生内斗，为外人所乘。

朱元璋一生勤勉，事必躬亲，一丝不苟。他平均每日要亲自批阅150余件奏章，裁决400多桩案件。每天天不亮就起来办公，一直到深夜还不能休息。他没有特殊嗜好，更谈不上精神的调剂和身心的娱乐，唯一的休闲也就是看看书、发表几篇文章或者讲话了。

朱元璋出身穷苦，读书少。但是，他能于戎马倥偬之中，日理万机之暇，勤学不怠。从渡江之始到建国之初的十几年间，他经常与宋濂诸人朝夕相处，讲经论道，不但能懂得经义，还能写通俗的白话文，而且能作诗，能欣赏批评文学的优劣，诸子百家均有涉猎，通晓历史，尤悉汉书宋史。在文学上，他主张文章应明白显易，通道术达时务，对推动古文运动起到了积极作用。他能写散文，喜欢研究音韵，时常作诗，甚至作赋；和儒臣欢宴大本堂，自作《时雪赋》，亲撰凤阳皇陵碑，文功武德在历代帝王中确实罕见。

## 安排后事

可是，大江东去浪淘尽，即便是英雄也有落幕的时候。洪武末期，朱元璋感觉到大限即将来临，他的精力和活力均大不如从前，为了避免死后江山动荡，他加大了总结统治经验的力度，这是他开始安排后事的一个重要表现。

洪武二十八年六月二十七日，朱元璋在奉天殿对文武大臣发表重要讲话，讲话的第一部分是关于取消酷刑的。他说："朕自起兵至今四十余年，亲理天下庶务，人情善恶真伪无不涉猎，其中奸顽习诈之徒，情犯深重，灼然无疑者，特令法外加刑，意在使人知所警惧，不敢轻易犯法。然此特权时处置，顿挫奸顽，非守成之君所用常法。以后嗣君统理天下，只守《律》和《大诰》，并不许用黥（音同"情"）刺、剕（音同"费"）（剁脚）、劓（音同"艺"）（削鼻子）、阉割之刑。因为嗣君在宫中长大，人情善恶未能周知，恐一时所用不当，误伤善良。臣下敢有奏请用此刑者，文武群臣即时劾奏，处以重刑。"

第二部分重申了废除丞相制度，朱元璋说道："朕罢丞相，设府、部、都察院分理庶政，事权归于朝廷。嗣君不许复立丞相。臣下敢以请者置重典。"

第三部分是保护皇亲国戚。包括皇后家、皇妃家、东宫妃家、王妃家、郡王妃家、驸马家、仪宾家、魏国公、曹国公、信国公、西平侯、武定侯家，除谋逆不赦外，其他罪犯，由皇上亲自裁决。法司部门只许举奏，不得擅自逮捕。

朱元璋既然明确了《大明律》和《大诰》是嗣君的行为标准，那么他必须对二者进行完善。这次讲话之后，朱元璋就开始更动《大明律》，洪武三十年（1397年）五月，新定的《大明律》颁行，对原律七十三条较重量刑进行了更改。

同时，朱元璋又为皇家内部立法定制，颁布了《皇明祖训条章》，这个《祖训条章》是在洪武六年五月颁布的祖训录的基础上增订而成。在颁发之日，朱元璋对礼部有一段训话，说道："自古国家建立法制，皆在受命之君，以后子孙，不过遵守成法，以安天下，故日夜精思，立法垂后，永为不刊之典，如汉高祖刑白马盟曰：'非刘氏者不王。'以后诸吕用事，尽改其法，遂至国家大乱，刘氏几亡。此可为深戒者。尔礼部其以朕训颁行天下诸司，使知朕立法垂后之意，永为遵守，后世敢有言改变祖法者，即以奸臣论。"

在这段讲话中，朱元璋展示了他立法垂后的担当和为万世师表的决心，并再次援引了他所喜爱的刘邦现身说法，指出后世破坏了刘邦立下的规矩才产生了祸乱，尽管他认为刘邦在立法垂后方面做得远远不够。

这个条章共分祖训首章、持守、严祭祀、谨出入、慎国政、礼仪、法律、内令、内官、职制、兵卫、营缮、供用十三个部分，内容无所不包、细致入微，极具实用性。在这里他再次强调了不许设立丞相，不许后宫干政、不许太监干政等等，同时花费了大量笔墨，再次劝诫诸王与皇室同心同德，保护大明江山，保住自己的荣华富贵。

洪武三十年，朱元璋已经老迈，他对后世的安排集中体现在颁布的《皇明祖训条章》中，在这里朱元璋写道："自古亲王居国，比天子更好过，何以见得呢？冠服、宫室、车马仪仗仅次于天子，但是生活富足，政务工作很少，如果谨守藩辅之礼，不做坏事，就会活得很幸福，可是天子呢，工作繁忙，晚睡早起，操不完的心，发愁天下难治，所以说亲王比天子更幸福。"又说："古代那些窥视大位的藩王，无不自取灭亡，有些甚至连累朝廷一同灭亡，藩王和天子本是至亲，或因不守本分，或因奸人异谋，自家不和，结果让外人利用，英雄豪杰乘隙改朝换代，搞得国家灭亡，而自己也受到连累地位不保，无论是朝廷还是藩王，谁犯了错误，都会造成这个结果，所以你们应当各守祖宗成法，不要泯灭了亲情。"可是，朱元璋的悉心教导并没有起到作用，在他死后不久，他的四儿子燕王朱棣就夺了朱允文的皇位。

# 英魂归去

晚年的朱元璋无时无刻不在挂念着皇朝的万年一统，时常喜怒无常，令王公大臣胆战心惊无所适从。他经常发高烧，心跳加速，时常作怪梦幻想到天上神仙宫阙。

洪武三十一年四月，朱元璋已经老态龙钟，行动困难，但他执意要亲自去太庙祭拜，他清楚地知道，这是最后一次了，他要借此机会向自己的先祖和父母告别。在太庙，他把侍者赶走，独自行三献之礼，并默祷祖宗神灵来享，保佑子孙后代，江山永固。

礼毕，朱元璋走出庙门，对太常寺卿等礼臣说："当年建太庙的时候，祖宗神主迁入供奉，朕行罢祭礼，稍事休息，不知不觉睡着了，梦见我父亲喊着我的名字说道：'西南有警。'我随即上朝，果然有西南边报。祖宗神明照临在上，无时不在，你们掌理祭祀的大臣，要加意敬慎，宦者早晚都要洒扫，侍奉神主，你们应当按时去检查，务令心诚事洁，以安神灵。"

官员们唯唯诺诺，表示遵行，并劝朱元璋保重龙体，早点上车回宫，朱元璋却流连徘徊，不忍离去，他查看太庙周围的环境，对随行官员说："当年新建太庙时，它们都还是新植的小树，现在不觉都已枝繁叶茂了，想凤阳皇陵也应该是这样了。皇考皇后（父母）离我而去已是五十多年，可惜我已不能亲到皇陵为他们烧上一陌纸钱！"说完难过地抽泣呜咽起来。

人之将死，其言也善，朱元璋显然已经知到自己来日无多了。不久之后，朱元璋卧病不起，朱允文连日在病榻侍候，形容憔悴，朱元璋十分心痛，他很担心传授给这个听话懂事、仁爱慈孝的孩子的这份大产业会被别人夺走，而最大的威胁来自他的四儿子朱棣。

弥留之际，朱元璋命人将齐泰召来，任命为顾命大臣，告诉他和朱允文："燕王不可不虑。"随即口授遗诏："朕受皇天之命，膺大任于世，定祸乱而偃兵，安民生于市野，谨抚驭以膺天命，三十一年，忧危积心，克勤不怠，务有益于民。奈何起自寒微，无古人之博知，好善恶恶，过、不及多矣。今年七十一，筋力衰微，朝夕危惧，唯恐不终。今得万物自然之理，其奚哀念之有？皇太孙允炆，仁明孝友，天下归心，宜登大位。内外文武臣僚同心辅政，以安吾民。葬祭之仪，一如汉文帝，丧祭仪物，毋用金玉。孝陵山川因其故，毋改作。天下臣民，哭临三日，皆释服，毋妨嫁娶。诸王临国中，毋至京师。王国所在文武吏士，听朝廷节制，唯护卫官军听王。诸不在令中者，推此令从事。"

遗言的最后几句，完全是针对朱棣而发，朱元璋知道，自己对诸王的问题处理得太匆忙，太草率，但已没有时间进行调整，只好在遗命中为朱允文做最后一件事：传令不准诸王借国丧机会聚会于南京；藩国所在地的军队一律听候朝廷调遣。为了国家的安定，他不得不牺牲亲情，放弃了与儿子们见最后一面的机会。

由于身体的极度衰弱和精神的过分紧张，尽管请尽天下名医，用尽万般药方，朱元璋的病情不但略无好转，反而一天一天地恶化下去。

洪武三十一年（1398年）闰五月初十日，朱元璋怀着无尽的留恋、忧虑与惆怅，撒手人寰。

就这样，大明王朝的缔造者，告别了他一手开创的帝国，离开了他所热望的继承人和满面哀容的臣民，结束了他一生的恩恩怨怨，了却了许许多多是是非非。忍受了30多天的疾病折磨后，朱元璋像他所统治的千千万万平民百姓一样，虽贵为"万岁"，仍无法抗拒生老病死的自然法理而寿终正寝了，终年71岁。谥号高皇帝，庙号"太祖"。

朱元璋死后，遵照其遗嘱，丧事一切从俭。朱元璋死后葬入孝陵，这是朱元璋和马皇后的合葬陵墓，因皇后谥"孝慈"，故名孝陵。

永乐元年，朱棣又为朱元璋谥号"圣神文武钦明启运俊德功成统天大孝高皇帝"。嘉靖十七年增谥"开天行道肇纪立极大圣至神仁文义武俊德成功高皇帝"。

朱元璋死了，但是他留给后人的遗产太丰富了，他在政治、军事、经济、法律、礼乐制作、精神生活、社会设计、文化教育、官员队伍管理、皇帝行为准则、内官及后宫管理等方面的制度和措施均有新的开创，不仅适合明代社会，而且具有可持续性，开一代风气之先。有明一代几乎完全遵守朱元璋的衣钵，将他奉若神明，因此整个国家人心正、士气高、国富民强（士重名义，闾阎充实）。

朱元璋可以说是中国历史上极富传奇性的一代开国帝王。他白手起家，打下大好河山，恢复了汉家衣冠；他行仁政爱民，治吏的手段却又极其酷烈，让整个官僚阶层噤若寒蝉；他的军事谋略与政治素质炉火纯青，一生几无败笔。在他身上体现了中国人对于个人命运拼搏、创业守业、圣君治道的一切向往，明清以来的中国人的顽固、保守、精明的个性的形成，也多是拜朱元璋所赐。可以说他是六百年来，对中国人性格的形成烙下极深痕迹的一个人。他在经济建设、社会安排、国防建设方面都有许多泽被后世的成果，他留给继任者的是一个富饶、安定、强盛的国家。